Julien DELAGRANDANNE

L'Investissement immobilier locatif intelligent

Julien DELAGRANDANNE

L'investissement immobilier locatif intelligent

Itinéraire vers votre future Semaine des 7 dimanches

- Apprenez les concepts de base.

- Comprenez les concepts spécifiques, chers à l'investisseur en immobilier locatif <u>intelligent.</u>

- Préparez-vous et établissez votre stratégie.

- Agissez et mettez en pratique.

- Soyez conscient des stratégies possibles, ainsi que des pièges à éviter.

- Profitez de l'expérience de l'auteur à travers plusieurs dizaines de véritables exemples vécus.

Du même auteur :

- ➢ Construisez et gérez votre patrimoine avec succès / Guide pour s'enrichir lentement…mais sûrement. (2012)
- ➢ Investir en bourse : styles gagnants, styles perdants. (2013)
- ➢ 77 Exercices Pratiques pour L'Investisseur Immobilier Intelligent : La semaine des 7 dimanches se mérite… (2019)
- ➢ L'Allocateur Rebelle. (2021)

Avertissement : l'auteur n'est pas conseiller en investissement financier. Les pages du livre reflètent son propre avis et sa propre expérience. Les exemples de stratégies présentées dans cet ouvrage ne peuvent être considérés ni comme des modèles absolus reproductibles à l'identique ni comme des incitations à l'achat de produits immobiliers, ni comme des recommandations de stratégies. Les réglementations et lois sont valables à un instant *t*, et tout investisseur se doit de vérifier lui-même les règles en vigueur avant d'envisager un quelconque investissement. Le lecteur assume l'entière responsabilité de ses choix d'investissement et ne pourra se retourner contre l'auteur pour quelque raison que ce soit.

Sommaire

Avant-propos

Qui suis-je ?

Investisseur entreprenant et passionné, j'ai déjà publié deux livres papier dans le domaine de l'investissement :

> ➤ Construisez et Gérez votre patrimoine avec succès en 2012 : livre généraliste de gestion de patrimoine.

> ➤ Investir en bourse : styles gagnants, styles perdants en 2013. livre plus spécialisé et s'attachant comme son nom l'indique à l'investissement en bourse.

Beaucoup des lecteurs de mon premier livre généraliste, qui ont plus d'appétence pour l'immobilier que pour la bourse, m'ont depuis signalé qu'un opus spécialisé sur ce domaine-là leur faisait cruellement défaut. Me signalant ainsi l'air de rien qu'ils seraient ravis si je venais un jour à leur proposer un ouvrage équivalent à celui que mes lecteurs attirés par la bourse ont désormais à disposition.

L'objet du présent ouvrage est de leur donner satisfaction…enfin ! La collection est en effet désormais complète puisqu'après les aspects généralistes de gestion de patrimoine[1] et la compréhension des différentes classes d'actifs évoqués dans *Construisez & Gérez votre patrimoine avec succès,* les lecteurs qui me suivent peuvent désormais choisir d'enchaîner aussi bien sur un opus spécialisé sur la bourse que sur un opus spécialisé sur l'investissement immobilier locatif. Les deux types principaux d'actifs productifs sont donc couverts.

Mais pourquoi cette attente ? Parce que lorsqu'en 2013 j'ai reçu les premières sollicitations à ce sujet de lecteurs de mes livres et de mon blog[2],

---

[1] Le livre que vous tenez entre les mains suppose que vous comprenez des notions comme actifs/passifs. Sinon, je vous conseille la lecture de *Construisez & Gérez votre patrimoine avec succès* pour consolider vos connaissances et votre vision globale de la gestion de patrimoine.
[2] http://blog.mes-investissements.net

mon expérience et mon historique de travail étaient moins longs en immobilier qu'ils ne l'étaient en bourse.

Aujourd'hui, j'ai une certaine expérience puisque j'ai moi-même acquis plusieurs lots d'immobilier locatif, sinon je n'aurais rien osé écrire sur le sujet. Je pense donc avoir acquis une certaine légitimité pour en parler. Je ne voulais en effet pas être assimilé à certains blogueurs[3] qui vendent parfois à prix d'or des techniques en vidéos. À la vue de certains contenus, on se demande parfois s'ils ont vraiment déjà acheté et mis en location un bien immobilier.

Pour écrire un livre de non-fiction, a fortiori dans l'investissement, il faut en fait **non seulement avoir de l'expérience, mais également avoir digéré cette expérience**. On peut en effet se rendre compte au bout de quelques années que ce que l'on croyait au départ être une bonne idée n'en était pas forcément une…

Certes, quand on parle de légitimité, on pourrait dire que des investisseurs ayant acquis une trentaine de lots, en ayant effectué d'énormes travaux et ainsi obtenu des rendements de 15% et possédant un patrimoine presque concentré à 100 % en immobilier sont plus légitimes que moi. Contrairement à ces derniers, je ne parle en effet pour ma part pas qu'une seule langue, mais deux langues : la bourse et immobilier (voire trois si on y ajoute l'entrepreneuriat). Et donc ne pratique pas la langue immobilière 100 % de mon temps d'investisseur.

Mais c'est peut-être aussi parce que tout cela n'était pas aussi naturel que ça pour moi au départ, ou que je suis loin d'être un bon bricoleur, que j'espère pouvoir vous apprendre de façon pédagogique tous les bons réflexes et toutes les bonnes astuces que j'ai découvertes au cours de mon parcours. Le but de ce livre étant de faire de vous un investisseur en immobilier locatif <u>intelligent</u> ! Et ce, que vous vouliez passer vos week-ends à bricoler ou que vous préfériez les passer à bronzer…

---

[3] Tous ne sont pas à jeter non plus, ne me faites pas dire ce que je n'ai pas dit…

À qui s'adresse ce livre ?

Ce livre s'adresse à celui (ou celle) qui veut se lancer dans l'immobilier locatif de façon intelligente. Ou à celui (ou celle) qui s'est déjà lancé dans l'immobilier locatif en ayant acheté un ou deux biens, mais veut dorénavant faire mieux en professionnalisant sa démarche et accélérant la cadence.

Le public visé est en capacité d'acheter un bien immobilier (ce qui revient souvent en pratique à être solvable vu des banques et avoir une capacité d'emprunt), et souhaite se constituer à terme un patrimoine immobilier locatif (plus ou moins conséquent), et des revenus passifs.

Le lecteur type de ce livre connait les notions de base de l'immobilier, et ne souhaite pas qu'on lui explique des notions aussi basiques que la nécessité de signer chez un notaire, d'aller voir son banquier pour demander un crédit, ou encore la différence entre un actif et un passif.

Ce que souhaite vraiment le lecteur de ce livre, c'est comprendre comment effectuer des **investissements immobiliers locatifs de façon intelligente, en faisant mieux que la moyenne**. Pour cela, il faut **faire différemment** de la moyenne. Cela suppose d'avoir l'intention d'**apprendre** et de **comprendre** les concepts essentiels qui feront de vous un investisseur immobilier locatif <u>intelligent</u>, de lire un **guide de mise en pratique pas à pas** pour effectuer un investissement locatif, et enfin de réviser et se perfectionner avec **plusieurs exemples d'application**. Exemples issus de situations **concrètes** du **monde réel**, et non d'une table de mathématiques théorique…

Pourquoi ai-je écrit ce livre ?

Quand un jeune Français **veut se former avant de se lancer dans l'investissement immobilier locatif,** j'ai remarqué qu'il avait le choix entre :

- **Des formations vidéo sur le web, loin d'être données (souvent des montants à 4 chiffres…).** Personnellement, quand j'ai quelque chose à vendre, j'aime bien donner plus de valeur que je ne fais payer : c'est un bon moyen d'avoir des clients satisfaits et c'est cet état d'esprit qui fait grandir un business. En gros, je veux que vous en ayez pour votre argent. Si je mettais mon plus beau costume, me filmais pour prodiguer les conseils distillés de ce livre en vidéo, et vous facturais ma formation pour 2 000 €, je ne suis pas sûr que je vous fournirais une valeur supérieure à ce que vous auriez payé. Mais pour ce livre, vous allez payer une vingtaine d'euros, c'est-à-dire cent fois moins, et mon but est que vous vous disiez en refermant sa dernière page que vous avez obtenu plus de valeur que le prix que vous avez payé.

- **Des livres :**
  - o Soit qui **racontent l'expérience d'un investisseur**. Mais ils racontent plutôt l'histoire de cet investisseur en particulier, plutôt qu'ils ne structurent une méthode accessible à tous en tous lieux. Bref, ils se lisent plutôt comme un **roman.**
  - o Soit des livres plus structurés, mais qui sont soit **trop généralistes** (se concentrent sur l'immobilier en général) ou **trop spécifiques** (l'investissement locatif en immeuble de rapport par exemple). Mais aucun ne me semble être complet sur le sujet spécifique de l'investissement immobilier locatif.

C'est donc pour **donner une autre alternative** que j'ai décidé d'écrire le livre que vous tenez entre les mains.

Mon but avec ce livre est **de combler ce vide de marché**, en proposant :

- Un format livre, donc à un **prix accessible**.
- Un livre **structuré** de méthodes, ponctué d'exemples, **spécifique sur l'investissement en immobilier locatif sous toutes ses formes.**

Qu'apprendrez-vous dans ce livre ?

Ce livre a pour but de vous faire découvrir de **la façon la plus concise et synthétique possible** :

- ➤ La façon optimale d'investir dans l'environnement d'aujourd'hui (parfois différentes des méthodes de papa que la sagesse populaire conseille souvent).

- ➤ Les astuces à connaître et les pièges à éviter.
- ➤ Les concepts essentiels à connaître.
- ➤ La méthode pas à pas à appliquer, quand il est temps d'agir et de passer à la mise en pratique
- ➤ L'étude d'exemples concrets de stratégies d'investissements pour en déterminer les avantages et les risques associés.

Vous trouverez, à travers des exemples, certaines « recettes de cuisine » applicables en l'état. Mais je ne voulais pas me contenter de vous livrer un recueil de recettes, lesquelles pourraient un jour devenir passées de mode. Je m'efforcerai ainsi de vous faire acquérir le bon état d'esprit, et de vous faire comprendre le raisonnement qui amène aux conseils et aux conclusions applicables dans le marché actuel de l'immobilier locatif français.

« Si tu donnes un poisson à un homme, il mangera un jour. Si tu lui apprends à pêcher, il se nourrira toute sa vie », Lao Tseu[4]

Quand j'écris un livre, j'aime bien qu'il soit intemporel, c'est-à-dire que ces préceptes soient applicables en tout temps. J'ai essayé de le faire au maximum dans ce livre, néanmoins concernant un sujet comme l'investissement immobilier locatif ce n'était pas possible à 100 %. Certains exemples précisent ainsi qu'ils se rapportent à l'environnement de la date d'écriture. La fiscalité aurait aussi été trop complexe à présenter sans exemples, et les règles à cette date en la matière ont été utilisées.

Comment est articulé ce livre ?

Ce livre commence par deux parties conceptuelles. Il s'agit d'apprendre et de bien comprendre. D'une part, les notions importantes en investissement immobilier locatif. D'autre part, ce qui fait la différence entre les investisseurs « trop amateurs » et les investisseurs réellement <u>intelligents</u>.

Mais ce livre n'est pas seulement un livre conceptuel. On passe ensuite à la pratique avec la préparation et l'établissement de la stratégie (partie C) puis la mise en pratique en elle-même (partie D).

---

[4] Il y a débat sur l'auteur. En tout cas, c'est un (beau) proverbe chinois.

Dans la partie E, nous nous attardons ensuite sur les principaux pièges à éviter. Nous y analyserons également ensemble plusieurs styles d'investissement en immobilier locatif, et en déduiront leurs avantages et inconvénients respectifs.

La partie F est un bonus qui reprend plusieurs articles qui effectuent un zoom sur un sujet précis, où les notions et mises en application vues précédemment s'entremêlent.

Les parties E et F serviront ainsi de révision des notions abordées dans les parties précédentes, et surtout les confronteront à des réalités concrètes.

En termes de « concret » et de « vie réelle », signalons par ailleurs que le livre est ponctué de plus d'une vingtaine d'exemples de situations, que j'ai réellement vécues dans ma vie d'investisseur en immobilier locatif.

Une référence ambitieuse.

Enfin, pour l'anecdote, les plus perspicaces auront noté que le titre de ce livre fait un clin d'œil à *L'Investisseur Intelligent*, livre écrit par Benjamin Graham en 1949 et souvent présenté par Warren Buffett comme la bible de l'investissement en bourse. J'espère qu'il saura s'en montrer digne, et devenir à terme lui aussi, tout du moins à l'échelle française et pour quelque temps, une référence pour l'investissement immobilier locatif...

Complément 2nde édition

Quelques mots sur la 2nde édition.

Vous venez de lire l'édito de la 1ère édition du livre, publié fin 2017. Que s'est-il-passé depuis ?

- ✓ Le livre que vous tenez entre les mains est devenu le bestseller sur l'investissement immobilier locatif en France. Témoin d'un nombre de ventes record, il cumule un nombre impressionnant de commentaires sur Amazon (plus de 3 000 à l'heure où j'écris ces lignes), loin devant ses concurrents. Les investisseurs l'ont donc élu comme **LA** Référence en France.
- ✓ Quelques réglementations, lois, ou aspects fiscaux ont changé.
- ✓ Le marché a changé. Covid, attrait croissant de l'immobilier, etc. Plusieurs facteurs ont entraîné une concurrence accrue sur le marché ces derniers temps. La difficulté de trouver une bonne

affaire pour l'achat d'un investissement locatif a augmenté. Ceci peut nécessiter parfois d'adapter à la marge certaines des techniques détaillées dans la 1ère édition pour tenir compte de ce contexte de marché plus tendu. Même si à l'heure où j'écris ces lignes, le retour terrain fait état d'un marché qui, s'il reste tendu, est tout de même un peu moins difficile qu'au printemps dernier. Peu importe, avec ces compléments, vous serez armé pour creuser votre sillon dans plusieurs contextes de marché.

✓ Je sais que les exemples concrets issus de ma vie d'investisseur immobilier disséminés au long de la 1ère édition pour illustrer mon propos avaient été fortement appréciés. Pendant que mes lecteurs découvraient et lisaient la 1ère édition, j'ai de mon côté continué à investir. J'ai donc des exemples supplémentaires à partager qui viendront enrichir le contenu de cette 2nde édition.

Dans le contexte actuel de marketing agressif du coaching immobilier, je me dois de répéter cela. J'ai atteint aujourd'hui l'indépendance financière et la semaine des 7 dimanches grâce à mes investissements, notamment immobiliers. J'ai mis pour cela entre 10 et 15 ans selon comment l'on compte. Je ne vous vends donc pas du rêve comme certains qui vous font miroiter la possibilité de devenir rentier en 6 mois après l'achat de seulement deux lots à cash-flow. Cela m'a pris du temps, et ce n'était pas « sans rien faire », il a fallu consentir quelques efforts et sacrifices. On n'a rien sans rien… Si c'est votre but, la route que j'ai empruntée n'est pas la seule voie possible. Il y en a plusieurs, plus ou moins rapides, plus ou moins difficiles, plus ou moins contraignantes, plus ou moins adaptées à votre métier actuel (rémunération, nombre réel d'heures par semaines). Mais sachez qu'aucune ne vous emmènera au bout du chemin en 6 mois…

L'avantage pour vous en lisant ce livre, c'est que j'ai attendu la fin de mon parcours avant de commencer à partager mon expérience. Loin de certains youtubeurs qui vantent leur réussite et vous donnent des recettes seulement deux ans après s'être lancé dans l'investissement immobilier. À travers les lignes de ce livre, vous bénéficiez donc de mes quinze années d'expérience. Un investisseur qui en aurait trois fois moins pourrait peut-être vous parler d'achat, d'optimisation fiscale, de mise en location. Mais il aura nécessairement moins de recul sur la gestion locative et les problèmes potentiels qui peuvent arriver en cours de vie d'un investissement immobilier locatif et comment s'en prémunir. De même, il n'aura peut-être pas eu encore à se poser la question de l'éventuelle revente de certains de ses biens et des arbitrages à effectuer au sein de son patrimoine immobilier.

Même si plus de livres d'immobilier sont aujourd'hui disponibles sur le marché que lors de la sortie de la 1ère édition, les quelques éléments listés ci-dessus suffisent à souligner que mon profil reste assez unique parmi les auteurs de livres sur l'immobilier, en tout cas parmi les auteurs des livres plus vendus.

Les retours de lecteurs et lectrices que je reçois en témoignent. Je pense notamment aux témoignages reçus de ceux qui ont enchaîné à la suite de la lecture du présent livre celle de sa suite *77 Exercices Pratiques pour L'Investissement Immobilier Intelligent*, conscients qu'ils ont eu accès avec ces deux livres à une formation à l'investissement immobilier locatif particulièrement complète. Et ce, pour un prix défiant toute concurrence.

Les ajouts propres à cette 2nde édition, écrite fin 2021, seront insérés dans le texte original et signalés de la même manière que ce paragraphe pour les parties A à E du livre, avec une mention « complément 2nde édition » et « fin complément 2nde édition » encadrant les éléments de mise à jour.

Certains chapitres de la partie F seront intégralement propres à la présente édition. Dans ce cas-là, il en sera fait seulement objet au début du chapitre.

Quant aux éléments courts que j'ai amendés (éclaircissements sur des points parfois incompris qui me remontaient, mise à jour de chiffres ou de taux d'imposition, etc.), ils seront « noyés » au sein du texte de la 1ère édition, et ne seront pas particulièrement signalés. Ce choix a été effectué afin de ne pas modifier la structure initiale du livre, qui au vu des commentaires reçus, avait séduit les lecteurs de la 1ère heure.

Enfin, afin de vous fournir le meilleur outil pour vous aider à investir, la **version originale de cette 2nde édition a été repassée en revue fin 2025 à la lumière des évolutions réglementaires ayant eu lieu depuis**. Ainsi, les quelques éléments législatifs qui seraient devenus obsolètes ont été amendés, et les différents chiffres pertinents ont été **mis à jour**. Quelques laïus « Zoom 2026 » seront également insérés quand c'est pertinent.

En sus, un chapitre dédié sera consacré à un **zoom sur la situation du marché pour 2026**.

> **Fin complément 2nde édition**

Partie A

Les Concepts De Base

Les parties A et B traitent de concepts d'ensemble et constituent un préalable indispensable à la suite de ce livre. Leurs enseignements seront en effet à garder en mémoire comme « background » lors de la lecture des parties suivantes, qui aborderont quant à elles plus chronologiquement les étapes de l'investissement immobilier locatif intelligent.

La partie A rappelle des concepts qu'utilisent la plupart des investisseurs en immobilier locatif.

La partie B s'attache quant à elles aux concepts propres aux investisseurs immobiliers locatifs intelligents. Ces derniers sont en effet une espèce rare, et s'attachent à certaines notions que les investisseurs classiques ne connaissent pas. Ou s'ils les connaissent, ils ne les estiment pas à leur juste valeur, et n'y prêtent donc pas suffisamment attention.

Quand j'étais enfant et que ma mère me cuisinait des endives au jambon, je séparais la partie crème/jambon/fromage (que j'appréciais) de l'endive (dont le goût m'horripilait). Et je commençais par manger cette dernière pour me défaire au plus vite de la partie fastidieuse et garder le meilleur pour la fin.

On peut dire que j'ai en quelque sorte procédé d'une manière assez similaire pour ce livre. En effet, cette partie A ne sera peut-être pas la plus agréable à lire. Elle rentre assez vite dans le vif du sujet, mais reste assez théorique, et il faudra en outre dès les premières pages vous « fader » quelques équations.

Mais c'est malheureusement un passage nécessaire pour bâtir des fondations solides, et être sûr que vous disposerez du socle de connaissances nécessaires avant d'enchaîner par des notions plus subtiles dans les parties suivantes, celles qui feront vraiment de vous un investisseur en immobilier locatif intelligent, et sur leur mise en pratique

Chapitre **A.1**

Le taux marginal d'imposition

J'ai choisi d'ajouter un chapitre préambule sur la notion de taux marginal d'imposition, m'étant aperçu que beaucoup de débutants la confondaient avec le taux moyen d'imposition. Et donc éprouvaient quelques difficultés à la lecture de certains des chapitres du livre. Si vous maîtrisez déjà cette notion de TMI, je vous suggère de passer directement au chapitre A.2.

Le principe des tranches progressives de l'impôt sur le revenu.

L'impôt sur le revenu en France se base sur un barème progressif avec un principe de tranches, et se calcule par foyer fiscal :

**BAREME DE L'IMPÔT 2025
SUR LES REVENUS 2024**

Revenus 2024*	Taux d'imposition
N'excédant pas 11 520 €	0 %
De 11 520 € à 29 373 €	11 %
De 29 373 € à 83 988 €	30 %
De 83 988 € à 180 648 €	41 %
Supérieurs à 180 648 €	45 %

* Pour une part de quotient familial.

Pour bien comprendre, commençons par prendre pour exemple le cas le plus simple, celui d'un célibataire sans enfants. Il aura alors une seule part fiscale. Supposons qu'il gagne 44 000 € par an de revenus nets imposables. Pour rester dans le cas le plus simple, considérons qu'il ne déclare pas de frais réels, qu'il n'a aucune réduction d'impôts, ni de revenus autres que son salaire. Dans ce cas, il bénéficie de l'abattement forfaitaire de 10 %.

Il sera donc imposé sur la somme de 44 000 − 44 000 x 10 % = 39 600 €, selon le principe de tranches progressives, soit :

- o 11 520 x 0% = 0 €.
- o + (29 373 − 11 520) x 11% = 1 963 €
- o + (39 600 − 29 373) x 30% = 3 068 €.

Soit une imposition totale sur le revenu de 1 963 € + 3 068 € = 5 031 €.

Taux moyen vs. Taux marginal d'imposition.

Le taux moyen qui va être affiché sur une ligne de sa feuille d'imposition (et repris pour son taux de prélèvement à la source) va alors être de :

$$Taux\ moyen\ d'imposition = \frac{5\ 031}{44\ 000} = 11.43\%$$

Son taux marginal, quant à lui va être le taux d'imposition subi par les derniers euros qu'il a gagné. Dans notre exemple, ci-dessus, les **derniers euros gagnés**, ceux au-delà du seuil de 29 373 € annuels, ont été imposés au **taux marginal d'imposition de 30%**. Ainsi, les derniers euros gagnés sont proportionnellement plus taxés que les premiers gagnés, c'est pourquoi on qualifie l'impôt sur le revenu d'impôt **progressif**, contrairement à la TVA par exemple qui est une taxe à taux fixe. Ce taux marginal d'imposition est ce que l'on appelle par abréviation le **TMI**.

Calcul avec plusieurs parts.

Si vous êtes en couple au sein d'un même foyer fiscal, et/ou avez des enfants, vous allez potentiellement avoir plus d'une part fiscale.

Nombre d'enfants	Nombre de parts de quotient familial	
	Célibataire, divorcé ou veuf	Couple marié ou pacsé
0	1	2
1	1,5	2,5
2	2	3
3	3	4
4	4	5
par enfant supplémentaire	1	1

Pour bien comprendre, prenons l'exemple d'un couple marié avec un enfant. Supposons qu'ils aient gagné à eux deux 44 000 € de revenus imposables dans l'année, soit 39 600 € après abattement forfaitaire de 10%.

$$\frac{Revenus\ imposés}{Nombre\ de\ parts} = \frac{39\,600}{2{,}5} = 15\,840\ €$$

➢ 15 840 € est compris entre 11 520 € et 29 373 €. Le foyer fiscal est donc dans la tranche de 11 %. C'est leur Taux Marginal d'imposition (TMI), auquel vont être imposés les derniers euros gagnés.

➢ L'impôt dû est donc de :
  o 11 373 x 0% = 0 €
  o + (15 840 − 11 373) x 11% = 491 €
  o À remultiplier ensuite par le nombre de parts, ici 2,5.
  Soit au total un impôt dû de 491 x 2,5 =1 227 €.

Leur taux moyen d'imposition est alors de :

$$Taux\ moyen\ d'imposition = \frac{1\,227}{44\,000} = 2{,}8\%$$

À noter que chaque demi-part d'enfant ne peut pas faire gagner plus de 1 759 € d'impôts à un foyer fiscal grâce au calcul du quotient familial. Cela ne s'appliquait pas à notre exemple, mais cela peut venir complexifier encore un peu les choses quand ce plafonnement doit être appliqué en aval du calcul. En effet, une fois atteint, ce plafonnement vous fait en pratique sauter dans la tranche de TMI suivante.

Quel intérêt de tout ça pour l'immobilier ?

L'intérêt majeur de cette explication est de bien comprendre que :

➢ D'une part, vous pouvez avoir tendance à retenir votre taux moyen d'imposition, puisque c'est le plus visible.
  Il fut ainsi longtemps le seul affiché sur votre feuille d'imposition même si depuis 2023 votre TMI est aussi mentionné (mais plus bas dans votre avis d'impôt…). Il est par ailleurs utilisé peu ou prou pour votre prélèvement à la source, etc.

> ➤ D'autre part, **qu'en immobilier locatif, le seul qui nous intéresse vraiment est le taux marginal d'imposition (TMI), et on se « fiche » royalement du taux moyen d'imposition.**
>
> Pourquoi ? En fait, c'est assez simple et intuitif : vos revenus locatifs vont être des revenus que vous allez générer en sus de vos autres revenus existants (salaires par exemple). Et ces revenus incrémentaux vont donc être taxés à votre taux marginal d'imposition.

C'est finalement la simple extension du principe général de l'imposition progressive vue auparavant. Reprenez les exemples des pages précédentes. Avec du salaire comme seuls revenus, nous constations que les derniers euros que vous gagniez étaient les plus lourdement taxés, et qu'ils l'étaient à votre TMI. Si vous ajoutez quelques euros de revenus immobiliers imposables en surcouche, ils subiront logiquement un sort similaire, et seront donc imposés à votre TMI et non à votre taux moyen d'imposition.

Une autre façon de voir les choses pour comprendre pourquoi il n'y a aucune raison d'utiliser votre taux d'imposition moyen pour analyser l'impact fiscal de revenus issus d'un nouvel investissement immobilier est de présenter les choses de la façon suivante. Vous cherchez bien à analyser l'intérêt d'effectuer un investissement immobilier ? Oui. Donc, vous cherchez à comparer la situation actuelle sans cet investissement d'une part, et la situation dans laquelle il serait présent d'autre part. Il faut donc bien analyser l'imposition que l'investissement immobilier vous ajoute. Et cette imposition ajoutée se calcule au TMI et non au taux moyen.

Le second intérêt de ce préambule sur les principes de l'imposition sur le revenu est d'avoir en tête que votre TMI peut évoluer. Vous allez en effet établir les business plans de vos investissements immobiliers sur des périodes de l'ordre de 20 ans. Or, sur une telle durée, il y a de multiples éléments qui peuvent impacter votre TMI et donc potentiellement la fiscalité de vos investissements immobiliers.

> ➤ Si vous êtes en limite de tranche, une hausse de vos revenus (salariaux ou par un investissement immobilier) peut vous faire passer dans la tranche suivante. Si cela vous fait passer d'un TMI

de 11% à 30%, la différence n'est pas négligeable et à garder en tête.

➤ Si vous n'avez pas d'enfants mais projetez d'en avoir, et êtes en limite basse d'une tranche, vous pourriez descendre dans la tranche inférieure.

➤ De même, pour un célibataire qui se marie avec un conjoint ayant des revenus inférieurs aux siens.

➤ La réciproque étant également vrai dans le cas inverse, avec alors une possible hausse de TMI.

➤ Celui qui passe en mode indépendance financière en quittant son job après un parcours d'investisseur réussi verra aussi son TMI baisser à un moment donné, etc. Mais peut-être après qu'il aura augmenté à un moment précédent quand les revenus d'investissements se cumulaient avec des revenus salariaux de milieu de carrière battant leur plein.

Bref, un préalable à l'investissement immobilier locatif est :

➤ D'abord, de connaître votre TMI actuel,

➤ Ensuite, d'avoir bien compris que c'est lui qui est important, et non votre taux moyen d'imposition.

➤ Enfin, d'avoir réfléchi à l'éventail de scénarios probabilistes d'évolution potentielle dans le temps de votre TMI. Même si évidemment, je vous concède que l'on ne peut être sûr de rien en la matière ! Que ce soit pour votre parcours personnel, ou pour les évolutions de la fiscalité. Ainsi, les gouvernements successifs peuvent avoir envie de changer la grille du barème.

Par exemple, lors de la 1ère édition de ce livre, la 1ère tranche d'imposition n'était pas à 11 % mais à 14 %...

Fin Complément 2nde édition

Chapitre **A.2**

Le rendement locatif

Quand on parle de rendement locatif, on est en général trop vague, car celui-ci peut être brut ou net, et celui qui atterrit in fine dans votre poche est même dit rendement locatif « net-net ».

Examinons par exemple le cas de M. Dupont et imaginons que celui-ci achète un appartement à Bordeaux qu'il loue 8000 € par an charges comprises, dont 500 € de charges annuelles.

- **Calcul de l'investissement initial.**

Prix 100 000 € + Frais d'agence 6 000 € + Frais de notaire 7 000 €

+Travaux 10 000 € = 123 000 €

- **Calcul du rendement locatif brut.**

$$Rendement\ brut = \frac{Loyer\ hors\ charges}{Investissement\ initial} = \frac{8\,000 - 500}{123\,000} = 6{,}1\%$$

- **Calcul du rendement locatif net de charges.**

Charges :

- Taxe foncière : 600 €
- Charges non récupérables : 400 €
- Travaux effectués dans l'année (peinture) : 700 €
- Assurance appartement : 100 €

Soit un total de charges de 1800 €. La rentabilité nette de charges correspond au quotient des loyers nets de charges par l'investissement initial, soit ici :

$$Rendement\ locatif\ net = \frac{7\,500 - 1\,800}{123\,000} = 4{.}6\,\%$$

- **Calcul du rendement locatif net-net, soit net d'impôts et de prélèvement sociaux.**

Reprenons l'exemple de M. Dupont et précisons que celui-ci est imposé avec un taux marginal de 30 %. Il a payé 1500 € d'intérêts cette année-là sur l'emprunt contracté. En rappelant que seule la part d'intérêts d'emprunt est déductible fiscalement, et non l'intégralité de la mensualité, calculons sa base imposable :

$$Base\ imposable = 7\,500 - 1\,800 - 1\,500 = 4\,200\ €$$

Le taux de prélèvements sociaux est de 17.2 %. Si l'on veut être très précis et éviter l'erreur d'oublier les 6.8 % de CSG déductible[5] l'année suivante, il devient 17.2 % -0.3*6.8 % = 15.16 %. Les prélèvements sociaux à payer sont donc de :

$$Prélèvements\ sociaux = 15.16\% * 4\,200 = 636\ €$$

L'impôt sur le revenu est quant à lui de :

$$Impôts\ sur\ le\ revenu = 30\% * 4\,200 = 1\,260\ €$$

Il vient donc au final :

$$Rendement\ locatif\ net - net = \frac{7\,500 - 1\,800 - 636 - 1\,260}{123\,000} = 3.1\ \%$$

C'est le rendement locatif net-net qui est le plus important et auquel il faut prêter attention, car c'est celui qui inclut un maximum de paramètres. Le rendement brut peut quant à lui être utile pour avoir une première approche. En effet, il présente l'avantage d'être aisément calculable de tête. De plus, si vous évitez les appartements avec des charges de copropriété prohibitives, vous saurez vite quel rendement brut est nécessaire pour atteindre le rendement net ou le cash-flow que vous désirez.

- **Limites du calcul manuel de rendement locatif.**

Le calcul du rendement locatif présente néanmoins quelques écueils :

- Les intérêts d'emprunts évoluent chaque année.

---

[5] À fiscalité en vigueur à la date d'écriture. Pour l'erreur courante liée à la CSG déductible, cf chap. F.15 pour pas complexifier outre mesure le présent chapitre.

- Vous pouvez vous trouver à la frontière de tranches marginales d'imposition, et avoir un taux d'imposition différent d'une année sur l'autre.
- Les cash-flows dégagés et la trésorerie générée sont sûrement des éléments encore plus importants que la pure rentabilité locative, et nous ne les avons pas calculés ci-dessus.
- Le calcul ci-dessus est une version simple, sans prise en compte de dispositifs fiscaux spécifiques. D'où l'intérêt d'utiliser des outils de calcul de rentabilité automatiques comme celui que l'on présentera au chapitre D.2.

- **Éléments qui influent logiquement sur le rendement.**

On pourrait conceptualiser ce qui compose un rendement locatif de la façon suivante :

$$Rendement\ locatif = Taux\ Sans\ Risque\ +$$

$$Prime\ de\ Risque\ March\acute{e}\ Immo + Prime\ de\ Risque\ Bien\ Vis\acute{e}$$

Le Taux sans risque est le type de taux que vous pouvez trouver sur des produits de placements liquides classiques, comme un livret A, un PEL, ou un fonds en euros d'assurance vie.

Une Prime de Risque liée au marché immobilier s'ajoute logiquement à ce taux sans risque, sinon pourquoi s'ennuyer à aller effectuer un investissement sur le marché immobilier avec ses complexités propres ? En effet :

- Celui qui achète comptant aurait alors plutôt intérêt à placer son argent sur des supports de placements classiques. Il resterait ainsi liquide et disponible, et tout autant rémunéré.
- Pour celui qui achète à crédit, il obtiendra en général un taux d'emprunt légèrement supérieur au taux de placement sans risque (qui inclut la marge des banques et le risque de remontée du taux sans risque sur la durée de l'emprunt). Il a donc intérêt à obtenir un rendement supérieur à son taux de crédit, sinon son investissement ne sera pas productif et ne fournira pas d'effet de levier.

Enfin, une dernière prime de risque est spécifique au type de bien visé. Elle sera élevée sur un bien dans une ville peu dynamique ou quand le risque de vacance locative est omniprésent, et réduite à peau de chagrin pour un bien haussmannien au centre de Paris par exemple.

On constate également que les rendements locatifs seront plus bas en période de taux bas. Ce qui signifie également des prix plus hauts, puisque le prix est au dénominateur de la formule de calcul du rendement, comme vous n'avez pas manqué de le remarquer. Ainsi, on peut corréler une partie de la hausse des prix depuis le début des années 2000 à la baisse constante des taux d'emprunts qui s'est produite en parallèle. On emprunte à un taux plus bas, donc on exige un rendement locatif moindre que lorsque les taux étaient plus élevés. Les journalistes parlent souvent abusivement de « solvabilisation des ménages » quand ils évoquent ou vulgarisent ce phénomène.

Voilà pour la théorie. La pratique est toujours un peu moins simple : ainsi, vous achetez votre bien à un instant t dans un contexte de taux donné ; ensuite, même si vous avez fixé votre taux d'emprunt, le contexte de taux peut évoluer, et le prix de revente potentiel de votre bien en être affecté.

Si vous devez bien comprendre cette théorie, c'est parce que vous pourrez parfois en tirer profit. Prenons une ville moyenne de 100 000 habitants en province avec des perspectives stables (non-sinistrée, légère croissance démographique), où les prix n'auraient pas bougé depuis 12 ans. Si l'on empruntait à 4% en 2005, et qu'on emprunte à 1.5 % sur 20 ans en 2017, cela veut dire que c'est une bien meilleure affaire en 2017 qu'en 2005. En effet, le différentiel entre le rendement et le taux d'emprunt (l'effet de levier qui vous enrichit) sera beaucoup plus favorable. Comme les prix n'ont pas monté uniformément en France, alors que les taux d'emprunts ont quant à eux baissé uniformément, cela peut être une piste à creuser.

Ce que l'on peut comprendre aussi à travers cette formule, c'est que dans des villes « à la mode » comme Bordeaux où l'envolée des prix a conduit les rendements locatifs aux alentours de 3 ou 4%, il n'y a plus beaucoup de valeur dans les primes de risque. L'éventuel intérêt de l'investissement réside alors seulement dans l'éventuelle plus-value. Mais quand tout le monde veut investir au même moment au même endroit, il arrive qu'on paye parfois une (trop) grande partie de l'avenir imaginé dans le prix de départ… Pour citer un ultime exemple, un rendement de 8 % à Nantes sera mieux qu'un investissement à 9 % de rendement à Montluçon, car le différentiel de prime de risque doit valoir plus de 1 % dans un tel cas, etc. Mais nous développerons plus loin dans le livre comment choisir votre terrain de chasse…

Chapitre A.3

L'emplacement, l'emplacement, l'emplacement

Vous avez sûrement déjà entendu des investisseurs parler de la fameuse formule « *l'emplacement, l'emplacement, l'emplacement* » comme étant le *seul* critère à examiner en immobilier.

Il y a en fait deux messages cachés dans cette formule. D'une part, l'insistance consistant à répéter 3 fois un même mot souligne l'importance de l'emplacement en immobilier. D'autre part, et parfois moins bien compris, l'emplacement peut désigner trois choses différentes : la ville, le quartier dans la ville, ou encore l'appartement dans le quartier.

L'emplacement, la ville.

Vous pouvez effectuer une étude macro-économique du potentiel d'une ville à l'aide de sites internet. On en trouve qui indiquent des informations comme la population et son évolution, les catégories socio-professionnelles, taux de chômage, l'indicateur de tension du marché locatif par type de logements, etc. J'en ai répertorié plusieurs sur le blog[6] si vous voulez y jeter un œil.

Mais comme nous y reviendrons plus tard, sur cet aspect-là rien ne vaut la connaissance terrain. Donc si vous pouvez privilégier une ville dans votre environnement proche actuel (ou à défaut dans celui de vos racines), c'est mieux.

---

[6] http://blog.mes-investissements.net/outils-utiles/

L'emplacement, le quartier.

Le choix du quartier est très important. À l'époque où le centre de Paris était encore « investissable » à un rendement acceptable, dans un même arrondissement, l'intérêt pouvait même être différent d'une rue à l'autre.

Le centre-ville est en général une valeur sure, sauf dans les quelques villes où il s'est tellement paupérisé que toutes les classes aisées l'ont fui.

Vous pouvez également adapter le quartier choisi à la population visée. Si vous louez des logements étudiants, découvrez si les étudiants ont une préférence pour le centre-ville ou le secteur du campus (il n'y a pas de vérité universelle, cela peut changer d'une ville à l'autre).

Miser sur un quartier en devenir, par exemple un quartier agréable à la population tranquille, qui va grandir par de nouvelles constructions à venir, peut faire espérer une plus-value à terme (qui ne doit être vue que comme un bonus potentiel).

En revanche, évitez d'investir dans un quartier à mauvaise réputation actuellement peu cher, et dont on dit qu'il va être réhabilité (ou dont vous jugez la mauvaise réputation exagérée). Il est très difficile et long pour un quartier de se défaire d'une mauvaise réputation.

Examinez le quartier à plusieurs moments de la journée. À une époque où je n'étais pas encore un investisseur actif, et où je jouais l'ingénu connaissant peu la ville objet de mes visites, j'ai vu des agents immobiliers peu honnêtes me proposer :

-   Un appartement apparemment très bien, avec un rapport qualité/prix très intéressant source théorique à la fois de rendement et de moindre souci en termes de vacances locatives. Il donnait sur un bar de l'autre côté de la rue. Le discours de l'agent était peu ou prou « c'est un bar sans terrasse, il n'y a donc pas de nuisances sonores ». En fait, c'était juste le bar préféré des étudiants. Et depuis l'interdiction de fumer dans les bars, terrasse ou pas, la moitié de la clientèle est dehors jusqu'à 2 h du matin hiver comme été, et ce, 4 jours sur 7.

- Plus subtil, un appartement au-dessus du hangar de livraison d'un Monoprix. Hangar fermé la journée, mais quand on se renseigne sur le terrain on découvre que ces livraisons ont lieu 6 jours sur 7 à 5 h du matin et sont particulièrement bruyantes, créant même un écho dans les appartements situés au-dessus lors des chargements et déchargements.

Le meilleur moyen d'éviter ces écueils est de bien connaître la ville dans laquelle vous investissez. Vous pouvez aussi aller dans le quartier ciblé à des horaires différents, ou interroger des habitants (dire que vous envisagez de louer dans l'immeuble plutôt que d'investir peut faciliter le contact si vous parlez à des locataires).

L'emplacement, l'appartement.

Derrière le prix du mètre carré moyen de chaque ville, se cachent des disparités dans les biens proposés. L'environnement du quartier, la configuration et la distribution des pièces sont des facteurs qui ont une influence, mais qui sont difficiles à normaliser.

L'impact des charges de copropriété n'est quant à lui pas « normalisable », mais il n'est pas pour autant subjectif : celles-ci influent en effet directement sur le cash-flow que l'on peut retirer du bien, et donc le rendement qu'on peut en attendre. L'impact logique de ces charges élevées sur le prix à payer pour le bien peut ainsi se retrouver par le calcul[7].

L'influence de l'étage d'un appartement et celui du diagnostic de performance énergétique (DPE) d'un logement sont en revanche quant à eux des éléments plus faciles à normaliser.

Commençons par l'influence de l'étage en examinant les décotes et surcotes à appliquer pour estimer le prix de votre logement en fonction de l'étage.

---

[7] Voir la méthode DCF présentée au chapitre A.3, en l'utilisant ici pour calculer un malus plutôt qu'un bonus.

Décotes et surcotes à appliquer pour estimer le prix d'un appartement en fonction de l'étage.

Rez-de-chaussée côté rue	– 15 à – 25 % selon passage dans la rue
1er **étage**	– 6 %
1er **étage** avec café ou commerce ouverts tard en-dessous	– 20 %
Du 3e au 6e étage avec **ascenseur**	+ 2,5 % par niveau
Vue sur cour sombre /Rez-de chaussé coté cour	– 10 %
3e étage sans ascenseur	– 10 %
4e étage sans ascenseur	– 15 %
5e étage sans ascenseur	– 18 %
6e étage et plus sans ascenseur	– 20 %

Si l'on oublie les ascenseurs, ce qui peut être une bonne idée du point de vue des charges de copropriété pour un investissement locatif, on retrouve ainsi dans ce tableau l'idéal du 2éme étage. Pour être précis, je mets pour ma part souvent en avant **l'idéal du 2ème étage sur cour**.

Décotes et surcotes à appliquer pour estimer le prix de votre maison ou votre appartement en fonction du diagnostic de performance énergétique (DPE).

Poursuivons avec l'impact du diagnostic de performance énergétique sur le prix d'un logement. On notera à la lumière du graphique ci-dessous que les transactions **se font en médiane avec une étiquette énergétique de la fin d'un niveau D**. Les cartes suivantes se lisent par rapport à cette étiquette moyenne de référence.

Les conditions climatiques étant plus ou moins rigoureuses d'une région à l'autre, l'étude a logiquement été effectuée par région.

Variation du prix d'une maison en fonction du diagnostic de performance énergétique

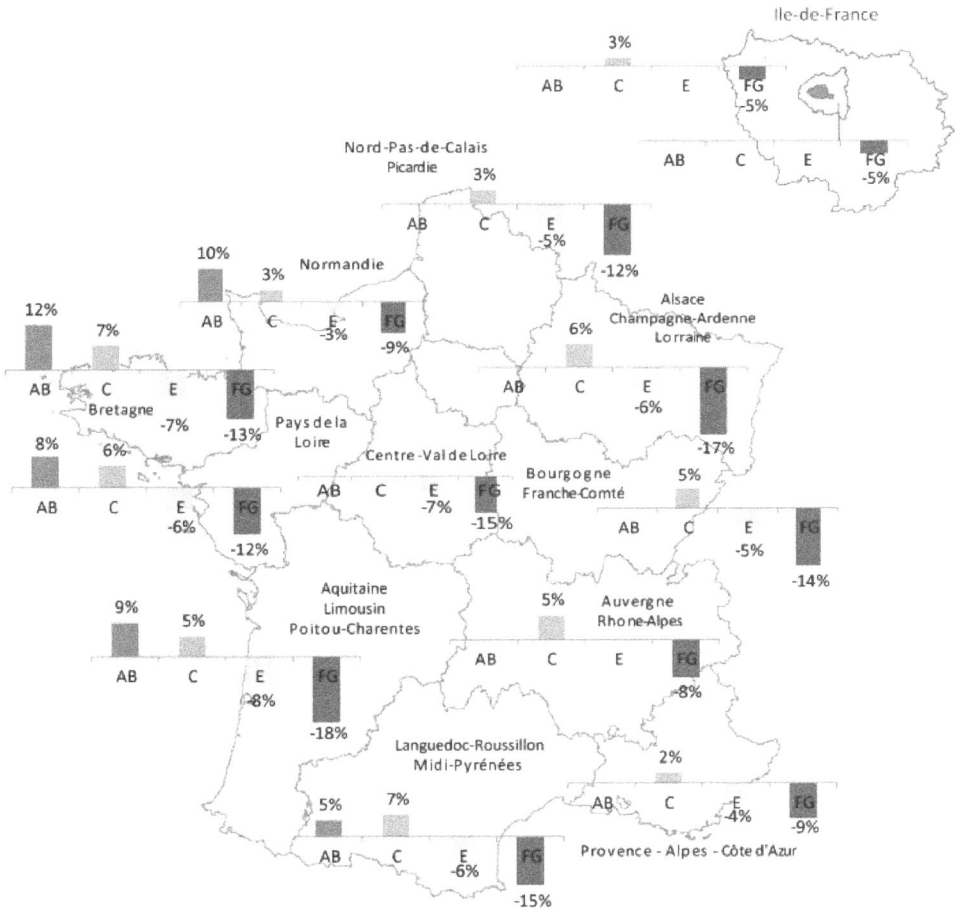

Carte géographique d'impact du DPE sur l'estimation du prix d'une maison

Variation du prix d'un appartement en fonction du diagnostic de performance énergétique (DPE).

Carte géographique d'impact du DPE sur le prix d'un appartement

(source : Bases Notariales Perval oct-2015)

On voit que contrairement aux maisons où un bon DPE influence le prix, les statistiques ne permettent pas encore dans toutes les régions de faire apparaître une bonification pour les biens les mieux isolés dans le cas des appartements. La tendance étant à un examen de plus en plus minutieux du diagnostic énergétique par les acheteurs immobiliers, j'aurais tendance à penser que le cas des appartements devrait converger vers celui des maisons, et donc à trouver plus opportun d'utiliser la 1re carte (celle des maisons) y compris pour les appartements.

Voilà pour la théorie. Il ne faut toutefois pas se limiter à la théorie et avoir conscience que dans la pratique, un DPE a parfois une valeur toute relative. Par exemple, à l'heure où j'écris ces lignes :

- Les DPE des logements d'avant 1948 doivent être effectués uniquement sur factures historiques. Entre l'occupant frileux et celui qui n'est présent dans son logement que 6 mois sur 12, on aura donc pour un même logement deux diagnostics différents.
- Les DPE sont calculés relativement à l'énergie primaire consommée. Ainsi on attribue un coefficient de 2,58 au chauffage électrique et de 1 à toutes les autres sources d'énergie (gaz, fuel, bois). Or, l'électricité est pénalisée car à ce jour le kWh d'électricité coûte moins de 2,58 fois le prix du kWh de gaz. Ainsi, pour deux logements à diagnostic identique (D par exemple), l'un avec un chauffage gaz, l'autre avec un chauffage électricité, celui à l'électricité aura des factures en euros moins élevées que celui chauffé au gaz naturel.

D'un autre côté, dans une approche de maîtrise des risques à 20 ans comme nous la développerons au chapitre B.3, il peut toutefois être judicieux d'éviter les biens à l'extrémité défavorable du spectre (par exemple ceux classés en G, ou ceux en F qui ne pourraient pas être améliorés pour un faible coût de travaux). En effet, à cette échelle de temps, est-on certain qu'un gouvernement n'aura pas l'idée d'introduire une loi interdisant aux bailleurs de louer de telles « passoires énergétiques » ?

Complément 2nde édition

J'avais été visionnaire lors de l'écriture de ces lignes en 2017, car une telle loi est désormais bien là. De plus, un nouveau mode de calcul a été introduit pour les DPE. Nous y reviendrons en détails au chapitre F.8.

Fin Complément 2nde édition

Autres facteurs influençant le prix du logement : terrasse, jardin, balcon.

Comme nous le disions en introduction, les autres critères sont plus subjectifs. Par exemple, la terrasse, le jardin, ou le balcon dépendront de leurs raretés dans l'environnement en question. D'autres subtilités entrent en question : à surface équivalente, une terrasse justifie toujours une surcote plus importante que celle due à un balcon. Eh oui, la différence entre une terrasse et un balcon ne tient pas à la surface… Mais au fait qu'une terrasse vient en couverture d'une partie de l'immeuble (et donc souvent réservée au dernier étage, la façade de l'appartement devant être en retrait de celle de celui d'en dessous) alors qu'un balcon est une structure accrochée en extension sur la façade !

Différence entre rendement locatif et rentabilité locative.

Les termes de rendement et de rentabilité sont souvent confondus par les investisseurs, le mot « rentabilité locative » étant parfois abusivement utilisé pour désigner le simple « rendement locatif ».

De façon puriste, il faut savoir que ces deux termes regroupent pourtant deux notions distinctes.

Le rendement, comme on l'a vu au chapitre précédent, se focalise sur la seule notion de rapport locatif du bien au cours de sa vie.

La rentabilité quant à elle va s'appliquer à l'intérêt global de l'opération, en intégrant en sus de rendement locatif perçu annuellement la revente du bien et la plus-value (ou moins-value) ainsi dégagée.

La rentabilité que l'on anticipe, même si elle inclut plus d'incertitudes que le rendement locatif au moment où l'on investit, doit ainsi être une notion à toujours garder dans un coin de la tête. Et les éléments vus dans ce chapitre (emplacement, etc.) devraient vous y inciter.

Chapitre **A.4**

Économie et marché immobilier

Avant de refermer cette partie sur les concepts de base, je souhaitais vous dire quelques mots de l'économie du marché immobilier.

Les courbes de Friggit : intéressantes, mais à mon sens ayant un défaut majeur.

Avez-vous déjà entendu parler des courbes de Friggit ? Du nom de l'économiste français qui les a mises en exergue, ces courbes rapportent le prix de l'immobilier au revenu des ménages.

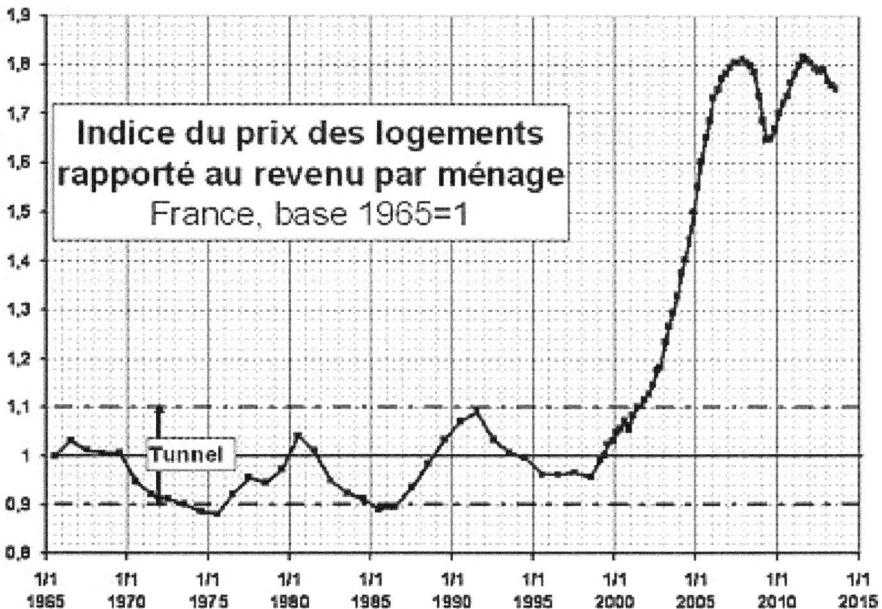

On constate que cette courbe est sortie de son tunnel historique depuis le début des années 2000. C'est pourquoi certains mettent en avant cette courbe pour justifier d'un krach imminent des prix immobiliers.

Devez-vous vous en préoccuper pour vos investissements locatifs ?

En préambule, vous pourrez noter que ces cassandres prédisent ce krach depuis dix ans déjà. Entre quelqu'un qui aurait depuis 2007 acheté un appartement par an (et donc déjà remboursé près de la moitié des crédits des premiers investissements), et celui qui aurait attendu dix ans que le krach ait lieu pour en profiter, je préfèrerais pour ma part être dans la situation du premier.

Mais à mon sens, s'il faut être conscient que les prix immobiliers sont actuellement élevés relativement aux revenus des ménages, il ne faut pas oublier que la théorie économique commande que le prix d'un actif soit impacté par l'environnement des taux (et ce, parait d'autant plus vrai, que l'immobilier est un actif particulièrement acheté à crédit) comme nous allons le rappeler ci-après. Et Friggit n'en tient pas compte…

Rappel économique : la théorie du Discount Cash Flow (DCF) et ses applications à l'immobilier

Cette méthode dite du DCF consiste à calculer la **valeur actuelle des revenus futurs** d'un actif pour estimer son juste prix, cet actif pouvant être une entreprise, un bien immobilier, ou toute installation générant des revenus.

La valeur actuelle d'un flux futur s'exprime de la façon suivante :

$$\text{Valeur actuelle} = \frac{\text{Valeur future}}{(1 + r)^n}$$

Où r est le taux d'actualisation, et n le nombre d'années au bout desquelles le revenu est encaissé.

La valeur actuelle de 1000 € reçus dans 5 ans avec un taux d'actualisation de 2,5 % est par exemple de 1 000/(1+0.025)^5= 883 €

Lorsque les revenus sont réguliers, annuels comme peuvent l'être ceux d'une entreprise, leur valeur actuelle sera donc du type :

$$\text{Valeur actuelle} = \frac{\text{Cash flow An1}}{(1+r)^1} + \frac{\text{Cash flow an2}}{(1+r)^2} + .. + \frac{\text{Cash flow An n}}{(1+r)^n}$$

Le taux d'actualisation r est le taux **qui rend** indifférent un investisseur entre recevoir **X euros aujourd'hui ou X*(1+r)^n euros dans n années**.

Il ne faut pas prendre **un taux d'actualisation passe-partout, mais un taux qui tient compte du risque intrinsèque de l'investissement**. Schématiquement, on a :

$$r = \text{Taux sans risque} + \text{Prime de Risque}$$

La Prime de Risque est en quelque sorte le rendement supplémentaire au-delà du taux sans risque que l'on considère comme suffisant afin d'estimer que le fait de « s'embêter » avec ce projet en vaut la peine.

Lorsqu'on considère des cash-flows **constants** qui durent **perpétuellement**, l'expression de leur valeur actuelle peut, grâce à la formule d'une suite géométrique, être simplifiée de la manière suivante :

$$\textbf{Valeur \textit{actuelle de l'actif}} = \frac{\textbf{\textit{Revenu annuel}}}{\textbf{\textit{r}}} \text{ [8]}$$

C'est cette **dernière formule simplifiée** que vous devez garder en mémoire. Elle peut vous être utile pour certains arbitrages dans vos investissements immobiliers.

En effet, même si cette théorie économique a certains défauts (notamment liés à la façon de déterminer le taux d'actualisation qui a un impact significatif sur le résultat final), elle n'est pas entièrement à jeter à la poubelle. Si on l'applique à l'immobilier, on voit qu'à risque spécifique (lié au bien) équivalent, le taux d'actualisation sera d'autant plus faible que les taux sans risques anticipés sont faibles. C'est un paramètre que les

---

[8] Il faut entendre ici par « Revenu Annuel » le cash-flow. Nous reviendrons sur la notion de cash-flow au chapitre B.1.

courbes de Friggit oublient de prendre en compte, alors qu'il est fort probable que la baisse des taux soit responsable d'une partie de la hausse des prix immobiliers constatés depuis le début des années 2000. Cette théorie doit être gardée dans un coin de la tête, car avoir cette notion peut vous <u>aider aussi dans vos raisonnements immobiliers.</u>

<u>Exemple d'application vécu n°1 :</u>

Pour construire une maison, vous avez le choix entre 2 terrains identiques distants de quelques centaines de mètres. L'un est dans la ville principale, disons Angers par exemple, l'autre est dans une commune de la communauté d'agglomération (mais de l'autre côté de la rue, c'est Angers). Ils font tous les 2 la même surface, disons 400 m², le premier est vendu 50 000 €, le second 51 000 €. Lequel est le moins cher ?

Vous vous doutez qu'il y a un piège et que la réponse n'est pas si évidente qu'elle en a l'air. En effet, ce n'est pas le premier qui est le moins cher.

Le seul paramètre qui diffère entre ces 2 terrains est la commune, et donc la taxe foncière. En considérant une maison de 90 m² érigée, la taxe foncière future sera de 1 300 € à Angers, et de 800 € dans la commune voisine.

Mais comment valoriser cette différence sur le prix d'achat ? C'est là que notre méthode DCF peut être utile. La différence entre les taxes foncières est de 500 € annuels. Pour choisir le taux d'actualisation que vous utilisez pour appliquer la théorie, vous pouvez prendre l'ordre de grandeur du rendement que vous recherchez pour vos investissements immobiliers. Si l'on considère un taux d'actualisation de 8 %[9], il vient ainsi :

$$Différence \ de \ prix \ justifiée = \frac{500}{8\%} = 6\,250 \ €$$

La conclusion est donc que tant que le prix du 2nd terrain n'excède pas celui du premier de plus de 6 250 €, il sera une meilleure affaire que le premier.

---

[9] Je prends en général : Taux sans risque (2% environ aujourd'hui sur les fonds euros) + 6% de prime de risque pour mes investissements immobiliers.

Ce genre de raisonnement est souvent à tort oublié des investisseurs. Pour vous renseigner sur le montant relatif des taxes foncières sur la commune où vous envisagez d'investir (et sur le prix relatif des communes environnantes), vous pouvez utiliser le site www.proxiti.info[10]

Exemple d'application vécu n°2 :

Vous avez l'occasion d'acheter un appartement qui a comme bonus un garage individuel fermé, mais dans une zone où il n'y pas de problème de stationnement particulier.

Même si vous n'avez pas particulièrement envie de le comptabiliser dans vos projections, vous aimeriez avoir une vague idée de combien vaut ce bonus.

1ère méthode, celle des comparables : vous regardez si des garages similaires se sont vendus dans le quartier et à quel prix. Mais que faire si vous n'en trouvez pas ou que l'échantillon n'est pas significatif ?

2nde méthode, vous utilisez l'approche DCF. Vous vérifiez qu'il y a une demande locative assez importante pour pouvoir louer ce garage 60 €/mois à des fins de stockage ou de stationnement de véhicule loisir. Enlever le garage de l'appartement ne vous fera pas louer celui-ci moins cher (pas de problème de stationnement dans le secteur, appartement souvent loué à des étudiants sans véhicule, etc.)

$$Valeur\ bonus\ apportée\ par\ le\ garage = \frac{60 \times 12}{8\%} = 9\ 000\ €.$$

Et là encore, cela peut être intéressant d'avoir cela en tête. Quand j'ai été confronté à un tel cas, les concurrents ne prêtaient pas attention à la valeur du garage du fait de l'absence de problème de stationnement dans cette zone. Mais en testant le marché, j'avais pu réaliser pour ma part qu'elle était loin d'être nulle si on l'exploitait bien.

---

[10] Si le service proposé par ce site venait à disparaître, d'autres solutions seraient mises à jour sur la page : https://blog.mes-investissements.net/outils-utiles.

L'effet de levier.

L'effet de levier est ce que vous permet le crédit, c'est-à-dire d'acheter un bien avec de l'argent que vous n'avez pas. Cela facilite l'investissement, à l'image d'un bras de levier qu'on utiliserait pour soulever une pierre trop lourde. Nous verrons au paragraphe B.1 traitant des cash-flows l'impact de la durée de crédit sur la force de ce levier. Par ailleurs, celui-ci sera également d'autant plus fort que vous aurez mis moins d'apport et que le prix du bien acheté à crédit aura augmenté au moment d'une éventuelle revente.

Mais pour le moment, retenez une autre façon de voir l'effet de levier : c'est la différence positive entre le rendement de votre investissement et le taux du crédit qui vous enrichit. C'est assez instinctif : si vous empruntez de l'argent à 1 % pour le placer à 6 %, vous faites une bonne opération. Si vous empruntez à 4 % pour placer à 3 %, ce n'est en revanche pas très rentable...

Les prix des biens et les taux évoluent en général avec une corrélation négative, néanmoins souvent avec un certain déphasage. À vous de savoir en profiter pour maximiser le différentiel entre le rendement que vous pouvez obtenir des biens immobiliers que vous convoitez et les taux d'intérêt auxquels vous pouvez emprunter.

Exemple vécu n°3 :

Je vois pour ma part un autre effet de levier dans l'investissement immobilier locatif, dont on n'entend jamais parler et qui est différent du concept d'effet de levier immobilier tel qu'on l'entend habituellement et que l'on vient de décrire ci-dessus.

J'ai effectué des études (Grande École) qui m'ont permis aujourd'hui d'avoir un bon salaire. Oui, mais je reste salarié, c'est-à-dire que j'échange mon temps contre de l'argent, ce qui irrite légèrement mon âme naturelle d'entrepreneur[11]. Peut-être qu'un jour, j'aurais envie de lever le pied, que ce soit pour passer du temps avec mes enfants, ou mener un projet complètement différent qui privilégierait le pur plaisir à l'argent. Mais cela veut alors dire que j'aurais amorti des études plus difficiles que la moyenne sur seulement 20 ans, et non sur 45 ans.

Or, utiliser le fait d'avoir un salaire dans la fourchette haute des gens de mon âge pour lever de l'emprunt en vue d'investissements immobiliers locatifs me permet de faire levier sur mon salaire actuel. Ainsi, on pourrait considérer qu'un ingénieur qui aurait travaillé 20 ans et levé de l'endettement pour acheter des biens immobiliers dans des proportions substantielles puis arrêté son activité professionnelle, aurait plus rentabilisé les efforts liés à l'obtention de son diplôme qu'un autre ayant une carrière s'étalant sur 45 ans, mais n'ayant quant à lui pas utilisé le levier du crédit.

Il n'y a pas un marché immobilier, mais des marchés immobiliers.

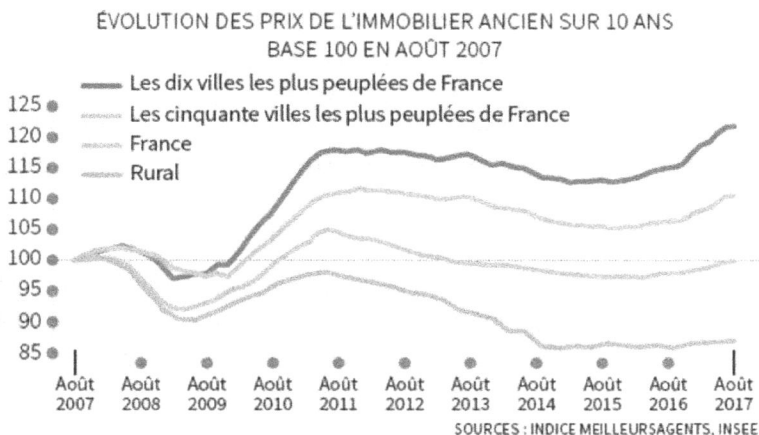

ÉVOLUTION DES PRIX DE L'IMMOBILIER ANCIEN SUR 10 ANS
BASE 100 EN AOÛT 2007

Les dix villes les plus peuplées de France
Les cinquante villes les plus peuplées de France
France
Rural

SOURCES : INDICE MEILLEURSAGENTS, INSEE

---

[11] Si cette phrase ne résonne pas en vous, ou que vous n'êtes pas familier avec les quadrants du cash-flow, je vous conseille la lecture de l'article http://blog.mes-investissements.net/concept-entrepreneur/

Comme le montre le graphique ci-dessus, il n'y a pas un, mais plusieurs marchés immobiliers. Pour une même base 100, en 2007, sur dix ans, les prix ont fortement monté dans les dix plus grandes villes françaises, monté plus raisonnablement dans les 50 plus grandes villes françaises, sont restés stables sur la France prise dans son ensemble, et ont reculé en zone rurale.

À noter que la seconde courbe serait plus basse si elle n'incluait pas les 10 premières villes, mais se limitait seulement aux 40 villes suivantes. Une courbe représentant seulement ces dernières serait sûrement proche de la courbe France avec des prix quasi stables depuis 2007.

Exemple vécu n°4 :

Comme dans les villes moyennes les prix n'ont pas bougé depuis 2007, et que les taux ont bien baissé, c'est pour ma part ce type de villes que je vise aujourd'hui en priorité. Le différentiel entre rendement locatif et taux d'emprunt a rarement été aussi élevé, et donc aussi favorable.

Si je visais une des dix plus grandes villes, comme les prix ont beaucoup monté, le rendement locatif qu'on peut en espérer est aujourd'hui inférieur à celui de 2007. Et donc même si les taux ont baissé, le différentiel rendement locatif – taux d'emprunt ne s'est pas amélioré, voire s'est détérioré.

Le cycle court du marché immobilier : marchés de vendeurs ou d'acheteurs.

Comme on l'a vu précédemment, si vous essayez d'anticiper ou d'attendre le bas du cycle long immobilier, vous risquez d'attendre plusieurs décennies avant d'effectuer votre premier investissement locatif, ce qui n'est pas optimal.

Mais même au sein d'un cycle long globalement ascendant des prix comme on le connait depuis 2000, il y a des sous-cycles avec alternativement :

- Des sous-cycles plutôt favorables aux vendeurs, appelés « marchés de vendeurs ». Ils sont caractérisés par des délais de vente réduits, et des prix pas facilement négociables.

- Des sous-cycles plutôt favorables aux acheteurs, nommés « marchés d'acheteurs ». Les acheteurs présents sur le marché sont moins nombreux. Il est moins facile de vendre son bien, et les vendeurs sont plus réceptifs aux arguments des acheteurs.

Sans en faire une obsession, avoir conscience de ces sous-cycles peut être un atout dans votre manche pour savoir à quels moments vous aurez plus facilement la main pour négocier des affaires intéressantes.

Plusieurs facteurs peuvent expliquer l'alternance de ces phénomènes, par exemple l'attitude des banques quant à la distribution des crédits (sont-elles actuellement plutôt laxistes ou sont-elles dans une phase où elles ont plutôt tendance à resserrer les boulons ?). L'alternance entre ces sous-cycles est tout à fait normale, car le marché immobilier est un marché visqueux : il prend souvent un peu de temps avant de s'ajuster aux évènements de l'environnement extérieur (le marché boursier avec des cours de cotation tous les jours est un marché moins visqueux par exemple, du moins en théorie).

La saisonnalité du marché immobilier.

Les prix de l'immobilier évoluent légèrement au gré des saisons.

L'INSEE nous donne une base de départ pour chiffrer cet effet en nous fournissant un indicateur de variation des prix immobiliers au moment de l'Acte de vente par rapport à la moyenne annuelle :

- De janvier à mars : -1.4 %
- D'avril à juin : – 0.2 %
- De juillet à septembre : +1.8 %
- D'octobre à décembre : -0.2 %

Mais attention, les données INSEE sont données par rapport à l'Acte de vente, et il faut compter environ 3 mois entre la décision d'acheter (signature du compromis) et le passage chez le notaire. On peut donc conclure que le bonus/malus par rapport à la moyenne annuelle sera le suivant en fonction du moment de la décision d'achat de l'appartement ou de la maison :

- De janvier à mars : – 0.2 %
- D'avril à juin : + 1.8 %
- De juillet à septembre : – 0.2 %
- D'octobre à décembre : – 1.4 %

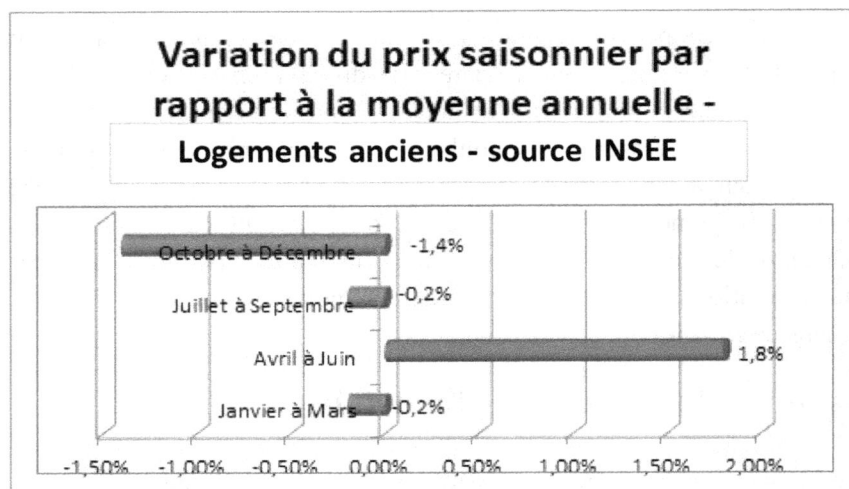

Variation du prix saisonnier par rapport à la moyenne annuelle - Logements anciens - source INSEE

Certaines explications rationnelles concernant les meilleurs et les plus mauvais moments pour acheter ou vendre de l'immobilier peuvent être avancées.

Printemps = perte de pouvoir de négociation pour les acheteurs d'appartements ou de maison.

On voit que le moment le plus pénalisant pour acheter un bien immobilier (et donc le meilleur moment pour vendre) est le printemps, entre avril et juin. Le soleil incite à la bonne humeur et aux projets. Les magazines savent en profiter, car c'est à cette haute saison que fleurissent le plus de couvertures « Spécial Immobilier ». Les gens qui recherchent une résidence principale veulent pouvoir déménager pendant l'été et pouvoir inscrire les enfants à l'école du coin à la prochaine rentrée.

Mais on retrouve le même phénomène de concurrence soutenue sur les biens à destination d'investissement locatif. Au-delà des traditionnels bailleurs, des parents qui n'étaient jusque-là pas investisseurs en immobilier locatif se disent qu'ils pourraient acheter un studio plutôt que de le louer pour leur rejeton qui commence ses études.

Exemple vécu n°5 :

Dans ma ville, j'ai constaté qu'on ne trouvait pas à cette saison-là de studios/T1 à des prix aussi intéressants que le reste de l'année.

Fin d'année = le moment idéal quand on veut acheter en négociant le prix du bien immobilier.

Au-delà du climat de l'automne qui n'est en général pas la saison où les gens ont le plus le moral et envie d'effectuer des projets, la fin d'année est une période en général plus compliquée financièrement pour les ménages. Les finances ont été mises à mal par les vacances, il faut financer la rentrée des enfants, et les avis d'imposition et autres taxes foncières et d'habitation envahissent les boites aux lettres. De quoi inciter les Français à reporter de quelques mois leurs projets d'investissements immobiliers.

Le résultat est qu'en automne les vendeurs sont en position délicate alors que les acheteurs se raréfient. Ces derniers quant à eux font alors face à une concurrence moindre, et par conséquent disposent d'un véritable pouvoir de négociation.

1er trimestre et été : des situations intermédiaires.

Ces deux trimestres sont proches de la moyenne de l'année. Ce sont des trimestres de transition entre la haute et la basse saison immobilière.

Conclusion sur les meilleurs moments pour acheter ou vendre un appartement ou une maison.

Le marché immobilier comporte bien une certaine saisonnalité, et il y a donc de meilleurs moments pour acheter un bien immobilier. La meilleure saison pour acheter un bien immobilier est le quatrième trimestre, alors que le meilleur moment pour vendre une maison ou un appartement semble être le printemps.

Même si la différence en termes de prix n'est pas énorme, elle existe, et n'est pas si anodine que cela. Entre un bien acheté au printemps et un acheté en novembre, il y aura 1.8 % – (- 1.4 %) de différence, soit 3.2 %. Prenons un bien à 120 k€, on a 3.2 %*120 000 = 3 840 €. Sachant que sur le coût d'achat, se greffent d'autres surcoûts (frais de notaire, intérêts d'emprunts, etc.), on peut majorer cette somme de 20 % pour représenter fidèlement la réalité. Ainsi pour un bien vendu autour 120 k€, on peut estimer gagner environ 4 600 € en achetant au dernier trimestre de l'année civile par rapport à un achat au printemps.

Et quand on cherche à acheter un bien immobilier (résidence principale ou investissement locatif), on ressent bien cette présence d'une concurrence plus forte au printemps dans les échanges avec les différentes parties avec qui l'on traite, et on a donc moins de latitudes pour négocier fermement l'achat.

À l'inverse, la fin d'année entre octobre et décembre est le moment idéal pour acheter à un prix intéressant.

Symétriquement et logiquement, quand vous êtes vendeurs, il sera plus rentable de proposer votre bien au printemps, et éviter le dernier trimestre de l'année civile.

Partie B

Les Concepts spécifiques, chers à l'Investisseur en Immobilier Locatif <u>Intelligent</u>

Nous avons vu en *« partie A »* les concepts connus d'une majorité d'investisseurs en immobilier locatif. Il faut les avoir compris et assimilés, car ils constitueront le socle de vos connaissances.

Rassurez-vous la partie la plus rébarbative du livre touche à sa fin…

Mais vous arrêter à ces concepts de base ne serait pas suffisant !

C'est pourquoi nous allons désormais dans cette partie B nous attarder sur les **concepts qui font véritablement la différence**.

Ce sont ces concepts-là qu'oublient en général les investisseurs qui en restent à l'amateurisme, et sur lesquels se concentrent spécifiquement et systématiquement les investisseurs immobiliers locatifs <u>intelligents.</u>

Ces concepts spécifiques à l'investisseur en immobilier locatif intelligent sont principalement :

- Le cash-flow positif,

- Le rendement entrepreneurial (et son corollaire, le taux de sérénité),

- La maîtrise des risques et autres aléas.

Chapitre **B.1**

Le cash-flow...positif

Comment calcule-t-on le cash-flow ?

Le cash-flow représente ce qu'il reste dans votre poche chaque mois après avoir encaissé votre loyer et décaissé toutes vos charges. Sachant que pour que le calcul ait un intérêt, on essaie de calculer un cash-flow mensuel représentatif du cash-flow moyen et l'on mensualise donc les charges qui ne sont en pratique payées qu'annuellement comme la taxe foncière.

$$Cash\,flow = Loyer - Ensemble\,des\,charges.$$

Imaginons par exemple avec un bien avec un loyer charges comprises de 400 €.

Essayons ensuite de lister ensemble exhaustivement les charges :

- Mensualité d'emprunt : 300 €
- Charges de copropriété : 960/12 = 80 €
- Taxe foncière : 600/12 = 50 €
- Assurance Propriétaire Non Occupant = 100/12 = 8 €
- Vacance locative proratisée[12] = 400/24 = 17 €
- Fiscalité (impôt sur le revenu et prélèvements sociaux) = 30 €

---

[12] J'ai fait ici pour l'exemple l'hypothèse d'1 mois de vacance locative tous les 2 ans. Dans la pratique, cette hypothèse sera à adapter en fonction de votre marché local et du type de bien.

Dans cet exemple l'ensemble des charges représente mensuellement 485 €.

On a donc :

$$Cash\ flow\ mensuel = 400 - 485 = \ -85 \text{€ } par\ mois.$$

Un tel cash-flow négatif correspond à ce que les plaquettes commerciales appellent souvent l'effort d'épargne.

Si l'on prend l'exemple classique d'un investissement neuf défiscalisant par promoteur, on vous présente ainsi souvent le schéma suivant :

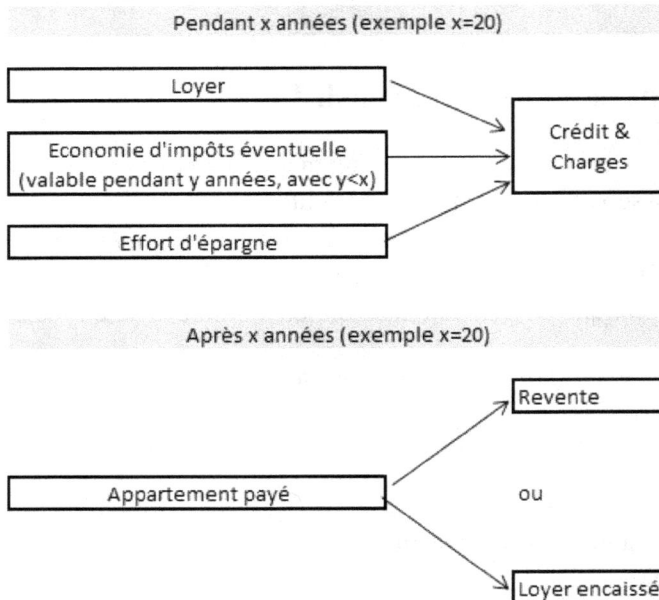

Pourquoi l'investissement immobilier intelligent implique-t-il un cash-flow positif ?

Sachez que si vous voulez vous orienter vers l'investissement locatif intelligent, il va falloir oublier le schéma ci-dessus et **bannir de votre vocabulaire l'expression « effort d'épargne »**.

En effet, l'investissement locatif intelligent requiert plutôt quant à lui de viser le schéma suivant.

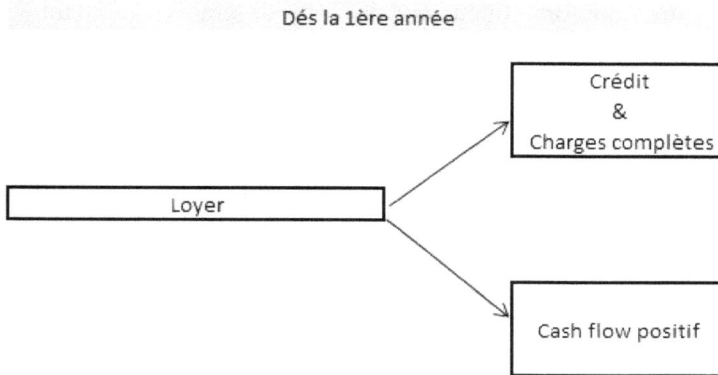

Dés la 1ère année

Loyer	→ Crédit & Charges complètes
	→ Cash flow positif

Ce schéma présente en effet un double avantage :

- D'une part, vous **profitez de votre investissement maintenant et pas dans 20 ans.** Au contraire du premier schéma qui rajoute du sacrifice et enlève de la souplesse à votre quotidien immédiat en exigeant un effort d'épargne sur une durée contrainte, avec ce second schéma vous mettez tout de suite du beurre dans les épinards. Votre investissement immobilier vous apporte un confort financier immédiat plutôt que d'en détruire. De plus, c'est une protection contre des évènements impondérables (perte d'emploi, etc.) qui pourraient soudainement rendre difficilement supportable l'effort d'épargne prévu initialement dans le premier schéma, vous obligeant potentiellement à vendre le bien à un moment inopportun.

- D'autre part, c'est **grâce à ce cash-flow positif que vous allez pouvoir enchaîner les investissements locatifs.** Nous verrons plus en détail au chapitre C.3 comment les banques calculent votre taux d'endettement, mais contentons-nous pour le moment d'un raisonnement intuitif. Si vous partez sur le schéma n°1, vous allez diminuer votre reste à vivre à chaque nouvel investissement : ainsi, très rapidement les banques vous diront qu'elles ne vont plus vous prêter d'argent tant que vous n'aurez pas fini de rembourser l'un des crédits. À l'inverse, avec ce second schéma, vous augmentez votre confort financier de fin de mois à chaque nouvel investissement, et il est donc probable que votre banque soit plus encline à vous accorder des crédits en série.

Enfin, un dernier avantage, et non des moindres est à souligner. Si vous ne cherchez pas un cash-flow positif au départ, vous allez en pratique être prêt à faire des concessions sur des rendements plus faibles. Si le rendement est trop faible, vous aurez besoin de faire une hypothèse de plus-value à la revente pour justifier l'investissement. Vous en direz ce que vous voulez, mais voilà ce que moi j'en dis :

« Je préfère quelque chose de sûr maintenant (un cash-flow positif) à quelque chose d'hypothétique plus tard (une éventuelle plus-value à la revente) », Julien Delagrandanne

Sur quels paramètres jouer pour obtenir un cash-flow positif ?

Le problème, c'est qu'un cash-flow positif, ça ne pousse pas derrière un arbre comme les champignons…

Surtout si l'on parle de ce que les investisseurs chevronnés appellent un « vrai cash-flow positif », c'est-à-dire celui qu'on obtient en limitant l'apport aux seuls frais de notaires.

Commençons par étudier les paramètres qui permettent d'améliorer le cash-flow.

Le premier levier est, toutes choses égales par ailleurs, de réduire la mensualité d'emprunt. C'est là qu'on commence à **oublier les méthodes de papa.** En effet, si vous discutez avec d'« anciens » investisseurs immobiliers aujourd'hui à la retraite, ils vous recommanderont souvent d'emprunter sur une courte durée. Mais c'est parce qu'ils ont fait leur fortune dans un environnement totalement différent de celui d'aujourd'hui, un environnement de prix bas et de taux d'emprunt élevés.

Aujourd'hui, avec des taux d'emprunt à 20 ans aux alentours de 2 %, la **durée optimale** pour prendre un crédit immobilier est manifestement de **20 ans**, et c'est sans appel ! En prenant moins long, on détériore trop le cash-flow. Et même si cela permet d'augmenter le cash-flow, je préfère de mon côté éviter 25 ans, durée sur laquelle vous rembourseriez une part trop restreinte de capital sur les premières années. D'autant plus que si vous ne finissez de payer votre bien qu'au bout de 25 ans, cela risque de coïncider avec le moment où vous aurez besoin de remettre au pot pour éviter que votre bien ne devienne trop obsolescent. Le seul cas où je juge ce financement sur 25 ans préférable est lorsque vous êtes au seuil limite en termes de taux d'endettement et que c'est ce qui vous permet de réaliser votre investissement, ou ce qui vous laissera de la place pour l'achat d'un bien supplémentaire derrière.

Cet allongement de la durée du crédit va mécaniquement augmenter votre cash-flow, mais ce n'est pas suffisant. Le montant de votre crédit dépend du prix payé. De l'autre côté, venant en recettes, vous avez votre loyer. Il va donc falloir trouver un bien qui se louera à un loyer intéressant au regard de son prix, bref une bonne rentabilité nette. Enfin, bien qu'une majorité des investisseurs se contente de louer en nu sous régime loi 1989, il va être **indispensable de faire différemment de ceux-ci pour baisser la partie impôts et prélèvement sociaux** venant en charges[13]. Effectuer des travaux en déficit foncier, se placer en conventionnement Anah Loc'Avantages[14] en nu, ou en régime de Loueur Meublé Non Professionnel LMNP, sont des moyens de faire diminuer votre fiscalité sur vos investissements locatifs.

C'est ce que j'appelle le **rendement entrepreneurial,** et que nous allons découvrir ensemble dans le prochain chapitre.

---

[13] Et donc avoir un bon rendement net-net.
[14] Voir chapitre D.5 .

Complément 2nde édition

Cash-flow positif sans apport vs. cash-flow neutre avec apport.

Je voudrais apporter ici une précision pouvant faire office de bémol, même si j'avais déjà relativisé ces notions de cash-flow sans apport et avec apport en les mettant en regard du taux de sérénité dans la 1ère édition, comme nous le verrons plus tard au chapitre B.2. Quitte à me répéter. J'ai en effet assisté trop souvent ces dernières années sur le groupe facebook réservé aux lecteurs du livre à des échanges du type :

- *Investisseur A* : « Je vous présente tel projet. Je pense mettre en apport les frais de notaires, j'obtiens cash-flow (après impôts et charges) = 0. « Qu'en pensez-vous ? »
- *Investisseur B* : « Laisse tomber, ce n'est pas rentable. À moins de 150 € de cash-flow mensuel, il ne faut pas y aller ! »

J'ai envie de dire si vous avez un projet à cash-flow zéro sans apport, eh bien amenez le moi. Je vais regarder de près : si c'est dans un quartier intéressant et si c'est un projet simple avec uniquement de petits travaux de rafraîchissement, il est fort possible que je saute dessus !

Il y a en effet 2 types de profils d'investisseurs très différents qui tiennent le discours de notre investisseur B. D'une part, celui qui fait des investissements très rentables avec de gros travaux mais y consacre beaucoup de temps et d'efforts. Et d'autre part, celui qui a commencé depuis 5 ans à regarder des vidéos sur l'investissement immobilier, mais n'a toujours pas acheté le moindre bien faute d'avoir trouvé sa perle rare (je caricature à peine, je vous assure…). Peut-être influencé par le mythe du « rentier en 1 an » que l'on retrouve dans de nombreuses de ces vidéos dont les auteurs, puisqu'avides de vendre du rêve, sont contraints de focaliser sur de plantureux cash-flows.

Or, pourquoi un projet à cash-flow neutre peut-il être intéressant ?

Parce que, en supposant que vous avez bien dimensionné vos hypothèses (travaux d'entretien, etc.), avec un cash-flow annuel moyen neutre :

- Vous allez certes faire zéro euro de trésorerie à l'instant *t,* ce qui ne vous permettra pas de tirer profit immédiatement de ce flux généré puisqu'il est nul.
- Mais par contre... Prenons l'exemple d'un petit projet à 90.000 €. Vous empruntez sur 20 ans. Même si vous êtes à cash-flow zéro, vous allez rembourser à peu près 400 € par mois de capital. Cela veut dire qu'au bout de 20 ans, vous aurez obtenu ce bien à 90.000 € gratuitement, Certes vous n'avez obtenu pas de cash-flow au cours des 20 ans. Mais vous n'avez pas non plus fait d'effort d'épargne mensuel pendant ce temps-là.

  Et si 20 ans, cela vous parait trop long, vous pouvez imaginer le faire avec 2 biens différents. Au bout de 10 ans, vous revendez l'un des deux... Et avec la somme encaissée, vous payez le crédit restant dû sur le bien vendu ainsi que sur le bien conservé pour les 10 ans de mensualités restant dues. Et vous voilà ainsi avec un bien intégralement payé, sans crédit, en 10 ans, alors que vous étiez parti sur un cash-flow « seulement » neutre au départ.

Exemple vécu 2nde édition :

Malgré mon expérience et mes réseaux, il m'est arrivé de faire des investissements locatifs avec un apport de 20% environ, et un cash-flow neutre, et d'être pleinement satisfait. Deux raisons à cela :

1. C'était à un moment où mes salaires étaient les plus élevés de ma carrière, mais mon temps disponible assez limité. Si vous avez un salaire confortable de cadre, et que vous regénérez votre apport assez facilement, obtenir un cash-flow neutre avec 20% d'apport peut tout à fait se défendre, surtout si cela vous permet de ne pas gâcher votre effet de levier disponible. Au bout de 20 ans, une fois le crédit remboursé, vous obtiendrez un bien dont vous détiendrez 100% de la valeur, alors que vous n'en aurez payé que 20% au départ. Et ce, sans compter une éventuelle plus-value.

2. Quand on avance dans sa carrière d'investisseur immobilier et que l'on a déjà acquis un certain nombre de biens et constitué du patrimoine net, on a

tendance à augmenter la qualité moyenne de son patrimoine. Et donc à acheter des biens un peu plus patrimoniaux. Je l'ai constaté chez moi comme chez d'autres investisseurs.

Pour résumer ma nuance sur le cash-flow positif :

- Le cash-flow positif est une notion importante. Un cash-flow positif vous apportera un flux chaque année dès le début de votre investissement et c'est appréciable. Mais ce qui est essentiel et dimensionnant, c'est que ce cash-flow ne soit pas négatif. Il ne faut pas basculer dans l'effort d'épargne mensuel : cela vous pénaliserait en effet pour enchaîner les investissements.

- Un cash-flow neutre, bien calculé (intégrant impôts, charges, et frais d'entretien), même si obtenu avec un peu d'apport, peut également conduire à des investissements intéressants. Il faudra alors évaluer votre capacité à regénérer cet apport et le temps nécessaire pour ce faire. C'est en effet également une question de profil d'investisseur. Celui qui génère de l'épargne excédentaire par son travail mais a peu de temps disponible étudiera potentiellement plus souvent ces opportunités à cash-flow neutre Celui qui a des revenus plus modestes mais plus de temps disponible visera quant à lui plus souvent du cash-flow positif sur des rénovations plus lourdes.

- Il faut garder en mémoire les 3 moyens avec lesquels on s'enrichit avec l'immobilier :
  - 1. Le cash-flow positif.
  - 2. Le remboursement de capital.
  - 3. L'éventuelle plus-value à la revente.

Le cash-flow non négatif est ce qui va vous aider à faire plusieurs investissements immobiliers locatifs. Mais dans les 3 axes ci-dessus, ce qui aura la plupart du temps l'impact le plus gros et le plus sûr dans votre enrichissement, c'est bien le remboursement de capital. Et pourtant, beaucoup d'investisseurs obsédés par le cash-flow semblent l'oublier.

La plus-value peut aussi jouer un rôle important, surtout si elle apparaît vite, mais elle est en général plus incertaine au moment où vous investissez. Par exemple, je ne visais aucune plus-value sur mes investissements de T2 individuels effectués dans des villes moyennes en 2017 ou 2018, les prix y étant alors stables depuis près d'une dizaine d'années. Je comptais simplement sur mon cash-flow légèrement positif et surtout sur le remboursement de capital pour m'enrichir avec ceux-ci. Or, effet Covid imprévu, une plus-value latente substantielle y est apparue en 3 ans. Mais je ne pouvais le savoir avec certitude au moment où j'ai investi. La plus-value n'était alors considérée que comme un *upside* potentiel.

Donc, pour résumer, cette plus-value potentielle, ne misez pas tout dessus : elle ne doit pas conditionner à elle seule la réussite d'un projet. Mais ne la négligez pas non plus : gardez ainsi en tête que pour un certain nombre d'investisseurs immobiliers ayant atteint l'indépendance financière que je côtoie, une forte plus-value réalisée à un moment donné (sur une résidence principale ou un investissement) a eu un impact déterminant sur leur parcours, et a été un facteur d'accélération significatif.

Fin Complément 2nde édition

Quand la théorie économique rejoint l'investissement immobilier.

Quand on cherche à connaître le prix auquel on peut acheter un projet industriel ou une entreprise en bourse, on raisonne souvent en multiple des cash-flows.

Prix payé = cashflow * X , *avec X[15] étant d'autant plus élevé que le risque est considéré comme faible.*

---

[15] 1/X correspond ici au taux d'actualisation de la méthode DCF évoquée au chapitre A.3 « Economie et marché immobilier ». Le terme « revenus » de l'équation DCF du chapitre A.3 correspond en pratique au cash-flow.

Ainsi, on voit par exemple qu'il est logique que les biens à fortes charges de copropriété se payent nettement moins cher à surface équivalente que ceux ayant des charges raisonnables. En effet, ces premiers biens vont générer un cash-flow moins élevé. Supposons qu'on soit dans le même quartier de la même ville et que le facteur X soit donc à peu près équivalent entre les 2 biens, il est alors logique que le second bien soit plus cher. Le prix inférieur du premier bien n'est donc en fait qu'une affaire en apparence, mais pas une véritable affaire.

En effet, même si cela semblera couler de source pour certains, je préfère rappeler ici l'erreur faite par certains investisseurs novices, qui prétextent pour justifier un tel achat que ces charges élevées seront récupérables sur le locataire, et donc in fine neutralisées. Ce serait vite oublier que le pouvoir d'achat d'un locataire n'étant pas infini, celui-ci raisonnera en loyer charges comprises lorsqu'il recherchera un logement.

Imaginons deux biens : Bien n°1, prix 65 000 €, charges 150 €/mois. Bien n°2, prix 80 000 €, charges 50 €/mois.

Le novice fera partir son raisonnement d'un loyer hors charges commun aux deux biens de 400 €/mois, et conclura à tort que le bien n°1 pourra se louer 550 € charges comprises, et le second bien 450 € charges comprises.

Or, le raisonnement pertinent est de considérer un loyer charges comprises de 450 €/mois, identique pour les deux biens.

En hors charges, ceci correspond donc à un loyer de seulement 300 € pour le premier bien contre 400 €/mois pour le second. Ainsi, les cash-flows dégagés, allant dans la poche de l'investisseur, seront donc nettement plus élevés avec le second bien qu'avec le premier. De surcroît, en cas de vacance locative d'un mois, il ne faut pas oublier que l'appartement n°1 coûtera 150 € à fonds perdus à l'investisseur, alors que le second ne lui coûtera quant à lui que 50 €. Le premier bien n'était donc effectivement moins cher qu'en apparence…

Chapitre **B.2**

Le rendement entrepreneurial

Nous avons vu que pour améliorer votre cash-flow et le faire tendre vers un cash-flow positif, il faut améliorer votre rendement locatif. Pour cela, la meilleure méthode est d'ajouter au rendement nominal du rendement entrepreneurial. Mais avant que vous vous lanciez dans vos calculs, apprivoisons ensemble ces 2 concepts peu connus des investisseurs.

Concepts de rendement nominal et de rendement entrepreneurial.

En relisant récemment un passage du livre de Thomas Piketty[16], je me suis arrêté sur la notion de **rendement entrepreneurial.**

En substance, Piketty explique que le **rendement du capital** a *en moyenne* tourné **autour de 5 %** dans l'histoire. Au point d'ailleurs que dans les romans de Balzac, en cette époque où l'inflation était au point mort, les personnages parlaient alternativement d'une rente de x, ou d'un capital de y (avec y=x*20) lorsqu'il était question d'aborder l'étendue de la fortune d'un personnage. Lorsque certains arrivent à faire des investissements dont le rendement du capital est durablement supérieur à 5 %, Piketty explique que **derrière le rendement du capital** se cache souvent en sus un « **rendement entrepreneurial** », résultant d'un **travail supplémentaire** de l'investisseur.

---

[16] Le capital au XXIe siècle.

En bourse, on pourrait ainsi opposer par exemple d'un coté le simple achat d'un indice à d'un autre coté un style d'investissement value bottom-up[17], où l'investisseur essaye par un travail d'analyse minutieux et la rigueur d'un process de surpasser la performance desdits indices.

Mais, je pense que ce qui illustre encore mieux ce concept, c'est l'investissement immobilier locatif. En raisonnant en rendement brut, en se plaçant dans une ville de province où existe une demande locative plutôt soutenue, un rendement de 5 % brut est proche de celui qu'on peut espérer obtenir avec le travail minimum, c'est-à-dire en recherchant simplement et rapidement un bien à acheter, puis en le mettant en location.

Examinons maintenant différents styles gagnants en immobilier qui permettent d'espérer obtenir un rendement supérieur à 5 %, voire de flirter avec les 10 % qui permettent en général d'envisager des cash-flows positifs en autofinancement. Nous allons constater que tous **nécessitent un travail allant au-delà du simple placement du capital**, même si ce travail peut être de différentes natures. Et que derrière des rendements bruts de 10 % se cache souvent l'équation **10 % = 5 % de rendement du capital + 5 % de rendement entrepreneurial**.

Exemples de stratégies pour ajouter du rendement entrepreneurial à votre rendement immobilier locatif nominal.

- *Style d'investissement immobilier locatif gagnant n° 1 : acheter des appartements avec travaux dans de grandes agglomérations dynamiques.*

Cette stratégie consiste à acheter **des biens nécessitant travaux**, et dont le prix est décoté pour cette raison. Le but est que le prix du bien travaux compris, une fois ceux-ci effectués, soit sensiblement inférieur au prix d'un bien équivalent sans travaux.

---

[17] Décrit dans mon livre *Investir en bourse : styles gagnants, styles perdants,* du même auteur, comme l'un des styles gagnants.

L'investisseur gagne sur 2 tableaux : d'une part, son **rendement brut** est **meilleur**, et d'autre part son **rendement net** est **amélioré** par la **déductibilité fiscale**[18] des travaux.

Beaucoup d'investisseurs ont établi une telle stratégie, en investissant dans des petits lots (T1/T2) au sein d'agglomérations dynamiques, souvent sous le statut fiscalement avantageux de loueur en meublé non professionnel (LMNP[19]).

Le travail supplémentaire consiste ici d'abord en la recherche d'un bien avec travaux, les biens exploitables étant plus rares que ceux qui ne le sont pas. Plus les travaux seront importants et l'opportunité rare, plus le rendement entrepreneurial que l'investisseur pourra en tirer sera élevé. Par exemple, un studio trop grand (35 m[2]) transformé en T2 créera plus de rendement entrepreneurial qu'un simple rafraichissement des peintures. Le travail supplémentaire sera ensuite dans le suivi (s'ils sont sous-traités par un artisan) ou la réalisation des travaux.

- ***Style d'investissement immobilier locatif gagnant n° 2 : acheter des appartements en zone rurale à fort rendement.***

D'autres investisseurs habiles se sont spécialisés dans l'achat de **biens en zone rurale à fort rendement**. L'idéal est par exemple ici de rechercher des biens plutôt grands (idéalement des biens rassemblés dans un immeuble de rapport) au centre d'une petite ville de quelques milliers d'habitants, relié par TER à une agglomération, et… avec un rendement brut à 2 chiffres.

Ces investisseurs ont tendance à se moquer plus de la revente que les autres investisseurs. Le raisonnement induit est le suivant. Si j'achète un immeuble 150 k€ avec un rendement de 15 %, mon immeuble me dégage des cash-flows très positifs dès la 1ère année, et il est entièrement payé par les locataires : « *Qu'importe donc, même s'il est revendu moins cher dans*

---

[18] Nous reviendrons en détails sur ce point au chapitre D.5
[19] Voir chapitre D.5.

20 ans, ce n'est pas dramatique : je sortirais avec un chèque de chez le notaire alors qu'en pratique je n'en ai pas fait au départ ».

L'optimisation fiscale peut être effectuée, au-delà des travaux possibles créant des déficits fonciers, en louant ces biens sous le régime de conventionnement Loc'Avantages (lorsque le bien est compatible avec les exigences de l'ANAH du département local pour être conventionné). En effet, les plafonds de loyers ne sont en général dans ce cas-là pas contraignants par rapport au prix de marché des loyers. Néanmoins, ces régimes excluant de plus en plus les zones rurales au fur et à mesure des réformes, il est moins aisé d'en profiter..

Le **travail supplémentaire** sera souvent ici dans la limitation des **vacances locatives** et la **gestion des locataires**. Les vacances locatives peuvent être limitées en proposant des appartements bien aménagés, et modernes. Tout cela pour compenser un équilibre offre-demande à la base bien moins favorable aux bailleurs que dans les grandes villes. Les revenus de la population cible seront également moindres, avec moins de possibilités de choisir ses locataires. Par conséquent, une gestion active et de proximité sera souvent nécessaire pour limiter les risques d'impayés (ou de dégradations), et c'est elle qui sera sous-jacente à ce **rendement entrepreneurial supplémentaire**.

Certains estiment cette stratégie trop risquée. C'est à discuter. Le rendement entrepreneurial trouve ici sa source dans la qualité relative de l'offre de location que vous proposez. En effet, plus la zone est pauvre, plus l'offre concurrente a de fortes chances d'être « pourrie ». Donc, vous jouez sur le fait d'être le seul à proposer quelque chose d'agréable avec des aménagements modernes.

- **Style d'investissement immobilier locatif gagnant n° 3 : le Pinel, en mode « non-pigeon ».**

Les investisseurs immobiliers avertis parlent souvent de « bêtes à plumes » quand ils évoquent les personnes qui investissent dans des appartements en loi de défiscalisation neuf packagés (loi Pinel actuellement, mais c'est valable pour celles qui lui succèderont).

Le schéma classique du Pinel est l'achat d'un produit tout prêt à un vendeur de défiscalisation. Les investisseurs regardent souvent la réduction d'impôts, et oublient de comparer le prix du bien neuf au prix d'un bien ancien équivalent au même endroit. S'ils le faisaient, ils s'apercevraient que le surcoût va au-delà de la différence de prix normale entre neuf et ancien, et qu'une partie sinon tout l'avantage fiscal se retrouve in fine dans la poche du promoteur. À partir de là, deux cas sont possibles :

- **Ou le bien est dans une zone à forte demande**, et l'investisseur est très fiscalisé. Dans ce cas-là, comme la réduction Pinel est – contrairement au loyer perçu – un revenu non fiscalisé, l'investisseur peut s'approcher d'un rendement brut de 5 %, rendement du capital qu'il ferait en achetant un bien ancien « vite fait », c'est-à-dire sans travail ou optimisation supplémentaire. Il croit avoir fait une affaire, alors qu'il a en pratique juste placé son argent à un niveau proche du **rendement du capital.**

- **Ou le bien est situé dans une zone pas si tendue que ça** pour le type d'appartement acheté. C'est l'histoire des Robiens de Périgueux, Montauban, etc. qui se répète, et effectivement le commercial du promoteur peut se satisfaire que « chaque matin, quelque part, un pigeon se lève ».

Mais il y a malgré tout un style qui fonctionne en Pinel. C'est **se placer soi-même dans la peau du maître d'ouvrage**, en achetant soi-même un terrain, puis en faisant construire une maison locative dessus. J'avais d'ailleurs déjà évoqué cela dans *Construisez et gérez votre patrimoine avec succès*, même si à l'époque c'était la loi Scellier qui était en vigueur. C'était même possible dans des zones B2 à dérogation et faible prix, car le surplus d'offres locatives dans ces zones ne concerne souvent que les appartements (a fortiori T1 et T2) et non les maisons (le rêve de la maison avec jardin pour sa petite famille fait toujours recette). Ainsi, dans ce cas, l'investisseur ne surpaye pas le bien puisqu'il le paye au même prix qu'un primo-accédant qui ferait construire sa résidence principale.

Le **travail supplémentaire** est ici le suivi des travaux durant le chantier. Il est en effet plus chronophage, en termes de suivi, d'acheter un terrain puis de faire construire une maison que d'acheter un appartement en VEFA. Mais c'est justement cela qui génère un **rendement entrepreneurial** supplémentaire, rendant opportun dans ce cas très spécifique un investissement autrement souvent décrié par les investisseurs éclairés.

Complément 2ⁿᵈᵉ édition

Cette opération de Pinel en construction individuelle n'est plus possible telle quelle depuis 2021.

En effet, désormais, la réduction d'impôts Pinel ne s'applique plus que pour les logements collectifs.

J'ai néanmoins choisi de laisser l'exemple précédent pour deux raisons :

- D'une part, montrer qu'en réfléchissant différemment de la masse, vous pourrez toujours trouver des choses intéressantes à faire en immobilier locatif. Pendant les années où c'était possible, il y a eu beaucoup moins d'investisseurs qui ont effectué une défiscalisation Pinel en faisant construire eux-mêmes un logement comme évoqué ci-dessus que ceux qui ont acheté au prix fort un appartement auprès d'un promoteur. Et pourtant, en termes de rentabilité, il y a rarement photo…
- D'autre part, à l'heure où j'écris ces lignes[20], ce principe reste possible si vous construisez un bâtiment d'habitation collectif. Qu'est-ce qu'un bâtiment d'habitation collectif ? Deux maisons mitoyennes, en est-ce un ? Pas tout à fait !
  En effet, pour constituer un bâtiment collectif, ces logements doivent être regroupés dans un seul et même bâtiment, sans que cela n'implique nécessairement une superposition verticale : les logements peuvent donc être alignés ou en bande, dès lors qu'ils appartiennent au même bâtiment, avec une entrée commune.

---

[20] Renseignez-vous toujours sur l'actualisation éventuelle des doctrines fiscales avant de commencer un projet de ce type.

Quelle que soit la configuration des logements, la construction doit se présenter sous la forme d'un seul bâtiment présentant une unité de structure (fondation, gros œuvre, toiture).

Donc deux maisons mitoyennes, avec un sas d'entrée commun peuvent constituer un bâtiment collectif.

Un particulier peut donc envisager ce type de construction en loi Pinel. La recherche du terrain pourra être néanmoins un peu plus complexe, car les terrains viabilisés de lotissement imposent souvent la construction d'une habitation individuelle.

> **Fin Complément 2nde édition**

L'optimisation fiscale comme source de rendement entrepreneurial.

Si beaucoup d'investisseurs cherchent la carotte de réduction d'impôts par l'achat de biens neufs, la plupart des investisseurs dans l'ancien louent en régime classique de location nue loi 1989. L'optimisation fiscale dans l'ancien est pourtant très intéressante.

Certes, elle ne se présente pas sur la pure forme d'une réduction d'impôts. Mais elle permet de limiter vos revenus fonciers imposables, et si vous regardez à nouveau la formule du cash-flow du chapitre B.1, vous constaterez que ceci peut contribuer grandement à l'obtention d'un cash-flow positif, et ce, d'autant plus que votre tranche marginale d'imposition est par ailleurs élevée.

Les lois fiscales changeant presque aussi souvent dans notre beau pays que la météo, il faudra que vous restiez vigilant sur leur évolution selon le moment où vous lirez ces lignes.

Je vais me contenter de rappeler ici les 3 voies qui existent aujourd'hui et de vous donner un exemple d'optimisation fiscale à travers une synthèse reprise de mon blog. Nous y reviendrons plus en détail au chapitre D.5.

Les 3 voies possibles pour adoucir la fiscalité immobilière sont :

- La réalisation de travaux déductibles. Ceux-ci sont déductibles de vos revenus fonciers existants, et s'ils les dépassent déductibles de votre revenu global dans la limite de 10 700 €. On parle alors de **déficit foncier.**

- La location en **régime de conventionnement Anah** pour les biens loués en nu. Dans les zones autorisées, et sous réserve de la signature d'une convention avec l'Agence Nationale de l'Habitat, vous vous engagez à ne pas dépasser un plafond de loyer au mètre carré et un plafond de ressources pour vos locataires. En échange, vous bénéficierez d'une réduction d'impôt basée sur l'assiette de vos loyers. Un point intéressant à noter : ce régime est cumulable avec celui du déficit foncier.

- La location en meublé sous le régime de Loueur en Meublé Non Professionnel (LMNP), régime nécessitant une déclaration initiale (obtention d'un SIRET) et l'usage d'un comptable spécialisé. Il a l'avantage de permettre l'amortissement comptable du bien qui vient réduire fortement, voire totalement, la fiscalité payée sur les loyers. Le régime LMNP, souvent présentée comme la solution miracle (grâce à la possibilité d'amortir le bien) quand il s'agit de gommer la fiscalité de l'immobilier locatif, présente quelques inconvénients à garder en mémoire :

  o L'obligation de louer en meublé, qui implique des **meubles à acheter, à monter et à entretenir**. Avec le mode de calcul actuel, la **CAF** est également **moins généreuse** dans le cas d'un bail meublé que d'un bail nu. Or, le meublé étant surtout adapté aux petites surfaces, les étudiants qui bénéficient des allocations de la CAF devraient faire partie de vos candidats locataires.

  o L'obligation de passer par un **comptable**, avec les frais associés pour effectuer sa déclaration d'impôts.

o Depuis récemment, l'assujettissement à la **CFE**. Les villes ayant souvent un plancher minimum pour les redevables de la CFE, cela peut obliger à détenir plusieurs biens en LMNP et donc à avoir une certaine échelle pour que ce coût ne soit pas trop pénalisant.

Nous reviendrons plus en détail sur l'optimisation de la fiscalité de l'exploitation, au moment de la mise en pratique, au chapitre D.5. À ce stade, retenez simplement que cela fait partie des sources de rendement entrepreneurial.

Le corollaire au rendement entrepreneurial : le taux de sérénité.

En corollaire au rendement entrepreneurial existe la notion de **taux de sérénité**. Un dessin valant mieux qu'un long discours, examinons ensemble le graphique suivant. Notons qu'il peut s'appliquer aussi bien à la phase initiale d'investissement/travaux qu'au mode d'exploitation.

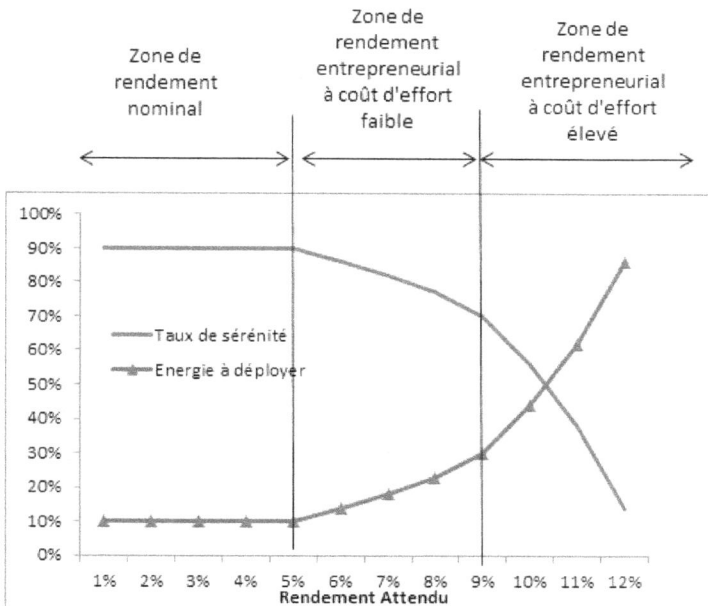

À gauche d'un rendement brut de 5 %, on retrouve la zone de rendement nominal. Ici, vous ne faites pas d'effort entrepreneurial. Par exemple, vous achetez le premier bien qu'une agence vous propose et vous déléguez la gestion à cette dernière. Le taux de sérénité est élevé. On notera néanmoins qu'il n'est pas à 100 %, car penser que vous serez totalement serein en attaquant un projet immobilier d'investissement locatif serait une illusion. L'énergie à déployer est quant à elle faible.

La zone centrale correspond à un rendement plus élevé, et qui commence donc à inclure du rendement entrepreneurial. On remarque sur le graphique que le taux de sérénité baisse, mais de façon linéaire. L'énergie à déployer augmente quant à elle de façon linéaire. Vous mettez en place des actions pour générer du rendement entrepreneurial, mais les efforts déployés pour ce faire restent raisonnables. C'est la zone « **petit effort, gros résultat** ».

Enfin, la zone de droite correspond à des rendements élevés à très élevés. L'énergie à déployer augmente cette fois exponentiellement, alors que le taux de sérénité accélère de son côté sa tendance baissière. Vous êtes par exemple dans le cas d'un immeuble de rapport à rénover avec des travaux lourds qui représenteraient plus de la moitié du budget de l'opération, ou encore dans une opération de division d'un T4 en deux T2. On est donc ici plutôt dans un esprit « **très gros effort, très gros résultat** ».

La question qui vient ensuite est alors logiquement **où vous placer sur ce graphique ?**

Si vous cherchez ce que certains investisseurs chevronnés appellent un « vrai » cash-flow positif (c'est-à-dire obtenu en mettant un apport limité au maximum aux frais de notaire), il faut en général dans les conditions actuelles[21] être autour d'un rendement brut de 9 à 10 % (tout en ayant des charges de copropriété raisonnables). On voit qu'on se situe à la gauche de la zone de droite. Cette zone de droite convient si vous avez du temps et un petit salaire, ou si vous êtes prêts à vous investir fortement et voulez aller très vite. Par exemple, vous êtes très bricoleur, et avez envie de passer

---

[21] Taux d'emprunt et règles fiscales en vigueur en 2022.

quelques années à jongler entre un travail salarié et des heures passées sur vos chantiers pour avoir droit le plus vite possible à votre semaine des 7 dimanches. Attention toutefois : si c'est votre premier projet, il ne faut pas viser trop gros, car on fait toujours des erreurs et on a souvent quelques surprises sur un premier projet, et il vaut donc mieux faire ces erreurs à petite échelle pour avoir l'occasion de ne pas les reproduire sur le suivant.

Pour ma part, je suis moins sévère que ces investisseurs qui parlent de « vrai » et « faux » cash-flow positif, et ne dirais pas qu'un cash-flow positif obtenu en mettant un petit apport est à proscrire à partir du moment où cet apport est raisonnable (25 % du montant maximum, moins si possible). En effet, si vous êtes cadre, pas particulièrement passionné par le bricolage, le rendement entrepreneurial que vous devez aller chercher est celui qui s'obtient tant que l'énergie à déployer progresse linéairement et que le taux de sérénité reste raisonnable. En revanche, quand l'énergie à déployer progresse exponentiellement pour un point de rendement supplémentaire, vous avez peut-être plus productif à faire, ou juste besoin de vous reposer pour assurer au niveau de votre emploi salarié. Bref, dans un tel cas, viser la droite de la zone du milieu peut être le choix le plus pertinent. D'autant que la droite cette zone du milieu permet parfois de se constituer un portefeuille de biens un peu plus « patrimoniaux » que si vous visiez purement la zone de droite. Il est en revanche toujours essentiel de garder un cash-flow positif pour les raisons évoquées précédemment, ce qui peut dans cette zone du graphique nécessiter de mettre un léger apport.

Plus généralement, il faut commencer le plus tôt possible en investissement immobilier locatif. Le temps est notre allié une fois un investissement effectué, avec les loyers qui payent l'emprunt et le capital restant dû qui diminue. Mais avant que l'investissement soit effectué, le temps est notre ennemi : comme on achète par emprunt, on ne sait jamais ce qui peut arriver : un problème de santé, une difficulté professionnelle, et notre capacité d'emprunt que l'on pensait définitivement acquise s'envole soudainement... Il vaut donc mieux parfois effectuer l'investissement qui nécessite de mettre 10% d'apport pour être en cash-flow positif et qui est devant vous, plutôt que de chercher pendant 10 ans celui qui serait à cash-flow avec zéro apport...en ne le trouvant jamais.

Chapitre **B.3**

La maîtrise des risques

Le prix : regarder vers le bas plutôt que le haut.

Voilà le type de discours que pourrait vous tenir un investisseur amateur :
« J'investis à Bordeaux, c'est devenu la capitale régionale de l'une des nouvelles grandes régions, le TGV Paris-Bordeaux a été modernisé, la population croît, dans 20 ans les prix auront fortement monté ».

Même si tout n'est pas forcément faux dans cette phrase (la population de Bordeaux est effectivement en croissance), un investisseur immobilier locatif intelligent ne vous tiendrait jamais de tels propos. En effet, ces derniers ne basent en principe jamais la réussite potentielle de leur investissement sur une future hausse des prix. Le raisonnement sous-jacent à cette précaution est assez logique : si tout le monde pense aujourd'hui la même chose (que les prix à Bordeaux seront plus hauts dans 20 ans), tout le monde va se ruer pour acheter un appartement à Bordeaux. Les prix vont alors instantanément monter et inclure ainsi dès aujourd'hui une partie de l'anticipation d'évaluation favorable future. Et parfois, ils peuvent aller jusqu'à intégrer une anticipation du futur plus belle que ce que celui-ci sera réellement.

L'investisseur intelligent va quant à lui plutôt regarder le prix actuel, sans faire d'anticipation favorable sur son évolution future. Il va se poser les questions de ce qui pourrait faire baisser le prix (évolution défavorable du quartier, départ ou difficultés du gros employeur de la ville etc.). Et comme il sait qu'il ne peut pas tout prévoir, il va essayer d'acheter le bien à un prix inférieur à sa véritable valeur. Nous verrons dans la partie Mise en Pratique quelques pistes pour trouver et acheter des biens en dessous du prix de marché. Retenons ici simplement le concept. À savoir que les investisseurs intelligents font cela pour limiter leur risque, car cela leur crée une marge de sécurité à la baisse. Toutes autres considérations liées aux prix, comme sa potentielle évolution favorable, sont secondaires : celles-ci pourront être de potentielles bonnes surprises ultérieures, une sorte d'*upside* éventuel que l'on garde en tête, mais le projet ne reposera pas sur cela.

En résumé, en termes de prix, un investisseur en immobilier locatif intelligent regarde vers le bas plutôt que vers le haut.

Avoir un plan B si des considérations extérieures peuvent venir impacter le plan A.

Quand vous partez sur un investissement immobilier locatif, vous raisonnez en général sur une durée de 20 ans. De nombreux risques peuvent se matérialiser sur une période aussi longue. Des risques structurels sur le bâti à une baisse du marché immobilier, en passant par une hausse de la fiscalité ou les éléments liés aux locataires (vacances locatives, locataires mauvais payeurs ou dégradant le bien...). Nous verrons dans la mise en pratique comment réduire certains de ces risques. Mais puisque nous restons dans la partie théorique, il y a un concept très cher à l'investisseur en immobilier locatif <u>intelligent</u> que le troupeau des autres investisseurs oublie en général, c'est celui du **plan B**.

En effet, nombre d'investisseurs se lancent dans une tendance du moment, par exemple la location en meublé de tourisme. Mais ont-ils prévu un plan B si sous la pression des hôtels leur ville vient à restreindre fortement la possibilité de louer sur de la courte durée ? Ou si l'intensité concurrentielle s'intensifie au point que les prix à la nuitée doivent être réduits sensiblement pour espérer un taux de remplissage correct. Il n'est pas bête de tenter l'aventure du meublé courte durée si cela crée un rendement entrepreneurial supplémentaire significatif. Mais à mon sens, dans un tel cas, il faut alors avoir chiffré un plan B avec une location classique à l'année. Et avoir vérifié qu'un passage obligé à ce plan B ne remettrait pas en cause l'intérêt du projet...

Complément 2nde édition

Rassurez-vous, je n'avais pas prévu le Covid, mais cela résonne comme un exemple évocateur sur ces lignes que j'avais écrites en 2017.

Ceux qui avaient misé sur la location courte durée sur l'intégralité de leur patrimoine ont dû trouver un plan B dans des proportions inimaginées, puisque sur l'ensemble leurs biens d'un seul coup.

Si je devais trouver un autre exemple aujourd'hui où je souhaiterais avoir préparé un plan B, j'évoquerais bien les logements exploités en colocation dans les villes moyennes :

- Dans ma ville de prédilection initiale, très étudiante, je vois de plus en plus de logements T4 ou T5 transformés en colocation. Cela se comprend puisque la demande est là, et l'on en tire du rendement entrepreneurial.
- Mais d'un autre côté, je garde à l'esprit deux choses :
  - D'une part, la tension locative sur les logements individuels est loin d'être similaire à celle d'une grande métropole, les loyers de ceux-ci restant abordables : 300 à 350 € cc pour un studio/T1, 450 à 550 € pour un T2. Les chambres en colocation étant souvent louées à un loyer au moins équivalent à celui d'un T1.
  - D'autre part, investir, c'est aussi être un peu visionnaire. Quelle sera l'évolution du nombre d'étudiants demain ? Il y a des facteurs difficiles à anticiper : évolution du nombre d'étudiants étrangers, enseignement distanciel se développant, proportion de la population qui fait des études supérieures, etc. Mais il y a quelque chose que l'on sait avec certitude : les étudiants d'aujourd'hui sont les enfants qui sont nés entre il y a 18 et 23 ans.
  On reprend alors la courbe des naissances fournie par l'Insee, et on constate qu'après un mini baby-boom vers le début des années 2000, les naissances se sont remises à baisser à partir de 2009.

La situation d'aujourd'hui est donc idéale avec un nombre d'étudiants élevés, nés entre 1999 et 2004 : je le constate d'ailleurs sur un logement T1 étudiant que je possède encore et que j'avais acheté au début des années 2010. Mes simulations avaient été effectués avec l'hypothèse de 2 mois de vacance locative l'été à chaque changement de locataire. Au début de son exploitation, c'était à raison. Aujourd'hui, cette hypothèse parait bien pessimiste, et le logement est reloué dès le 1er juillet à chaque changement de locataire, alors que je ne l'ai pourtant pas rénové.

Cette situation devrait perdurer jusqu'en 2026 puisque les naissances se sont maintenues à un niveau élevé jusqu'en 2009. Mais vers 2027, le nombre d'étudiants pourrait donc à nouveau baisser, avec une pente à la baisse non négligeable comme on le voit sur la courbe des naissances post-2009 (source Insee).

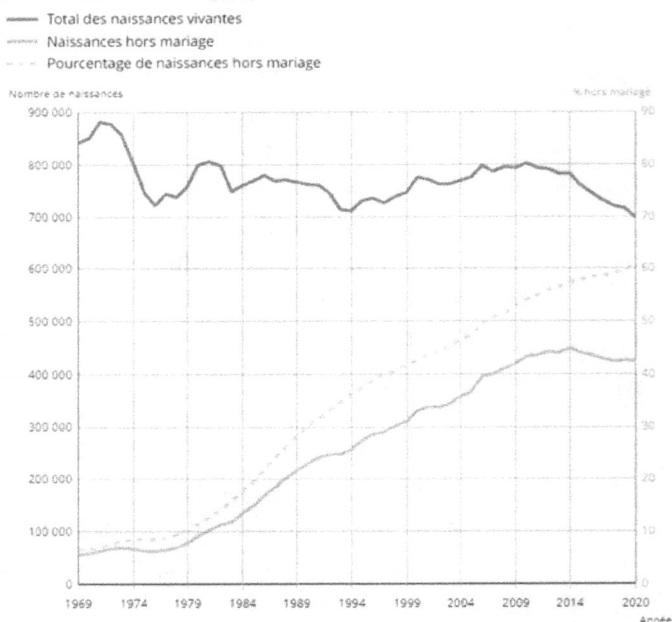

G15 - Évolution de l'ensemble des naissances vivantes et des naissances hors mariage

Si le nombre de colocations disponibles triple dans les sept prochaines années, et que le nombre d'étudiants baisse de 10% à 15%, la demande ne deviendra-t-elle pas alors inférieure à l'offre ? Les jeunes générations apprécient peut-être plus la vie en colocation que d'autres, mais est-ce le cas de tous les jeunes ? Je n'en suis pas 100% certain, d'où mon envie de plan B. Même si mes craintes sont peut-être infondées.

Par conséquent, si je me lançais dans la transformation d'un T4 ou T5 en colocation aujourd'hui dans une ville moyenne à destinations d'étudiants, je ne ferais pas de transformations trop irréversibles, quitte à peut-être louer une chambre de moins. Et je simulerai financièrement ce que donnerait le retour à une location du logement à une famille comme plan B.

Sans vouloir non plus vous effrayer à outrance, il y a une seconde raison pour laquelle j'ai jugé pertinent d'inclure cet exemple. Il illustre en effet la façon dont vous devez essayer de vous habituer à être visionnaire, en raisonnant à long terme et en pensant aux paramètres qui pourraient être modifiés, quand vous investissez dans l'immobilier.

> **Fin Complément 2nde édition**

De même, quelqu'un qui achète un immeuble de rapport dans une zone telle que ses locataires bénéficient tous de la CAF peut se sentir rassuré de cette source de revenus publique contribuant à la solvabilité de ces locataires.

Mais a-t-il pensé à ce qui se passerait pour son investissement si les pouvoirs publics décidaient dans les prochaines années de réduire sensiblement les allocations logement ?

D'ailleurs, au sujet de la CAF, certains investisseurs se rassurent quand ils louent à une population « sociale », en se faisant directement verser les aides par la CAF, qui représentent alors parfois 80% du loyer. Ils se disent que même en cas d'impayés, ils auront ainsi malgré tout 80% de leur revenu assuré. Ont-ils conscience qu'en cas d'impayé sur les 20% de loyer restant, ils sont tenus d'avertir la CAF qui coupera alors les aides du locataire ?

Et que si le propriétaire oublie volontairement de le signaler et que la CAF s'en aperçoit à terme, il devra lui-même rembourser à la CAF l'ensemble des versements perçus ? Ils ont donc un faux sentiment de sécurité, alors qu'ils ont en pratique surtout été trop légers sur leur analyse des règles…

Être conscient que sur la durée longue de l'immobilier plein d'aléas malheureux pourraient survenir.

On a parlé du risque réglementaire ci-dessus. Il ne faut par ailleurs pas oublier qu'un investissement s'effectue sur une durée de 20 ans, durée pendant laquelle vous aurez des échéances d'emprunt à rembourser. Or, sur cette durée, vous n'êtes pas à l'abri d'être frappé par des aléas malheureux de la vie. Pour illustrer le propos, citons quelques exemples parmi ceux qui pourraient survenir :

- Vous aviez misé sur votre salaire confortable de cadre pour couvrir vos éventuels pépins et aviez relâché vos critères d'investissement et oublié le cash-flow positif. Mais vous n'êtes pas à l'abri d'une maladie chronique, pas assez grave pour rentrer dans les critères d'indemnisation de votre assurance emprunteur, mais trop pénible pour que vous soyez en capacité de conserver à long terme votre emploi compte-tenu du rythme que celui-ci impose.

- Vous aviez prévu de faire les travaux vous-même sur la durée dans vos biens. Mais vos lombaires se mettent soudainement à trop vous faire souffrir pour que cela reste possible.

- Et pour ne pas plomber l'ambiance, je ne cite pas d'autres aléas de la vie encore plus graves et douloureux. Mais ce n'est pas pour cela qu'ils n'existent pas.

C'est pour cela qu'en investissant, vous devez toujours essayer d'avoir pensé – au moins un peu – au cas où les choses se passeraient moins bien que prévu. Et également vous être posé les bonnes questions, par exemple quelle cause pourrait me mettre vraiment en péril sur cet investissement ? Si celle-ci survenait, y aurait-il un moyen pour contourner le problème ? Quel serait-il ? Implique-t-il des actions ou des ajustements dès maintenant ou pourrait-il être mis en œuvre que plus tard, seulement si sa nécessité de mise en œuvre venait à se matérialiser ?

L'idéal est de dimensionner vos investissements de sorte qu'un aléa de la vie ne vous mettrait pas dans une situation catastrophique. Le raisonnement est similaire en cas d'aléa structurel sur le bien. Par exemple, acheter un très gros immeuble de rapport, avec de petits revenus et un patrimoine de secours d'un montant trop faible, peut mettre un investisseur totalement dos au mur si un sinistre, ou un défaut structurel non-anticipé, venait à se matérialiser dès la seconde année après son investissement.

On ne peut certes se prémunir de tout, mais par exemple s'efforcer d'adopter de temps à autres un réflexe similaire à celui décrit pour les aléas réglementaires, c'est-à-dire avoir pensé à un plan B pour les choses qui dépendent de vous ou de votre situation, sera un bon début et toujours bénéfique. Mais cela étant dit, refermons cette parenthèse un peu plus triste, et réjouissons-nous désormais d'être prêt à préparer notre stratégie.

Projeter la demande locative sur 20 ans.

Ce sont les locataires qui vont payer votre bien. Outre l'impayé de loyers dont nous verrons comment nous prémunir au mieux au chapitre D.7, l'un des risques est donc logiquement la vacance locative.

Vous devez bien sûr vérifier la demande locative au départ : nous verrons au chapitre C.2 comment procéder pour faire cela tout en obtenant des certitudes plutôt que des impressions. Mais vous devez également projeter cette demande locative sur les 20 ans de remboursement de votre emprunt.

Le meilleur moyen pour cela reste de toujours garder un soupçon de bon sens paysan dans vos réflexions.

Par exemple, si vous visez les logements étudiants, un raisonnement de bon sens paysan pourrait par exemple être :

J'investis proche des transports en commun uniquement dans des biens de plus de 22 m² (car les studios trop petits et autres studettes étant déjà moins bien acceptés aujourd'hui que par le passé, qu'en sera-t-il dans 20 ans ?).

Attention au 1ᵉʳ projet trop gros ou trop compliqué.

J'ai fait plusieurs erreurs dans mes investissements immobiliers. Toutefois, aujourd'hui je peux affirmer que le coût de ces erreurs a toujours été inférieur au prix de l'inaction. Et quand j'y réfléchis plus profondément, je viens à la conclusion qu'il y a seulement deux éléments qui me permettent d'être en mesure d'affirmer cela aujourd'hui :

> ➤ D'une part, mes plus grosses erreurs ont été faites sur des petits projets.
> ➤ D'autre part, mes plus gros projets n'ont donné lieu qu'à des petites erreurs, car je ne me suis attelé à ceux-ci qu'une fois que j'avais acquis une certaine expérience.

Sans ces deux éléments, peut-être que je ne serais pas là pour écrire ce livre et pouvoir affirmer que le coût de mes erreurs a été inférieur au prix de l'inaction. C'est pour cela que je suis de l'école qui recommande de se faire la main sur un petit projet, assez simple, pour commencer.

Par opposition à celui qui voudra faire comme premier un projet intrinsèquement très lourd ou trop gros pour lui. C'est une simple leçon de maîtrise des risques. Je l'ai vu sur des investisseurs qui avaient par exemple non seulement choisi comme 1ᵉʳ projet un projet important par rapport à leur capacité financière, mais aussi où les travaux représentaient plus de la moitié du prix du bien. J'ai certes des exemples pour qui cela s'est très bien passé et qui ont ainsi lancé la machine : très gros rendement entrepreneurial, grosse plus-value latente ou réalisée. Mais ces survivants ne me feront jamais oublier l'exemple inverse d'un investisseur que les imprévus et les délais allongés sur un premier projet trop lourd ont littéralement mis au tapis : obligation de revente avec les travaux non terminés mais entamés, et perte d'argent alors qu'il avait mis par ailleurs beaucoup de sa sueur dans le chantier.

Partie C

La Préparation : Établir Sa Stratégie

Après avoir d'abord balayé les concepts de base, et nous être ensuite attardés sur les concepts propres à l'investisseur immobilier locatif intelligent, nous allons pouvoir désormais passer à l'élaboration de votre stratégie et à votre préparation.

Un de mes écrivains de non-fiction préféré est Stephen Covey, l'auteur des *7 habitudes des gens qui réussissent tout ce qu'ils entreprennent*. Covey a étudié avec une approche quasi scientifique les habitudes communes des gens qui réussissent.

L'une des 7 habitudes identifiées par Covey est de *« Commencer avec la fin en tête »*.

Pour réussir, vous devez en effet avoir **eu auparavant la vision de *là où vous souhaitez aller***, et cela s'applique également à la réussite en investissement immobilier locatif. C'est pourquoi il est essentiel d'avoir préparé votre stratégie et élaboré vos plans **avant** de passer à l'action.

Nous nous intéresserons ainsi dans cette partie aux questions suivantes :

- Comment choisir son marché ?

- Comment bien connaître son marché et choisir le type de bien visé ?

- Comment dimensionner et négocier le financement ?

Chapitre C.1

Choisir son marché

Grande métropole ou petite ville ?

Est-on obligé de choisir une grande métropole comme zone de chalandise pour ses investissements locatifs ?

La réponse est non. Ce dont vous devez absolument vous assurer, c'est de **ne pas avoir de vacance locative.**

La première vérification à effectuer est de faire une petite étude macro-économique de la ville. Pour cela, des sites comme l'INSEE ou d'autres[22] vont vous permettre de trouver quelques paramètres comme la population, le taux de chômage, le revenu moyen ou par décile, les catégories socio-professionnelles, des indicateurs de tension du marché locatif par type de logement, le pourcentage de foyers propriétaires de leur logement, etc. Ce qu'on cherche à éviter ici, ce sont les zones vraiment sinistrées.

Le meilleur moyen ensuite d'éviter les vacances locatives réside dans le **Rapport Qualité & Différenciation vs. Prix** que vous **proposez au locataire.**

Même dans une ville où la tension locative n'est pas très élevée (sans que la demande soit famélique non plus), si vous proposez un **service peu répandu chez vos concurrents** (par exemple une cuisine équipée) et louez au prix du marché, vous aurez une demande soutenue, et votre bien partira très vite lorsque vous le mettrez en location.

---

[22] Voir https://blog.mes-investissements.net/outils-utiles/ pour la liste.

Si à bien équivalent, vous proposez un loyer légèrement inférieur au prix de marché, vous aurez aussi de la demande.

Certains investisseurs, en améliorant grandement le logement (rafraichissement à neuf) et fournissant un excellent service aux locataires, arrivent même à louer à un loyer légèrement supérieur au marché dans des villes pourtant connues pour avoir une demande locative faible. Ils jouent sur la différenciation : plus la zone est peu courue des investisseurs, moins la concurrence sera féroce. Si leur bien est le meilleur parmi tous ceux qui sont disponibles, il reste alors demandé malgré l'environnement. Dans des villes à demande locative famélique, ils peuvent faire du 15 % de rendement. Le cash-flow est tellement positif qu'une baisse des prix à leur revente ne leur fait même pas peur, puisqu'ils n'auront vraiment rien sorti de leur poche pendant la durée du crédit. Le montant de la revente, même si inférieur au prix d'achat, a en effet été dans un tel cas intégralement créé par le levier du crédit : si j'achète un immeuble 100 000 € en 2015 avec un rendement de 15 %, du cash rentrera tous les mois et je ne sortirai rien de ma poche **tant qu'il reste loué.** Si je le revends 70 000 € en 2035, ça restera 70 000 € créés ex nihilo… On est certes un peu ici dans une stratégie extrême, à l'inverse opposé de celle de la grande métropole. Mais tout ça pour dire qu'il y a plein de stratégies valables, et que la grande métropole n'est pas une obligation. Nous en examinerons d'ailleurs ensemble plusieurs à l'occasion des études de cas du chapitre E.2.

Les pouvoirs publics classent en zones[23] les villes en fonction de l'équilibre entre offre et demande locatives. La zone A est Paris, ABis des villes de proche banlieue, B1 des métropoles comme Bordeaux. En zone B2, on trouve des villes moyennes (entre 50 000 et 250 000 habitants) et les communes proches appartenant à leur communauté d'agglomération. Et en zone C, le reste, c'est-à-dire les zones plus rurales.

Pour ma part, j'aime bien investir en zone B2 ou dans les plus petites villes parmi celles classées en zone B1. Je trouve que c'est le meilleur compromis entre un prix d'achat payé raisonnable permettant d'atteindre

---

[23] Voir la liste détaillée ici : http://www.cohesion-territoires.gouv.fr/les-zonages-des-politiques-du-logement

des rendements conduisant à un cash-flow positif avec peu d'apport, tout en gardant un taux de sérénité correct eu égard à la demande locative et aux perspectives futures de la ville. Et ce, d'autant plus que je peux trouver des biens dans ces zones proches de mon domicile, ce qui est un atout essentiel.

Choisir un secteur proche de chez vous est un avantage encore plus énorme que ce que vous pensez...

Choisir un secteur que vous connaissez bien vous-même, de façon tangible, au contraire d'une ville que vous étudieriez seulement à travers des statistiques de type INSEE, est un avantage énorme.

D'abord, proche de chez vous, vous allez pouvoir visiter aisément des biens. Ainsi, à force de visites, vous connaîtrez rapidement le prix normal d'un bien d'une telle qualité dans un quartier donné (autant vous pouvez trouver parfois des prix au mètre carré par secteur, autant le facteur qualité ne se trouve pas dans des statistiques).

Rappelez-vous, le but est d'essayer d'acheter à un prix inférieur à la réelle valeur du bien, inférieur au prix que celui-ci devrait « normalement » avoir. Or, il est logiquement plus facile de savoir qu'un prix d'achat est inférieur au prix du marché quand **on est parfaitement capable d'estimer ce prix de marché normal**.

Ensuite, investir près de chez vous permet d'avoir une **réactivité** importante. En effet, une bonne affaire ne reste pas toujours 3 mois en vitrine. Si vous êtes proche de chez vous, vous pouvez aller **visiter rapidement**. De plus, vous pouvez également **décider rapidement**, potentiellement proposer votre offre à l'issue immédiate de la visite. Puisque vous connaissez parfaitement votre ville, vous savez que ce quartier n'a pas de problème de fréquentation, de nuisances sonores, etc. Et vous savez parfaitement à quel prix (habituellement supérieur) se vendent les biens équivalents dans le quartier. Si vous « jouiez à l'extérieur », vous pourriez avoir besoin de faire une enquête terrain quelques jours, temps de latence où vous auriez alors eu toutes les chances de vous faire doubler par un autre investisseur.

Enfin, investir près de chez vous va vous permettre de créer un réseau. D'une part, un réseau utile au moment de l'achat, car vous finirez par connaître des agents immobiliers qui sauront ce que vous recherchez. Si vous avez su leur montrer votre sérieux, il est possible qu'ils vous appellent quand un bien rentre avant même d'engager de frais marketings (annonces) sur celui-ci. D'autre part, vous pourrez vous charger vous-même de la mise en location (plus grande maîtrise du choix des locataires), et vous créer un réseau d'artisans, qui optimisera votre gestion (création de rendement entrepreneurial).

Exemple vécu n°6:

Un agent immobilier m'appelle. Il me connait, car je lui ai déjà acheté un T1 à 35 k€ l'année d'avant. Il m'explique qu'il a un T2 à vendre à un prix très intéressant pour faire du locatif.

Comme c'est dans ma ville, et que je n'ai pas de réunion entre midi et 2, je vais le visiter lors de ma pause méridienne. Il est à 65 k€, possède un parking, une cave et est assez grand pour un T2 (45 m2).

Je sais qu'un parking à cet endroit du centre-ville vendu isolément part à coup sûr à 12 k€ et potentiellement pour plus cher.

Je fais mon calcul, ça laisse l'appartement à 53 k€. Soit un prix inférieur à tout T2 vendu sans parking dans ce secteur. En plus, je me dis qu'il y a de fortes chances que le conventionner en Borloo ancien social ne me handicape pas en termes de loyer (car il est grand et a une cave qui augmente à la surface théorique dans les règles d'alors de la loi Borloo). De quoi faire un cash-flow positif sans mettre grand-chose d'apport.

Il est 13 h, je dis à l'agent que je suis intéressé, mais que j'aimerais bien faire tourner ma moulinette de calcul vite fait pour voir si un conventionnement Borloo est opportun. Il me dit OK, mais qu'il veut une réponse rapide, car en fait il avait déjà vendu l'appartement, mais l'acheteur s'était rétracté au moment de signer le compromis, et qu'il ne veut pas passer pour un « couillon » auprès du vendeur (qui a potentiellement d'autres biens à vendre et donc à lui confier...).

13 h 30 : je fais tourner ma moulinette. 14 h : je l'appelle pour dire que je fais une offre. Le surlendemain, je signe le compromis.

Bilan si je n'avais pas été dans ma ville, je n'aurais pas pu réaliser cet achat qui est plutôt une bonne affaire. L'agent qui voulait vendre vite aurait appelé quelqu'un d'autre plutôt que moi, je n'aurais pas pu aller visiter dans la journée, et je n'aurais encore moins pu être sûr de mon coup eu égard à l'opportunité criante en termes de prix (connaître le prix du parking isolé était un atout considérable)

Exemple vécu n°7

Comme on l'a évoqué au chapitre A.2, le quartier ou la rue est quelque chose d'important en termes d'emplacement.

Je possède un T1 dans une rue du centre-ville. Appelons là la rue Machin. Cette rue Machin ressemble comme deux gouttes d'eau à la Rue TrucMuche. Il n'y a pas plus de bars qui pourraient être sources de nuisances sonores dans la rue TrucMuche que dans la RueMachin. De plus, la Rue TrucMuche est parallèle à la rue Machin et distante de celle-ci d'à peine 50 mètres.

Pourtant, chaque fois que mon T1 est à louer, j'ai des candidats étudiants, qui ont déjà fait leur première année dans la ville, et qui m'expliquent être prêts à louer mon T1 rue Machin dès début juillet, car ils ont donné leur préavis de départ pour celui qu'ils louaient jusque-là Rue TrucMuche.

Qu'est-ce qui peut bien expliquer ce phénomène ? Tout simplement que la rue TrucMuche est le trajet idéal pour rentrer des lieux de débauche en se dirigeant vers le quartier où réside une majorité d'étudiants. Bref, une rue qui est d'apparence tranquille, sans bars visibles au niveau de ses pas-de-porte, mais qui est lieu de traversées nocturnes et incessantes d'étudiants bruyants plusieurs nuits par semaine.

Comment pouvez-vous savoir cela si vous n'êtes pas de la ville ? Déjà que même si c'est votre ville, vous avez quelques chances de vous faire avoir en achetant un studio rue TrucMuche si vous ne réalisez pas ce phénomène… Dans une ville étrangère, vous auriez eu encore beaucoup plus de risques de vous faire avoir. C'est principalement sur la connaissance des quartiers où investir, des rues à éviter, de la proximité des nuisances, qu'investir dans une ville inconnue est un grand défi.

J'espère que les deux exemples précédents vous auront permis de cerner à quel point connaître votre marché sur le bout des doigts, en résumé devenir un véritable expert de ce marché local, peut être un avantage compétitif déterminant pour vos affaires.

Et si la zone autour de chez vous est trop sinistrée ou hors de prix ?

Si vous habitez dans une zone que vous jugez trop sinistrée, ou au contraire dans une zone trop chère comme Paris, vous ne pouvez pas profiter intégralement de cet avantage de la proximité.

Mais il est important que vous ayez compris l'importance de cet avantage, car vous pourrez ainsi quand même essayer d'en profiter partiellement. Par exemple, il est possible que ce soit mieux dans votre ville d'origine. Vous connaissez bien les quartiers de celle-ci et peut-être avez-vous encore de la famille là-bas pour avoir la réactivité nécessaire ?

Ou encore si vous êtes à Paris, vous pouvez privilégier comme terrain de chasse des villes de banlieue ou des villes de province à « portée de tir » plutôt qu'une ville à 4 heures de voiture.

Pour aller plus loin :

Dans les bonus associés à ce livre, vous trouverez une présentation avec une quinzaine de diapositives incluant des astuces et des sites web pour vous aider à déterminer votre zone de chalandise.

Les bonus du livre sont à télécharger à ce lien :

https://blog.mes-investissements.net/bonus-immo/

Chapitre C.2

Connaître son marché et choisir le type de bien visé

Connaître le prix du marché choisi.

L'étape suivante de votre préparation est de connaître parfaitement le marché que vous avez choisi. Pour cela, comme on l'a déjà dit, un moyen est de regarder régulièrement les annonces, et de multiplier les visites de biens proches de ce qui pourrait vous intéresser. Vous commencerez ainsi à avoir une bonne idée du prix de marché normal pour chaque type de bien dans un quartier donné.

Le problème est qu'à ce stade-là, vous n'avez accès qu'au prix affiché. Ce qui est vraiment intéressant, c'est de savoir à quel prix un tel bien a été réellement vendu après négociation.

Pour un bien que vous avez visité ou que vous connaissez, vous pouvez utiliser une source terrain : un agent immobilier avec qui vous avez sympathisé, une discussion avec un concierge, etc.

Mais il y a en sus un outil récent, assez peu connu des investisseurs : le service Patrim des impôts. En vous connectant sur votre espace personnel impots.gouv.fr, vous avez en effet accès à un service qui vous donne le prix de transaction exacte (après négociation) sur des transactions similaires à votre recherche (même quartier, même surface). Beaucoup de caractéristiques du bien sont précisées, notamment la présence d'annexes comme une cave ou un parking. Seules les charges de copropriété peuvent fausser un peu la pertinence des prix trouvés (cf. chapitre A.3 et B.1). Néanmoins, comme vous avez l'adresse exacte, vous avez les moyens si vous êtes motivé de trouver ces informations par ailleurs.

Ce service est donc très utile pour estimer le vrai prix d'un type de bien donné dans un quartier précis. Il est à noter qu'il est nécessaire de fournir votre numéro fiscal et que le nombre de recherches est limité à ce jour à 50 par trimestre, car le fisc souhaite que ce service soit utilisé uniquement par des particuliers, et exclure toute fin professionnelle d'estimation des biens (agents immobiliers, notaires, etc.)

J'ai tourné une petite vidéo faisant la démonstration de comment fonctionne ce service Patrim des impôts et comment un investisseur immobilier locatif intelligent peut vite y trouver son intérêt. Elle est disponible avec les bonus associés à ce livre qui sont à télécharger à ce lien : https://blog.mes-investissements.net/bonus-immo/

Il y a malheureusement une exception : la direction générale des finances publiques, qui produit les données DVF, ne dispose pas des mutations des départements du Bas-Rhin, Haut-Rhin, Moselle et Mayotte. Pour l'ancienne Alsace-Moselle les données sont dans le Livre Foncier en raison de l'application du droit local, et ne sont actuellement pas ouvertes.

Complément 2nde édition

Les bases de données DVF (demandes de valeur foncières) ont été depuis ouvertes et Patrim n'est plus seul. Pour les prix réels auxquels les biens se sont vendus, en sus de Patrim, j'utilise :

- https://app.dvf.etalab.gouv.fr/ : C'est l'application officielle des pouvoirs publics. Elle permet de rechercher les mutations par parcelle cadastrales ou de zoomer à partir de la carte des parcelles. Son inconvénient est de ne pas permettre à ce jour de recherche par adresse.
- https://www.immo-data.fr/dvf/ : C'est un site privé qui utilise les bases de données que l'État a désormais rendues publiques. Je l'utilise sur sa partie gratuite, car la navigation sur carte est aisée,

permet la recherche à partir d'une adresse, et me permet d'avoir en un coup d'œil une vue d'ensemble des mutations dans un quartier donné. Ensuite, si je veux en savoir plus et avoir des détails sur un bien donné (étage du bien par exemple), je vais sur Patrim.

Une autre question qui se pose concerne ce qu'incluent ou non ces prix :

- Ces prix n'incluent jamais les frais de notaire. *Sauf éventuellement ventes acte en mains, mais suffisamment rares pour être négligées.*
- La question de l'inclusion ou non des frais d'agence est quant à elle plus subtile :
  - o Jusqu'à il y a quelques années, la coutume était de mettre les honoraires d'agence à la charge de l'acheteur, afin de limiter les droits de mutation et qu'ainsi les frais de notaire ne soient pas payés sur la partie liée aux frais d'agence. Les prix des transactions répertoriées étaient alors des prix hors frais d'agence.
  - o La loi Alur a depuis introduit pour les agences des contraintes supplémentaires pour les mandats où les frais d'agence sont charges acheteur : obligation de détailler leur pourcentage de commission dès la parution de l'annonce sous peine d'amende, etc. Depuis, pour se prémunir de ces risques, la plupart des agences ont choisi la solution de facilité et donc pris l'habitude de rédiger leurs mandats de vente avec honoraires à la charge du vendeur. En pratique, c'est bien l'acheteur qui va les payer dans le prix de transaction et ils seront perçus par l'agence en les prélevant sur la somme perçue par le vendeur.

    Cela signifie que s'il y a quelques années, les prix obtenus et affichés sur Patrim ou DVF étaient hors frais d'agence, ils sont désormais majoritairement frais d'agence inclus. Ceci étant valable la plupart du temps, mais on ne peut néanmoins pas en faire une vérité absolue, quelques rares agences pouvant encore prendre des mandats avec frais à la charge de l'acheteur. Elles assument alors les contraintes supplémentaires qui leur sont imposées dans les annonces et les risques d'amende associés, ce afin d'éviter à leurs acheteurs de payer des droits de mutation sur ces frais. Mais, alors qu'elles étaient déjà minoritaires, elles le deviennent encore plus dans un contexte de marché tendu où les agences font la cour aux vendeurs plutôt qu'aux acheteurs.

Je complète également parfois mon analyse de prix en l'affinant grâce au site *meilleursagents.com*. Ce site ne se base pas que sur les données DVF, mais il présente l'avantage de permettre d'affiner une estimation de prix à une adresse donnée selon plusieurs critères : étage, vue sur rue ou cour, date de construction, nombre de stationnements, présence d'un extérieur, etc. Il donne également un degré de confiance de son estimation, auquel il est impératif de prêter attention.

> **Fin Complément 2nde édition**

Connaître la demande locative d'un bien sur le marché choisi.

L'étape nécessaire dans la préparation de votre stratégie est ensuite d'évaluer la demande locative.

Même si un meublé est souvent intéressant fiscalement, y aura-t-il de la demande pour ce type de bien dans une ville de 10 000 habitants ?

De même, une ville dite à équilibre offre-demande locative désavantageux pour les investisseurs peut avoir un excès de petits logements, mais un manque criant de grands logements pour les familles, etc.

Parallèlement, à type de bien identique, les locataires peuvent avoir une préférence pour un quartier. Par exemple, si vous achetez un T1, aurez-vous plus de demandes d'étudiants si celui-ci est situé en centre-ville ou si celui-ci est situé sur le campus ?

Même si vous pouvez avoir des a priori sur les réponses à ces différentes questions, des biais dans votre raisonnement sont possibles. Or, vous investissez des sommes importantes, donc ce qu'il vous faut, ce sont des certitudes et non des intuitions.

Le nombre d'annonces sur le bon coin, les indicateurs de tensions locatives que sortent certains sites ou magazines peuvent vous apporter des indices. Comme le peuvent aussi les agents immobiliers avec qui vous discutez.

Mais la seule manière d'avoir des **certitudes**, c'est de passer une annonce fictive sur le site de référence, actuellement Le Bon Coin, et de comptabiliser le nombre de sollicitations que vous aurez. Jouez le jeu, mettez une annonce la plus proche possible du bien que vous convoitez, mettez une photo (vous en trouverez bien une) comme vous feriez si vous aviez réellement l'intention de mettre le bien à louer.

Puis, faites des tests comparatifs grâce à ces annonces tests. Voici quelques exemples de questions essentielles auxquelles une annonce fictive peut vous apporter une réponse :

- Aurais-je beaucoup plus de demandes locatives pour un T2 que pour un T1 ?
- Le loyer que j'envisage est-il pertinent ? Mon bien sera-t-il facilement louable à ce prix-là ?
- La demande pour proposer de la colocation existe-t-elle ?
- Un bien achetable à un prix X serait-il plus facile à louer dans le quartier A (la ville A) ou le quartier B (ou la ville B) ?

Est-ce éthique de passer une annonce fictive ?

Certains sont réticents à passer une annonce fictive. Ils trouvent cela malhonnête vis-à-vis des candidats locataires qui vont les solliciter et chez qui ils vont susciter un faux espoir.

Personnellement, je réponds à ces griefs deux choses :

- D'une part, rien ne vous oblige à laisser en ligne votre annonce 107 ans. Vous pouvez en outre avoir la politesse de répondre aux interlocuteurs qui vous ont contacté : « désolé, le bien a été loué » afin de ne pas les laisser entretenir de faux-espoirs.
- D'autre part, aucune autre méthode ne sera en mesure de vous apporter des réponses aussi fiables aux questions ci-dessus. Et pour ma part, quand j'investis un montant à 5 chiffres (minimum), j'aime bien avoir des réponses fiables à mes questions…

Attention néanmoins à utiliser cette méthode avec une certaine parcimonie. Si vous vous amusez à tester 5 annonces fictives par jour dans plusieurs villes en volant des photos à droite à gauche, vous allez nécessairement attirer l'attention du site leboncoin et vous faire supprimer votre compte. Et un investisseur immobilier qui n'a plus accès à ce site pour passer ses annonces locatives est un investisseur dans l'embarras et qui se retrouve fort dépourvu… Il faut donc l'appliquer quand vous avez déjà une idée relativement précise de ce que vous voulez faire et tester.

Le T3, presque jamais rentable ?

Exemple vécu n°8 :

De ma propre expérience, et je confesse ne pas savoir si elle est réellement partagée, j'ai remarqué qu'il était toujours difficile de faire quelque chose de rentable en visant un T3. Il ressort de mon expérience que c'est faisable :

    - Sur les classiques petites surfaces : T1 ou T2.

    - Sur les grandes surfaces, éventuellement en maison individuelle en visant les familles ou en cherchant du rendement entrepreneurial en ciblant la colocation.

Mais sur le T3, cela m'a toujours semblé difficile[24].

Je vous livre l'explication la plus rationnelle que j'ai pu trouver pour expliquer ce phénomène. Un T3 s'achète cher, car il est au cœur du marché. Vous avez en face beaucoup d'acheteurs de résidence principale. D'une part, beaucoup de primoaccédants, qui n'ont pas les moyens d'acheter plus grand, mais ne veulent pas acheter plus petit de peur de voir leur situation familiale évoluer (célibataires, couples sans enfants). D'autre part, vous avez les divorcés qui après séparation, cherchent un bien avec une chambre pouvant accueillir (parfois occasionnellement) un enfant.

Et vous, investisseur en immobilier locatif intelligent, vous arrivez au milieu de tout cela, et voulez investir en payant votre bien à un prix inférieur au marché. Avec une telle intensité concurrentielle à l'achat, vous avez de bonnes chances de vous faire doubler…

Si l'on rajoute à cela que les T3 sous-optimisés sont moins fréquents, comparativement par exemple aux T1 ou T2 trop grands auxquels on peut rajouter une pièce, on croisera potentiellement moins souvent des sources de rendement entrepreneurial en ciblant les T3.

---

[24] Sauf peut-être dans le cas particulier où on fait levier sur Loc'Avantages (cf. D.5)

Chapitre **C.3**

Le financement

Préparez-vous à aller voir votre banquier et soignez votre relation avec celui-ci.

Pour pouvoir négocier efficacement un financement, il faudra être en mesure de « parler le banquier ». Ceci signifie connaître les termes principaux entrant en jeu dans une négociation de crédit afin d'être en mesure de parler d'égal à égal avec votre interlocuteur bancaire.

Avant de commencer à investir, il est toujours bon d'aller voir votre banquier pour être certain de connaître vos capacités d'endettement, et ce, quelle que soit votre situation financière. À noter que si vous avez des revenus peu élevés, il faut auparavant nettoyer vos comptes : cela signifie solder vos crédits à la consommation, montrer que vous avez une capacité d'épargne même faible, et n'avoir jamais été dans le rouge sur votre compte courant au cours des derniers mois.

Il est utile de ressortir avec un papier de simulation, qui vous permettra de montrer patte blanche en négociation. En effet, montrer au vendeur que vous êtes un acheteur crédible, et qu'il ne va pas lui falloir recommencer plus tard le processus de vente faute d'obtention de financement de l'acheteur contribuera souvent à l'amadouer en partie sur le prix que vous lui proposez. Concernant la durée d'emprunt à demander, nous avons vu au chapitre B.1 concernant les cash-flows que la durée optimale, avec des taux dans une moyenne historique basse, est de 20 ans.

Notez par ailleurs quand vous négociez un emprunt que le taux ne fait pas tout. Au-delà des éléments annexes que vous pouvez essayer de négocier (frais de dossier, frais de remboursement anticipé), l'assurance emprunteur est déterminante. Peu de gens sont en effet conscients qu'avec des taux à

2 %, l'assurance emprunteur représente souvent près de 40 % du coût total du crédit. Ou avec des taux à 5%n encore plus de 20% de celui-ci.

S'il y a un point à négocier impérativement avec votre banque, c'est la délégation de l'assurance emprunteur. Lâchez sur autre chose : par exemple, est-ce que l'absence de pénalité de remboursement anticipé est si importante pour un investissement locatif (d'autant qu'elle est limitée à 6 mois d'intérêts et que les taux sont aujourd'hui bas) ? Vous pouvez également prendre votre assurance PNO[25] auprès de la banque plutôt que de votre assureur ; en général, les banques sont largement aussi performantes que les assureurs sur ce type particulier d'assurance, c'est donc gagnant-gagnant : vous entretenez une bonne relation avec votre banquier en souscrivant l'un de ses produits, et vous ne payez pas plus cher que vous l'auriez fait par ailleurs. Si ce n'est pas suffisant, ouvrir un petit produit d'épargne en versant la somme minimum pour caresser votre banquier dans le sens du poil peut aussi mettre de l'huile dans les rouages.

La délégation d'assurance reste le point sur lequel ne pas céder. À ce titre, vous avez d'autant plus à gagner que vous êtes jeune et non-fumeur. Vous avez alors deux solutions. Soit jouer franc-jeu dès le début en l'explicitant cartes sur table à votre banquier. Soit prendre son assurance au départ, et profiter des facultés offertes par la loi Hamon pour la substituer ensuite. Attention cependant dans ce dernier cas à la relation future avec votre banquier, car je prendrais le pari qu'après avoir réalisé un premier investissement locatif intelligent, vous y prendrez goût et aurez vite envie de recommencer. Or, un banquier marche à la confiance. Vous avez besoin de lui pour vos projets et il doit donc devenir votre allié sur la durée.

Si vous êtes en cours de recherche d'un crédit immobilier ou avez souscrit le vôtre depuis moins de 12 mois, vous pouvez si vous le souhaitez évaluer les économies que vous feriez en souscrivant une assurance crédit déléguée à l'aide d'un simulateur en ligne ici : https://blog.mes-investissements.net/delegation-assurance-credit/

Comme expliqué ci-après dans le paragraphe « *quand la boule de neige grossit* », le mieux est d'accéder le plus rapidement possible à un

---

[25] Assurance PNO : assurance propriétaire non-occupant. Bon à savoir : Votre conseiller bancaire a parfois une prime d'objectifs sur la vente de ces produits.

interlocuteur ayant un réel pouvoir de décision. Une fois celui-ci trouvé et la relation de confiance établie, certains vont même jusqu'à le suivre s'il vient à être muté dans une autre agence géographiquement assez proche. Cette relation privilégiée permet également d'anticiper en sondant de façon informelle votre interlocuteur sur sa possibilité de financer vos projets suivants dès le moment où vous négociez avec lui votre projet actuel.

Taux fixe ou taux variable ?

Le cas où prendre un taux variable plutôt qu'un taux fixe est relativement rare en crédit immobilier : pour que ce soit intéressant, il faut que ce taux variable soit **significativement** inférieur au départ au taux fixe **et** qu'il soit capé.

En effet, prendre un taux fixe en crédit immobilier est une position particulièrement avantageuse pour l'emprunteur, et ce, dans n'importe lequel des deux scénarios alternatifs pouvant se produire ensuite :

-   Soit les taux baisseront ensuite par rapport à votre taux souscrit initialement, et vous aurez la possibilité de renégocier votre crédit. Les emprunteurs immobiliers ne sont en général pas conscients que les conditions de remboursement anticipé ou de rachat du crédit (même quand elles incluent des pénalités) proposées par les banques aux particuliers en matière de crédit immobilier sont particulièrement clémentes par rapport aux conditions observées plus généralement sur les marchés financiers obligataires. En bref, les banques offrent aux particuliers qui empruntent à taux fixe des possibilités d'arbitrages futures particulièrement intéressantes.
    Peu en sont conscients, mais une telle possibilité de renégociation d'un crédit à taux fixe est même une exception française unique au monde. Ce serait dommage de ne pas en profiter !

-   Soit les taux monteront ensuite par rapport à votre taux souscrit initialement. À fin 2017, on peut par exemple emprunter à 1,5 % sur 20 ans. Si l'on regarde le taux nominal courant de l'économie, qui correspond à l'addition de la croissance et de l'inflation, on approche pourtant les 2,5 % sur les douze derniers mois : le niveau normal théorique des taux devrait être à ce niveau-là et à l'anticipation de ce niveau-là sur les 20 prochaines années. Or, quand votre taux d'emprunt est inférieur au taux nominal de l'économie, une partie de votre emprunt est en quelque sorte remboursée en monnaie de singe : avez-vous déjà entendu ces emprunteurs du début des années 1970 qui vous expliquent que leur maison a été payée par l'inflation ?

Durée du crédit : oubliez les méthodes de papa !

On en a déjà parlé au paragraphe relatif aux cash-flows. Mais comme beaucoup de jeunes investisseurs débutants ont du mal à comprendre que l'idéal n'est pas de « *prendre la durée la plus courte pour avoir un taux d'intérêt (légèrement) moins élevé et avoir remboursé plus vite* », je me permets de réinsister ici. Souvenez-vous :

-   Les « anciens » investisseurs immobiliers aujourd'hui à la retraite, qui vous recommanderont d'emprunter sur une courte durée ont opéré dans un environnement différent du vôtre. Ils ont opéré dans un contexte de prix immobiliers bas et de taux d'intérêt élevés, et – à moins que vous ne lisiez ce livre très longtemps après sa rédaction – vous avez pour votre part toutes les chances d'opérer dans un contexte de prix immobiliers plutôt élevés et de taux bas. Or, quand vous empruntez à un taux particulièrement bas, plus votre emprunt a une durée longue, plus vous avez de chances d'en avoir un jour une partie remboursée « en monnaie de singe » comme nous l'évoquions au paragraphe précédent.
-   L'allongement de la durée d'emprunt est un des paramètres essentiels pour obtenir le sacro-saint cash-flow positif qui vous permettra d'enchaîner les investissements.

Aujourd'hui, avec des taux d'emprunt à 20 ans aux alentours de 2 %, la durée optimale pour prendre un crédit immobilier est clairement de 20 ans, et c'est sans appel ! En prenant moins long, on détériore trop le cash-flow. Et il faut néanmoins éviter 25 ans, durée sur laquelle vous rembourseriez une part trop restreinte de capital sur les premières années.

Et si je suis capable de fournir un effort d'épargne sur les dix premières années, mais que j'ai une échéance à 10 ans (retraite, entrée en étude des enfants, envie de lever le pied professionnellement etc.) où j'aurai besoin d'un gros cash-flow positif (c'est-à-dire l'équivalent du loyer sans avoir de remboursement à décaisser), n'aurais-je pas quand même intérêt à emprunter sur 10 ans pour avoir remboursé au plus vite ? C'est ce que certains ne manqueront pas de me rétorquer. Je leur répondrai par un exemple simple : ils peuvent arriver au même résultat en achetant deux appartements à cash-flow positif avec un crédit sur 20 ans, en vendant l'un des deux au bout de 10 ans (ou 11 ans si on veut être mathématiquement rigoureux) et en utilisant le produit de la vente pour rembourser le capital restant dû sur les deux crédits. Cette seconde stratégie aura en outre plusieurs avantages par rapport à la première :

- À l'année 10, vous garderez de la souplesse en ayant le choix entre conserver les 2 appartements ou vendre l'un des deux. Des choses auront pu se passer entre temps, et vous aurez pu d'ici là changer d'avis sur la stratégie idéale.
- Entre l'année 1 ou l'année 10, si le cœur vous en dit, vous garderez de la marge de manœuvre pour faire un 3ème investissement et ainsi de suite.
- Il n'y aura pas d'effort d'épargne entre l'année 1 et l'année 10, mais au contraire un confort supplémentaire grâce aux cash-flows positifs encaissés.
- Cette 2nde solution est plus optimisée fiscalement, notamment du point de vue de la déductibilité des intérêts d'emprunt.

Dernier argument en faveur du crédit long : en immobilier locatif, il faut toujours disposer à côté d'une **épargne de précaution** pour faire face aux aléas et autres imprévus. Si vous raccourcissez la durée du crédit, vous allez vous retrouver en cash-flow négatif et donc rogner sur cette épargne, alors qu'au contraire avec un cash-flow positif vous entretenez celle-ci.

Financement à 100 % et 110 %

Vous entendrez peut-être parler de financement par les banques à 100 % ou à 110 %. Le financement à 100 % correspond à un financement par la banque de 100 % du prix du bien hors frais de notaire et un apport de votre part à hauteur des frais de notaire. Le financement à 110 % correspond à un financement par la banque de l'intégralité de vos dépenses, frais de notaires compris, c'est-à-dire que vous sortez zéro euro de votre poche.

Les banques sont plus ou moins laxistes en la matière selon les périodes. Si un financement à 110 % était fréquemment possible il y a quelques années, il s'est très fortement raréfié. Certains vous conseilleront de pratiquer ce qu'on appelle l'« acte en mains » pour contourner ce problème : il s'agit d'une forme de vente dans laquelle c'est le vendeur qui paye les frais de notaire. À mon sens, même s'il est toujours utile de savoir que ça existe – et c'est pour cela que je l'évoque – cette astuce n'est pas aussi miraculeuse que certains voudraient le prétendre. D'une part, il n'y a pas de miracle : c'est le vendeur qui paye les frais de notaire, mais il les a ajoutés au prix de vente qu'il exige de vous, vous avez juste un papier avec un montant de transaction plus élevé à présenter à la banque. D'autre part, la plupart des banques ne sont pas dupes et savent lire un compromis de vente ; elles remarqueront que la vente s'est faite acte en mains.

Une façon plus sérieuse de courtiser un financement à 110% est de démontrer, preuves à l'appui (transactions similaires, etc.), que vous avez fait une très bonne affaire et acheté en-dessous du prix de marché. L'argument peut parfois fonctionner auprès de certaines banques, car vous démontrez alors que le bien pourrait se revendre plus de 110% du prix que vous avez négocié, et donc que ces 10% supplémentaires ne correspondent pas « en réalité pratique » à un financement de frais de notaire.

Une autre solution, plus « ligne jaune », pour gonfler le financement est de présenter au banquier des devis de travaux allant au-delà de ce que vous envisagez réellement de faire par la suite : attention, cela ne fonctionnera pas quand les banques débloquent les sommes correspondant aux travaux sur factures. En pratique, cela fonctionnera donc uniquement pour des montants de travaux plutôt faibles (à la fois en valeur absolue et en proportion du financement total demandé), et seulement avec certaines banques (les pratiques diffèrent et certaines d'entre elles débloquent les sommes travaux uniquement sur factures même pour des montants faibles).

Caution, hypothèque ou privilège de prêteur de deniers.

L'hypothèque est une garantie traditionnelle dont le coût est relativement élevé (taxe de publicité foncière et frais d'enregistrement au bureau des hypothèques).

L'Inscription en privilège de prêteur de deniers est une garantie qui en dérive et portant uniquement sur les biens anciens. Elle est moins chère que l'hypothèque (pas de frais d'enregistrement et pas de taxe de publicité foncière).

Les sociétés de cautionnement sont des sociétés qui ont été créées par les banques dans le but de réduire les frais de garantie pour les particuliers (pas de frais d'inscription à la conservation des hypothèques).

Il y en a plusieurs (Crédit logement, SACEEF), et une banque donnée travaille en général avec une seule société de cautionnement. Elles peuvent différer dans leur fonctionnement :

- Certaines sociétés de cautionnement seront plus chères en termes de coût de garantie mais vous serez remboursé d'une partie de la somme en fin de prêt.
- D'autres sociétés de caution seront moins chères lors de la mise en place du prêt, mais ne feront pas de remboursement en fin de prêt.

Les banques orientent plutôt en premier lieu l'emprunteur vers ces sociétés de caution. D'une part, c'est moins coûteux pour le client et plus souple qu'une hypothèque. D'autre part, elles se retranchent derrière l'organisme de caution en leur délégant leur risque de non-recouvrement du prêt.

Notez que si une première banque vous a refusé un crédit à cause d'une non-validation de l'organisme de caution, vous aurez donc intérêt à aller voir en second lieu une banque qui utilise un organisme de caution différent.

Aller voir un courtier en crédit ou pas ?

Vous pouvez aller à un moment voir un courtier en crédit. Mais ne faites pas l'erreur d'y aller en premier lieu. Allez d'abord voir votre banque habituelle. En effet, si c'est là que le courtier vous renvoie, ce serait dommage de payer sa commission.

Ensuite, vous pouvez utiliser ses propositions de deux façons :

- En les utilisant et choisissant la banque qu'il vous propose comme la meilleure.
- En utilisant ses simulations comme argumentaire de négociation auprès de votre banque habituelle, à qui vous donnez un droit de « dernier disant ».

Je ne suis néanmoins pas fanatique de conclure l'emprunt systématiquement par l'intermédiaire d'un courtier en ce qui concerne l'investissement immobilier locatif. Dans ce domaine, contrairement à l'investissement en résidence principale ; vous envisagez en général d'effectuer une série d'opérations. Trouver un interlocuteur bancaire qui comprend ce que vous faites, et a confiance en vous, peut donc être un atout non négligeable, comme nous allons le voir ci-après.

La boule de neige qui grossit : deux méthodes de calcul du taux d'endettement par les banques.

Le fameux seuil théorique de 33 % d'endettement maximal accepté par les banques est un mythe, dès lors que vous êtes en mesure de démontrer que vous avez des entrées d'argent significatives ou un patrimoine qui s'étoffe.

Le seuil de 33 % d'endettement pourra notamment être dépassé si vous remplissez l'une des deux conditions suivantes :

- Votre reste à vivre est important. Vous gagnez significativement plus que vous ne dépensez, et avez donc de la marge de manœuvre aux yeux des banques.
- Vous avez démontré une réelle expérience immobilière. Vos précédents projets génèrent des cash-flows positifs, et ont tenu les

promesses que vous aviez vendues à votre banquier. En stade intermédiaire, il est à mon sens mieux d'essayer de continuer à vous faire financer dans la même banque, cela permet de créer une relation de confiance entre votre banque et vous. Deux remarques toutefois à ce sujet. D'abord, cela ne vous interdit pas de mettre votre banque en concurrence avec d'autres, mais vous pouvez utiliser une proposition obtenue dans une autre banque pour lui donner un droit de dernier disant en lui proposant de s'aligner. Ensuite, si votre conseiller change tous les 6 mois, cela va devenir difficile d'établir cette relation de confiance sur la durée : c'est pour cela que vous devez **dès que possible vous efforcer d'avoir un interlocuteur ayant un pouvoir de décision, au-delà du conseiller clientèle de base** : cela peut être le conseiller en gestion de patrimoine, le chargé de gestion privée, le directeur d'agence. Si vous avez quelques placements importants à la banque ou des revenus significatifs, cette exigence pourra être formulée dès le début. Sinon il faudra attendre d'avoir démontré votre expérience immobilière et enchaîné quelques opérations et quelques crédits. Mais le plus tôt sera le mieux. À noter que certaines banques ont la délégation en agence pour accorder les crédits (à ce jour, banques mutualistes comme le Crédit Mutuel ou organisés par régions comme la Caisse d'épargne) alors que pour d'autres cela remonte à un service extériorisé (banques nationales notamment). N'hésitez pas à poser directement la question à votre interlocuteur pour savoir si l'agence a délégation pour accorder des crédits.

La **première méthode** de calcul utilisée par les banques pour déterminer votre **taux d'endettement** est celle dite de la **non-compensation**.

$$Taux\ d'endettement = \frac{Mensualité\ des\ prêts}{Salaire\ mensuel + Loyer\ hors\ charges \times 70\%}$$

Exemple : je finance un bien de 100 000 €, ce qui correspond à 550 € de mensualité. Le bien est loué 700 € hors charges, et mon salaire net mensualisé sur douze mois est de 2 500 €, il vient alors :

$$Taux\ d'endettement = \frac{550}{2\,500 + 700 \times 70\%} = 18.39\%$$

La seconde méthode de calcul du taux d'endettement est appelée la **compensation des revenus ou méthode du calcul différentiel.**

$$Taux\ d'endettement = \frac{Mensualit\acute{e}\ des\ pr\hat{e}ts - Loyer\ hors\ charges \times 70\%}{Salaire\ mensuel}$$

Ce qui donnerait si on reprend l'exemple précédent :

$$Taux\ d'endettement = \frac{(550 - 700 * 70\%)}{2\ 500} = 2.4\%$$

On voit que pour des investissements à cash-flow positif, votre taux d'endettement calculé par la méthode de compensation des revenus augmentera très peu.

Dans la pratique, certaines banques n'utilisent que la première méthode. D'autres utilisent la première méthode pour leurs clients « basiques », et réservent la seconde aux clients ayant fait leurs preuves, ceux qui ont su leur démontrer qu'ils étaient de bons investisseurs immobiliers ou de bons gestionnaires. Si vous voulez enchaîner les investissements, à un moment donné il faudra avoir en face de vous une banque qui sait raisonner avec la méthode de compensation des revenus.

Le dossier professionnel.

Une chose peut vous aider à obtenir un financement intéressant et rapide : présenter un dossier de demande digne d'un professionnel.

En période d'activité soutenue, lors de leur comité des risques (l'organe qui rend la décision finale de vous accorder ou non le crédit), les banques valident en général de l'ordre de 20 dossiers par heure. Si on effectue le calcul, cela représente donc... seulement 3 minutes par dossier ! Autant dire que si le dossier que vous avez remis à votre conseiller n'est pas limpide, vous ne mettez pas toutes les chances de votre côté : les banquiers membres du comité des risques n'auront pas le temps d'examiner un dossier litigieux sous tous les angles et préfèreront alors le mettre au rebut pour passer au suivant.

Pour ma part, je dépose systématiquement un dossier complet qui présente :

- Le Business Plan du Projet, avec les hypothèses retenues, et les résultats en termes de rendement net-net, de cash-flow année par année fiscalité comprise, de Taux de rendement Interne etc.
- Une situation complète de mon patrimoine au moment de la demande.

Rassurez-vous, je n'y passe pas des heures. J'utilise un outil qui permet d'effectuer ces calculs automatiquement[26] pour un prix modique, et dont nous reparlerons au chapitre D.2.

Exemple vécu n°9 :

En présentant un tel dossier d'apparence professionnel, un banquier m'a déjà dit *« Votre dossier est plus complet que ce que nous exigeons des entreprises pour des demandes de prêts de quelques millions d'euros ».*

Quand la boule de neige grossit, il faudra peut-être jongler entre plusieurs banques.

Même si vous avez réussi à établir une très bonne relation avec votre banque, si vous devenez un serial-investisseur, il se peut que vous finissiez par atteindre une autre limite. En effet, les banques ont la plupart du temps un montant d'encours de crédit maximum sur une tête. Par exemple, si la banque a une limite de 500 000 €, elle vous prêtera jusque-là si elle estime que vous êtes en mesure de rembourser et que votre taux d'endettement est adéquat. Mais, elle ne saura pas vous prêter au-delà pour votre prochain investissement immobilier.

La banque raisonne en termes de risque contrepartie. Similairement à quelqu'un possédant un patrimoine important qui évite en général de mettre tous ces avoirs dans une même banque (pour limiter le risque en cas de faillite de la banque), la banque se met une limite d'encours de crédit sur une même personne.

Quand on arrive à ce moment-là, il n'y a pas d'autres choix, il va falloir jongler entre plusieurs banques pour vos crédits immobiliers. Il n'y a rien

---

[26] Voir http://blog.mes-investissements.net/outils-utiles/

de dramatique non plus, c'est peut-être seulement l'occasion de développer une nouvelle relation de confiance avec une autre banque…

Il ne faut pas hésiter à en consulter plusieurs pour trouver celle-ci. J'ai cité ci-dessus l'exemple d'une banque qui avait un plafond d'encours par tête en valeur absolue. Pour une autre, ce sera par exemple plutôt quand vos revenus issus de l'investissement locatif dépasseront vos revenus classiques qu'elle se mettra soudainement à vous considérer comme un « professionnel de l'immobilier » et ne saura alors plus vous financer comme auparavant. Les critères variant d'une banque à l'autre, la persévérance de celui qui reprend son parcours du combattant en allant en démarcher plusieurs devrait néanmoins finir par payer.

Le différé d'amortissement : y penser en cas de lourds travaux.

Pour clore ce chapitre, je signale que si vous investissez dans un projet où les travaux pèsent lourd, et dureront donc longtemps avant que vous ne puissiez mettre votre bien en location, vous pouvez envisager le différé d'amortissement.

Si vous demandez cela à votre banquier, vous paierez seulement des intérêts pendant la durée des travaux (par exemple 1 an), et commencerez à rembourser le capital ensuite. Vos mensualités seront donc nettement plus faibles pendant la durée des travaux, c'est-à-dire pendant que vous ne toucherez aucun revenu issu des loyers.

Et si les travaux prennent au final moins de temps que le différé d'amortissement négocié, cela vous permet en outre de reconstituer de la trésorerie et donc de l'apport pour un futur projet.

Crédit in fine : la fausse bonne idée !

Si vous êtes fortement fiscalisé, on vous proposera peut-être à l'occasion un crédit in fine. Contrairement au crédit classique (c'est-à-dire le crédit amortissable à mensualités constantes), avec un crédit in fine vous ne payez mensuellement que les intérêts, et remboursez l'intégralité du capital à la fin.

En échange, vous devez au départ nantir un certain capital sur une assurance-vie et venir en sus y placer vos cash-flows réguliers, de sorte que les montants placés sur l'assurance-vie, augmentés des intérêts qu'elle vous aura servis, seront utilisés pour rembourser le capital restant dû en fin de crédit.

L'intérêt est fiscal car vous déduisez ainsi les intérêts d'emprunts de votre résultat foncier : contrairement à un crédit classique, avec le crédit in fine ceux-ci ne baissent pas au fur et à mesure de l'avancée du remboursement.

Si ce type de montage a eu son succès au début des années 2000, il est moins recommandable aujourd'hui. On vous oblige en général à placer les montants sur l'assurance-vie en fonds en euros. Or, la hausse continue du rendement de ceux-ci du début des années 2000 a été remplacée par une baisse continue. Si on ajoute l'obligation de bloquer dès le départ une somme initiale non-négligeable sur l'assurance-vie, les inconvénients du crédit in fine semblent dépasser ses avantages.

La puissance de la démonstration par la preuve.

Enfin, n'oubliez pas que le meilleur moyen de soigner la relation avec votre banquier sur la durée, c'est de lui démontrer que les hypothèses prises dans le dossier de votre précédent investissement étaient justes voire trop conservatrices. Si tous les mois, le banquier constate que plus d'argent rentre que ce que vous lui aviez annoncé pour l'investissement précédent, il vous financera logiquement l'investissement suivant en toute confiance.

Et quand vous ne rentrez pas dans les cases ?

Les banques sont un peu bêtes et méchantes. Tant que vous rentrez dans leurs cases en ayant un emploi stable de salarié en CDI, tout va bien. Mais il est parfois plus difficile d'emprunter pour un freelance aux revenus confortables que pour un employé en CDI avec un revenu inférieur au salaire médian français. Selon le secteur d'activité, la banque vous demandera vos 3 derniers bilans, ce qui, quand c'est le cas, nécessite d'attendre au moins 3 ans après votre première installation pour pouvoir emprunter. Pour certaines professions libérales appréciées du « systèmes de cases des banques » (médecin, kiné, ostéopathe etc.), celles-ci se contentent d'un seul bilan.

Si vous avez eu des revenus réguliers depuis 10 ans sans aucune période de chômage, mais enchaînez ces emplois en intérim ou en CDD, vous serez confronté aux mêmes problématiques. Selon les périodes, les banques sont plus ou moins enclines à prêter à ce genre de profils. Dans ces cas-là, il faut essayer de jouer sur le maximum des leviers dont vous disposez pour obtenir votre emprunt :

- Si vous avez patrimoine significatif constitué, c'est un des leviers à faire valoir auprès de la banque. Vous verrez si elle en tient simplement compte sans autre exigence, ou si elle vous propose des solutions de nantissement partiel. En général, et même si les banques préfèreront la plupart du temps les flux au patrimoine, plus le patrimoine est liquide, plus les banques vont considérer que celui-ci apporte une certaine sécurité. Les liquidités sur des livrets et PEL pèseront ainsi plus dans leur « scoring bancaire » que des actions en bourse, qui elle-même pèseront plus que des biens immobiliers locatifs déjà (partiellement ou totalement) amortis.

- Vous pouvez faire intervenir un tiers qui est en CDI comme co-emprunteur ou caution.

- Surtout, vous ne devez pas vous décourager au premier refus. Il faut aller voir plusieurs banques, car toutes n'ont pas les mêmes critères de sélection de leurs emprunteurs. Mieux, il faut aller voir plusieurs banques à plusieurs endroits : par exemple, un freelance parisien aux revenus confortables sera peut-être tricard auprès des banques parisiennes s'il n'a que 2 ans d'historique d'activité, mais s'il revient en Lozère dont il est originaire, il sera vu comme l'un des prospects aux revenus les plus importants de l'agence bancaire et aura ainsi plus de chances de se voir dérouler le tapis rouge.

Le couperet du HSCF.

Depuis 2020, le Haut Conseil pour la stabilité financière (HCSF), inquiet d'une certaine frénésie pour l'immobilier et de la production élevée de crédits et de leur durée, est venu durcir les conditions d'octroi des crédits immobiliers. Si cela a contribué à freiner les ardeurs de certains investisseurs trop téméraires qui faisaient « n'importe quoi » et à les prémunir de probables futurs embarras, cette décision a aussi compliqué l'accès à l'investissement immobilier locatif, rare ascenseur social encore efficace pour beaucoup de jeunes prêts à se retrousser les manches.

Depuis début 2020, le HCSF a ainsi établi certaines règles. Dans un premier temps, il prenait la forme d'une simple recommandation aux banques, que celles-ci étaient néanmoins fortement encouragées à suivre. Au 01/01/2022, ces règles deviennent contraignantes. Après une première version, et face à un marché qui commençait par se bloquer un peu pour les investisseurs, elles ont ensuite été en partie réassouplies en juin 2023.

Quelles sont ces règles HCSF dans leur dernière mouture ?

- ➢ Le taux d'endettement maximum sera de 35 %.
- ➢ Celui-ci ne pourra plus être calculé par la méthode de compensation des revenus.
- ➢ La durée maximale des crédits sera de 25 ans. Elle pourra potentiellement être étendue à 27 ans dans le cas spécifique de gros travaux ou d'achat dans le neuf. Dans l'esprit, on peut supposer que c'est pour tenir compte de 2 ans de différé d'amortissement éventuel dans ces 2 cas-là.
- ➢ Les banques pourront déroger aux critères ci-dessus pour 20 % de la production trimestrielle de dossiers de financement.
  Mais, et c'est là que le bât blesse, au moins 70 % de la flexibilité maximale sera destinée aux acquéreurs de leur résidence principale et au moins 30 % de la flexibilité maximale sera réservée aux primo-accédants. Ainsi, la part des crédits immobilier locatif ou résidence secondaire « hors règles HCSF » sera limitée à 6% (les 30% non réservés à l'achat de la résidence principale parmi la dérogation de 20%).

Note : j'ai laissé l'explication au sujet de la méthode de compensation dans les pages précédentes pour que les novices sachent de quoi il s'agit. En effet, cette méthode pourrait toujours continuer à être utilisé par les banques comme l'un des paramètres d'analyse pour les investissements immobiliers effectués via des Sociétés (SCI à l'IS, SAS, SARL de famille par exemple), ou encore dans le cadre des 6 % de dossiers dérogatoires.

Zoom 2026 : bon à savoir, avant l'ajustement de juin 2023, la dérogation investisseurs du HCSF 1ère mouture était initialement de 4% et non de 6%.

Les conséquences.

Deux types de profils vont être particulièrement affectés pour l'investissement locatif :

➢ Les propriétaires de résidence principale (actuels ou avec un projet d'acquisition à terme) dont le taux d'endettement approche du seuil fatidique de 35% d'endettement, et qui comptaient effectuer un investissement locatif en parallèle.

➢ Les serial-investisseurs qui enchainaient, ou projetaient d'enchainer les investissements immobiliers locatifs. Et ce, y compris s'ils ont des revenus élevés, car on notera que les recommandations du HCSF se concentrent sur un taux d'endettement calculé par la méthode de non-compensation, et font par exemple l'impasse sur toute notion de reste à vivre.

Les parades possibles.

D'abord, nous l'avons souligné ci-dessus, il reste 6% de possibilité de crédits en dehors de ces nouvelles normes HCSF pour les banques.

Cela parait certes faible à première vue, mais notons déjà qu'on ne part pas d'une situation où tous les crédits immobiliers distribués par les banques étaient à destination d'investisseurs locatifs en dehors des clous des règles HCSF. Ainsi, pour que vous ayez un ordre de grandeur en tête, sachez que la part de ces crédits non conformes aux recommandations HCSF hors résidences principales au 1er semestre 2021 (soit avant que le HCSF ne devienne contraignant) était d'un peu plus de 7,5%.

La première parade est donc d'essayer de rentrer dans ces 6% dérogatoires. Comment ? Voici quelques pistes qui me viennent à l'esprit :

- Optimiser le timing. On note que le taux de dérogation est évalué dans les recommandations HCSF sur une période trimestrielle de production de crédits. Souscrire votre crédit au début d'un trimestre peut donc être un atout. Moins probablement à la fin d'un trimestre, sauf si la banque est en-dessous de son quota. Et pensez au déphasage : il y a bien un mois de délai entre le moment où vous allez voir un banquier et où le crédit est techniquement produit.

- Optimiser le lieu. Il y a des zones, plus rurales, où les investisseurs sont moins nombreux. Moins de pouvoir d'achat, plus d'achats de résidences principales, etc. En allant consulter des banques régionales (afin que le taux de dérogations soit consolidé à une échelle régionale) dans ce type de zones, vous avez des chances de rentrer plus facilement dans les 6% dérogatoires, puisque ces banques sont moins sollicitées pour des dossiers dérogatoires.

Exemple vécu 2nde édition :

Comme je l'ai déjà évoqué, bien que n'y ayant jamais été domicilié lors de ma vie active, j'ai conservé des banques dans ma Creuse natale.

Lors de mes premiers investissements il y a une dizaine d'années, un interlocuteur bancaire m'avait d'ailleurs confié être content d'avoir un profil d'investisseur car il en avait relativement peu dans son portefeuille.

J'ai emprunté pour deux biens au 2nd semestre 2021. Même si les recommandations HCSF n'étaient encore que fortement recommandées pour les banques plutôt que faisant force de loi, elles étaient quand même en pratique bien suivies et appliquées.

Mes deux emprunts ont donc été effectués dans des banques de ma Creuse natale, plus facilement qu'ailleurs où l'on me titillait systématiquement sur mon taux d'endettement qui, vous vous en doutez, dépasse allègrement les 35 % lorsque calculé par la méthode de non-compensation des revenus.

Je suis donc a priori rentré dans le quota dérogatoire.

Les zones un peu plus rurales, il y en a un peu partout en France : Cantal, Ardèche, Ariège, Lozère par exemple pour celles que l'on associe souvent à ma Creuse natale dans les caricatures. Même un peu plus peuplée, vous devriez trouver une dans ce style à une certaine proximité de chez vous…

- Offrir une contrepartie significative au banquier. En offrant de véritables contreparties au banquier (domiciliation, ouvertures de comptes) et en les mettant en balance contre un crédit rentrant dans les critères dérogatoires, vous augmentez vos chances d'obtenir ce privilège.

Ensuite, la seconde parade potentielle est de jouer la dérogation plus large pour augmenter ses chances. Celle des 20% est réservée à 70% à la résidence principale dont 30% réservée aux primo-accédants, soit :

- Une dérogation qui représente 20% x 70% = 14 %, en sus des 6 % précédents si vous n'êtes pas propriétaire de votre résidence principale.
- Une dérogation de 20% x 70% x (1 - 30%) = 9,8 % si vous n'êtes pas primo-accédant, toujours en sus des 6 % précédents.

La technique est certes déjà un peu plus « ligne jaune » : elle consistera alors à faire passer votre investissement locatif pour l'achat d'une résidence principale auprès de la banque. Contrairement par exemple à un mensonge sur votre endettement actuel (risqué, la banque pouvant si elle le découvre par la suite exiger un remboursement anticipé de vos crédits), il y a un tas de raisons personnelles qui pourraient ensuite justifier que vous décidiez finalement de ne pas occuper ce bien comme résidence principale, et qui ne regardent pas la banque. Ou qui n'auraient pu être prévues au moment de la souscription du crédit… Par contre, vous ne soignez pas la relation à long terme avec la banque, et il faudra probablement aller en consulter une autre la prochaine fois. J'ai par exemple dans mes connaissances un investisseur propriétaire de sa résidence principale, travaillant dans un métier manuel en manque de main d'œuvre, et désirant investir dans une ville à 2 heures de distance de chez lui. Il n'a pas hésité à aller jusqu'à obtenir une promesse d'embauche dans cette ville pour vendre à la banque son déménagement et son investissement comme future résidence principale. Je n'encourage pas à l'imiter, mais cela vous montre à quel point certains investisseurs savent être inventifs...

Pour ceux qui ont la possibilité d'effectuer des opérations d'achat-rénovation-revente de résidences principales en occupant celles-ci, c'est également une piste permettant également de rentrer dans cette dérogation plus large, et ce, sans avoir à « feinter » la banque.

Enfin, la dernière parade est de baisser votre taux d'endettement pour rentrer dans les critères HCSF non dérogatoires. Deux pistes différentes :

- Augmenter le numérateur. Les taux étant encore bas, il s'agit alors d'étendre sur une durée plus importante vos crédits en cours pour diminuer vos mensualités. Pour étendre votre durée de 2 ans, aller voir votre banque suffira souvent, beaucoup de contrats de crédits prévoyant cette souplesse. Pour aller plus loin et vraiment restructurer votre dette existante, il est probable que vous deviez faire appel à un courtier. Pour ceux en capacité de nantir des actifs, ce pourrait également être le retour en grâce du crédit in fine.
- Augmenter le dénominateur en augmentant vos revenus.

Bien sûr, il est probablement difficile d'avoir une augmentation significative et immédiate de votre salaire juste parce que vous souhaitez investir dans l'immobilier.

Ou pourquoi ne pas créer une petite activité à côté déclarée en autoentrepreneur ? Au bout de 3 ans, mes revenus annexes de droits d'auteur issus de mes livres ont été pris en compte par les banques dans le calcul de mon taux d'endettement. Ainsi, bien que marginaux par rapport à mes autres revenus, ils m'ont permis de faire levier dessus. Et, sans eux, j'aurais peut-être dû renoncer à l'achat d'un ou deux biens parmi ceux que je possède aujourd'hui.

Dans un autre genre, prenons quelqu'un de doué de ses mains pour effectuer des travaux et qui a déjà effectué un premier projet de rénovation complète. Mais qui a des revenus assez faibles et se retrouve donc bloqué par son taux d'endettement pour continuer. Il pourrait envisager de monter une activité à temps partiel en autoentrepreneur autour de ces compétences en sus de son job.

Dernière piste, efficace si vous pouvez la mettre en place : les formations ou cours du soir pour évoluer dans votre métier : obtenir un Bac+2 pour celui qui a un Bac, etc. Ne tombez en effet pas dans le piège d'opposer frontalement votre réussite professionnelle à votre réussite immobilière, sous prétexte de vouloir à terme sortir de la détestée *rat race*, ou sous l'influence de gourous Youtube. Nombre d'investisseurs qui ont réussi à atteindre le stade de la liberté financière ont en pratique cumulé avant cela une certaine réussite et progression professionnelle en parallèle de leurs investissements immobiliers. Réussite sur laquelle ils ont alors justement fait levier pour emprunter et investir davantage. Or, parfois en prenant goût avec l'immobilier à travailler pour soi, le salariat commence à vous peser. Garder cela en tête vous aidera…

Dernière piste éventuelle : investir en Société plutôt qu'en nom propre. D'une banque à l'autre, le traitement réservé aux investissements via des SCI, SAS, ou SARL de famille peut être différent : la banque applique-t-elle les critères HCSF ou non pour ce type de crédits ? Un compromis possible si elle ne les applique pas toutefois, est que la banque considère ces crédits comme des crédits professionnels et non des crédits immobiliers, ce qui entraîne alors des taux d'emprunt supérieurs. De plus, ce discours est évolutif : si le HCSF s'aperçoit qu'un tel contournement prend de l'ampleur, il pourrait à nouveau légiférer pour le limiter…

Investir en Société peut aussi vous permettre de vous associer pour effectuer un projet à deux. Ainsi, si un projet est trop gros pour que vous puissiez le réaliser seul à cause de votre taux d'endettement, trouver un associé peut vous sortir de l'ornière. Attention toutefois, comme dans toute association, il faut la construire selon un modèle gagnant-gagnant. Vous devez donc apporter quelque chose à votre associé : le sourcing de l'opportunité, des compétences techniques en suivi des travaux, etc.

> **Fin Complément 2ⁿᵈᵉ édition**

Pour aller plus loin : **un prêt pour un investissement locatif vous coûte moins cher qu'un prêt pour une résidence principale**.

Si vous empruntez à un taux de 2 % pour votre résidence principale, votre prêt vous « coûte » 2 %. Si vous effectuez le même prêt pour un investissement locatif, vous allez déduire ces frais de vos revenus, et le prêt va donc in fine vous revenir à un taux « fictif » moins élevé.

Par exemple, si vous êtes à un taux marginal d'imposition de 30 %, et qu'on ajoute les prélèvements sociaux de 17,2%, votre prêt va en fait vous revenir à un taux fictif de :

$$Taux\ équivalent = (1 - (30\% + 17,2\%)) \times 2\% = 1,056\,\%$$

Ce raisonnement est bon à garder en mémoire, d'autant qu'il s'applique également aux autres frais (frais de dossier, caution crédit logement…)

Partie D

La Mise En Pratique

Vous avez maintenant bien compris les concepts, y compris ceux sur lesquels ne s'attardent pas les investisseurs qui restent trop « amateurs ».

Vous commencez à devenir un investisseur en immobilier locatif intelligent.

Vous vous êtes préparé et avez élaboré votre stratégie.

Il ne vous reste donc plus à ce stade qu'à mettre en pratique, et c'est l'objet de cette *partie D* qui a pour vocation de vous guider pas à pas dans les différentes étapes inhérentes à un investissement immobilier locatif.

Nous nous attarderons ainsi dans cette partie sur chacun des chapitres suivants :

- Trouver la bonne affaire.

- La visite et la décision.

- Négocier la bonne affaire.

- Les sources de rendement entrepreneurial.

- L'optimisation de la fiscalité de l'exploitation.

- Mettre le bien en location

- Sélectionner et gérer les locataires.

Trouver la bonne affaire : on & off market

On dit souvent qu'en immobilier locatif l'essentiel de la performance se fait à l'achat. C'est pourquoi vous devez vous efforcer de rechercher les bonnes affaires.

Identifier la bonne affaire : la méthode des comparables

Une méthode pour que les bonnes affaires nous attirent l'œil est la méthode des comparables. Le mieux pour l'appliquer est de raisonner en termes de **prix par m².**

Cela permet de faire un tri rapide sans avoir à effectuer pour le moment de calculs plus complexes, comme celui du cash-flow.

Puisqu'en préparant votre stratégie, vous vous êtes renseigné sur ce point, vous connaissez le prix normal dans les secteurs que vous convoitez, quartier par quartier. Il peut donc être utile de chercher des biens à un prix inférieur à ce prix moyen. Pour essayer de comparer des choses comparables, il est mieux de le faire en utilisant le prix par m².

Un bien à un prix au mètre carré sensiblement inférieur au prix moyen au mètre carré du secteur est **potentiellement** une bonne affaire. En corollaire, acheter sur la base d'une décote sur le prix au mètre carré permet souvent d'éviter les grosses erreurs.

Il faut néanmoins savoir relativiser pour ne pas comparer des pommes et des poires :

- Si 8 m² sur 30 m² sont perdus dans des dégagements ou couloirs sans qu'on puisse modifier la distribution des pièces, le prix au m² est peut-être bas pour une bonne raison, et le bien est alors loin d'être l'affaire du siècle.

- Si le bien comporte des charges de copropriété élevées, son cash-flow sera plus faible qu'un bien identique à charges réduites et la théorie économique[27] commande qu'il soit logique que son prix au m^2 soit inférieur.

Ces réserves mises à part, la méthode des comparables reste utile pour effectuer un premier tri parmi les biens proposés à la vente.

La bonne affaire : une ville sans panneaux de direction.

Une bonne affaire peut apparaître de temps à autre sur un site d'annonces. C'est pour cela qu'il faut aller régulièrement faire un tour sur ces sites, car quand leur intérêt est évident dès la lecture de l'annonce, ces biens sont vite visités, vite achetés, et l'annonce disparaît rapidement.

Mais plus généralement, une bonne affaire est à l'image d'une ville qui aurait fait retirer tous les panneaux aux alentours indiquant sa direction. Elle se présentera rarement à vous en disant *« Bonjour ! Je suis la bonne affaire, venez me cueillir, il n'y a qu'à vous baisser ! »*. Il va donc falloir ruser un peu plus. Nous allons voir ensemble quelques méthodes efficaces pour augmenter la probabilité que vous croisiez cette bonne affaire.

Jouer sur les cycles courts et la saisonnalité du marché immobilier.

Nous avons évoqué au chapitre A.3 les sous-cycles courts et la saisonnalité du marché immobilier. En faire vos alliés en ciblant plutôt les marchés d'acheteurs et l'automne pour être plus actif dans vos investissements peut être un atout dans votre manche. Néanmoins, vous contenter de cette stratégie pour trouver de bonnes affaires serait évidemment insuffisant.

Identifier les vendeurs pressés.

Certains particuliers vont laisser dans leur annonce un indice qui montre qu'ils ont vraiment besoin de vendre. Indirectement, ceci peut même sous-entendre – *trop besoin de vendre* – vous laissant augurer que le prix est négociable, potentiellement fortement négociable.

---

[27] Cf. Chapitre A.3

L'annonce intégrera alors des mots ou expressions comme :

- Urgent.
- Cause mutation / déménagement / départ à l'étranger / divorce/succession. Vous pouvez même pousser le vice jusqu'à faire votre recherche sur Le Bon Coin avec ces mots comme champs de recherche pour voir sur quelles annonces vous tombez…
- Prix à négocier.
- Agence s'abstenir (montre que le particulier n'a peut-être pas procédé à une évaluation du bien, et peut *potentiellement* mal connaître le marché).

Une annonce présente depuis longtemps (4 mois), et qui a subi récemment une ou plusieurs petites baisses successives du prix de mise en vente, est également l'indice d'un vendeur qui perd patience.

Parmi les outils utiles proposés sur le blog[28], je conseille souvent l'outil *Castorus*. Voici un exemple de ce que vous montrera ce dernier pour chaque bien :

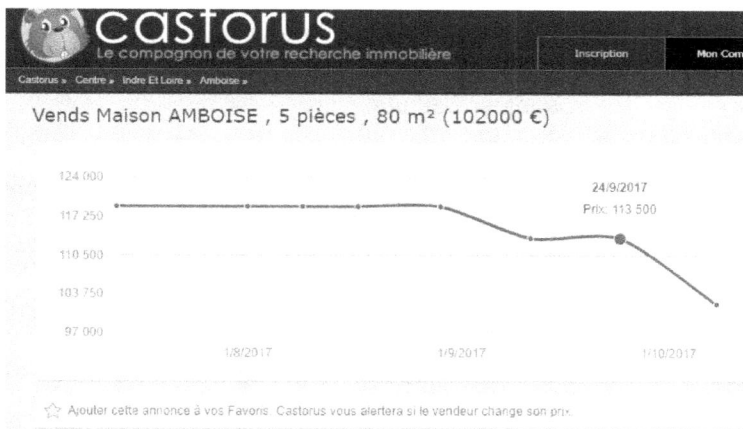

Dans l'exemple ci-dessus, on voit la courbe caractéristique d'un vendeur qui commence à s'épuiser. Après un prix qui n'avait pas bougé depuis plusieurs mois, deux baisses de prix successives viennent d'avoir lieu, et ce, en l'espace de seulement deux mois.

---

[28] http://blog.mes-investissements/outils-utiles/

Bonne nouvelle, l'outil Castorus est disponible sous forme de plugin *Chrome* ou *Firefox*. En utilisant ces derniers, vous visualisez donc cette courbe de prix directement en bas de l'annonce que vous consultez sur *Le Bon Coin* par exemple sans avoir besoin d'aller sur le site *Castorus*.

Complément 2nde édition

L'outil Castorus ne fonctionne malheureusement plus sur *le boncoin* depuis un certain temps, et il n'y a pas vraiment d'équivalent à l'heure actuelle pour le remplacer dans ses fonctions sur ce site. Castorus continue cependant de fonctionner sur des sites comme *seloger* et conserve donc un intérêt certain pour l'investisseur.

Fin Complément 2nde édition

Aller là où les autres ne cherchent pas.

Une autre solution pour faire de bonnes affaires est de faire des **propositions sur ce qui n'est pas encore à vendre**.

La version « soft » de la tactique consiste à avoir connaissances des prochaines ventes avant que la publicité autour de celles-ci n'ait commencé (annonces, etc.). Ce sont celles que peut vous apporter votre réseau : l'agent immobilier qui vous appelle avant de mettre une annonce en vitrine, le concierge ou le commerçant avec qui vous avez été discuté pour savoir s'il n'y avait pas des biens qui allaient prochainement se vendre dans le quartier. D'ailleurs, même si en France on n'aime pas trop parler d'argent, il peut être utile de faire savoir à votre entourage (amis, collègues) que vous êtes investisseur immobilier : ce sera une méthode supplémentaire de sourcing de bonnes affaires à venir.

La version « hard » consiste à aller chercher des vendeurs qui n'avaient eux-mêmes pas pensé à vendre. Par exemple, vous repérez des biens inoccupés au cours de vos promenades à la lumière de divers indices (volets fermés en permanence), vous vous renseignez auprès du cadastre pour retrouver le propriétaire et le contactez. Ou encore, vous repérez des bailleurs qui n'arrivent pas à louer leurs biens, identifiez que la cause est aisément curable (exemple : le bien est défraîchi, le propriétaire ne veut pas faire des travaux, mais un coup de peinture ou la pose d'un parquet suffirait à rendre le bien à nouveau attrayant), et leur faites une proposition d'achat pour leur « simplifier la vie avec ce bien qu'ils n'arrivent pas à louer ». Le taux de transformation de la tactique « hard » est infiniment plus faible que celui de la tactique soft, et elle nécessite donc pas mal de temps pour un résultat incertain. Mais lorsque l'essai finit par être transformé, le discount obtenu sur le prix de marché peut être énorme grâce à cette tactique « hard ».

Voir ce que les autres ne voient pas.

Terminons par le meilleur. La façon la plus aisée de trouver une bonne affaire est d'être capable de voir ce que les autres ne voient pas.

Il s'agit ici d'**identifier**, soit dès la lecture de l'annonce, mais le plus souvent **au moment de la visite**, les **futures sources de rendement entrepreneurial** que vous pourrez mettre en place.

On est ici typiquement dans le cas du bien mal configuré et aisément transformable, ou dans le cas du bien sous-exploité. Ou encore dans celui de l'achat de mètres carrés gratuits (combles ou dépendances aménageables), ou de mètres cubes gratuits (hauteur sous plafond permettant de créer une mezzanine).

Exemple vécu n°10 : le cas du studio trop grand.

Un studio de 35 m² est proposé à un prix de 40 k€. Les T2 de 35 m² dans le même quartier se louent 400 €/mois, et se vendent 65 k€. Cette surface étant dans la tanche basse des T2, vous avez vérifié que la demande locative était bien présente.

Quand vous visitez, votre obsession va être de voir si l'on peut créer une chambre en rajoutant une cloison, notamment en observant le nombre et la disposition des fenêtres.

Si c'est le cas, cette pièce supplémentaire pourra être créée aisément pour 4 000 € (je suis large). Vous aurez donc payé[29] 44 k€ votre T2 créé par le biais d'un T1 transformé au lieu de 65 k€ si vous l'aviez acheté

---

[29] Pour l'exemple, et pour simplifier, je considère que vous auriez négocié le prix affiché à hauteur des frais de notaires.

directement comme tel. Imaginons qu'on fasse l'hypothèse d'un mois de vacance locative sur un tel bien et regardons les chiffres :

$$Rendement\ T2\ acheté\ en\ l'état = \frac{400 \times 11}{65\,000} = 6{,}7\%$$

Le rendement ci-dessus est le genre de rendement que vous trouvez classiquement quand vous consultez les annonces d'une ville de Province.

$$Rendement\ T1\ transformé\ en\ T2 = \frac{400 \times 11}{40\,000 + 4\,000} = 10\%$$

Ce rendement brut de 10 % est celui dont vous avez en général besoin pour atteindre un cash-flow positif. Mais remarquez que ce rendement n'était pas visible directement. Ce bien était pourtant une affaire. Comme je le disais au début de ce chapitre, les bonnes affaires sont à l'image d'une ville qui aurait fait retirer tous les panneaux aux alentours indiquant sa direction.

Elle ne se présentera jamais à vous en disant « *Bonjour ! Je suis la bonne affaire, vous pouvez m'avoir sans effort et sans imagination.* »

Ce n'est donc pas grâce à ses panneaux de direction, mais plutôt par vos efforts de créativité que vous pourrez trouver le chemin de cette « ville des bonnes affaires ».

Complément 2nde édition

La difficulté principale qu'ont eue les investisseurs locatifs depuis deux ans environ a souvent été de trouver des biens. Combien d'investisseurs ont entendu la réponse « le bien est déjà vendu » quand ils contactaient une agence pour une annonce à peine parue ? L'investissement locatif est à la mode. En dehors des investisseurs locatifs intelligents formés, de nouveaux profils d'investisseurs sont apparus et vous côtoient désormais quand il s'agit de chercher un bien à acheter :

- Ceux qui ont eu le temps de réfléchir à leurs projets pendant le confinement, et ont soudainement décidé d'investir alors qu'ils n'y pensaient pas avant.
- Ceux qui achètent cash, et se contentent parfois de rendements faibles. Le profil qui vide son assurance-vie : quand les fonds euros servaient un rendement de « 3,x »%, cela leur convenait. Mais maintenant qu'ils

affichent un rendement de « 2, quelque chose », une barrière psychologique a été franchie et cela passe moins bien. Investisseurs aisés issus de grandes métropoles et prêts à investir dans des villes moyennes, ils vont être prêts à se contenter de rendements à 4 ou 5% et venir assécher votre marché.

Cette concurrence accrue est d'autant plus intense si vous visez des biens sur la ligne de compromis entre taux de sérénité et rendement entrepreneurial, et qu'ils sont à un budget inférieur à 100 k€. En revanche, en altitude, l'air se raréfie : ainsi, si le budget ou la quantité de travaux augmente, la densité de cette nouvelle concurrence s'amenuise.

On peut certes encore trouver des biens de type T2 dans une ville moyenne de province dynamique via les annonces, et j'en ai moi-même trouvé dans cette période, comme je l'évoquerai ci-dessous. Mais se priver du sourcing de biens off-market dans un tel contexte corse la difficulté à trouver des biens intéressants. D'où ce complément pour cette 2nde édition.

Comment sourcer des biens off-market ?

Un bien off-market est un bien qui est vendu sans être paru en annonces :

- Soit il ne paraîtra jamais dans les annonces immobilières.
- Soit il paraîtra en annonce après que le bien aura été vendu. D'où vos appels à 9h05 pour une annonce parue à 9h03 où l'on vous répond que le bien est déjà vendu… Quel est l'intérêt de l'agence à la faire paraître malgré tout ? Rester visible pour montrer qu'elle a de l'activité, et ainsi attirer des contacts acheteurs dans sa base de données, et surtout rentrer des mandats de vente.

Passée votre première frustration si vous venez de découvrir ce procédé, nous allons voir maintenant comment faire pour avoir connaissance de ces biens vendus off-market. Vous vous doutez en effet que sourcer des biens en off-market vous permet, contrairement à la simple consultation des annonces, d'éliminer une partie importante de la concurrence à l'achat, en particulier de cette nouvelle concurrence apparue dernièrement.

Et vous verrez qu'il n'est ni nécessaire d'avoir un réseau constitué de longue date, ni d'avoir déjà 15 appartements pour avoir accès à des opportunités off-market.

Le off market peut recouvrir tout un panel de vérités et ce sont celles que l'on va essayer de lister ici. Essayons de les lister par les méthodes, par les interlocuteurs, par le canal où vous pourriez sourcer ces biens off market.

1. Le Off-market par les agents immobiliers.

Commençons par le canal qui, pour certains, est le plus évident. Et qui pour d'autres paraîtra le moins évident… Les agents immobiliers.

Certains pensent qu'un agent rentre un mandat de vente, présente le bien dans une annonce, puis attend les appels pour une visite. Dans la réalité, cela ne se passe pas toujours ainsi : il y a des biens que les agents rentrent et qu'ils vendent avant même de les avoir publiés en annonces…

Comment faire pour justement pouvoir être alerté de l'opportunité sur ces biens qui se vendent avant d'avoir été publiés en annonce ?

Il y a des techniques qui vont fonctionner pour ceux qui ont déjà un certain nombre de biens immobiliers, et qui ne fonctionneront pas pour ceux qui n'en ont pas encore. Mais il y a aussi des techniques qui vont être utilisables pour acquérir votre premier bien immobilier.

Une première technique va être de servir les intérêts des agents, toujours ce fameux raisonnement gagnant-gagnant. C'est à dire que vous allez pouvoir, par exemple, leur promettre la gestion locative sur des biens que vous avez déjà et/ou sur le futur bien que vous achèterez. Confier la gestion locative peut avoir des inconvénients, comme nous le verrons plus loin, mais parfois il faut savoir faire des compromis pour profiter d'une opportunité.

Comme autre exemple, vous allez pouvoir potentiellement leur ramener des mandats de vente. En ce moment, leur problème n'est pas de trouver des acheteurs mais bien de rentrer des mandats de vente. Donc si vous avez connaissance dans votre entourage de quelqu'un qui vend sa résidence principale, vous pouvez essayer de lui recommander l'agent avec qui vous entretenez des relations, en le faisant savoir à ce dernier.

Une autre piste quand vous avez déjà des relations avec un agent qui vous a déjà trouvé un bien est d'entretenir la relation par des petits gestes. C'est quelque chose que je fais par exemple quand un agent avec qui j'ai fait affaire vient accompagner ma signature chez le notaire : j'ai toujours une boîte de chocolats ou un paquet de spécialités locales à lui offrir pour le remercier. Ce n'est pas grand-chose. Mais comme tout le monde ne le fait pas, ça aide à qu'il se rappelle de vous quand il rentre un prochain bien dans vos critères.

Pour se rappeler au bon souvenir des agents, il y a également la technique un peu moins précise consistant à se déplacer et à entrer physiquement dans les agences. C'est comme ça que, par hasard, ils vont juste avoir rentré un bien non encore publié en annonces et qu'ils peuvent vous le proposer. Certes, cela demande du temps et de l'investissement personnel. Mais il n'y a pas de miracle : comme partout, il n'y a pas de raccourci en investissement immobilier locatif

Exemple vécu 2nde édition :

Une autre technique off-market auprès des agents immobiliers, par laquelle j'ai d'ailleurs acheté en 2021 mon avant-dernier bien, est d'appeler une agence pour un bien affiché en annonce dont vous savez qu'il ne vous intéresse pas vraiment ou qu'il est déjà parti.

J'avais repéré une annonce d'un bien et j'avais noté que je savais qu'il ne m'intéressait pas ou qu'à moitié. Puis j'ai vu que l'annonce avait disparue. Une semaine après, je me doutais bien que ce bien avait été vendu puisqu'il était un prix relativement intéressant, etc. Mais j'ai quand même appelé l'agent pour lui dire "J'ai vu votre bien, est ce que vous l'avez toujours ?". Je n'avais ici pas encore de relation établie avec cette agence.

Cela est toujours une approche plus efficace que quelque chose de trop général comme "je cherche n'importe quoi, un T2 dans tel quartier, etc.".

Parce que là, vous êtes vraiment sur un bien précis qui n'est pas loin de ce qui pourrait vous intéresser. Et c'est là qu'il m'a dit :

— Oui, effectivement, je l'ai vendu.
— Oui, je sais qu'en ce moment, vous ne cherchez pas trop d'acheteurs. Ce n'est pas le problème actuel. Sachez que j'étais intéressé, je suis finançable et capable de décider vite, donc si jamais vous en avez d'autres…
—Ah oui, il y en a un justement que j'ai d'ailleurs. Je l'ai rentré, mais je ne l'ai pas encore mis en annonces, a-t-il répondu.
— À quel prix ? ai-je demandé.

— x k€.

— Oui, c'est un prix qui a priori me conviendrait. Donc écoutez, moi, je suis intéressé. Si je peux le visiter en premier, celui-là… Ce sera sans négociation. Le prix me convient, et je vois très bien où il est situé.

Et c'est comme ça que j'ai visité le bien en premier et que j'ai pu l'acheter. Du coup, il n'a jamais été publié en annonces.

Et cette anecdote est récente puisqu'elle date de mi-2021.

Ce sont donc quand même des choses auxquelles il faut penser. Si vous raisonnez juste, "annonce, annonce, annonce"… vous aurez seulement une vision partielle du marché.

Exemple vécu 2nde édition :

Faut-il déjà avoir investi et avoir un réseau constitué pour utiliser ces techniques et avoir accès à des biens off-market par les agents immobiliers ?

Je vais vous révéler une anecdote surprenante.

Quand le marché a commencé à se tendre, j'ai eu certaines difficultés à être averti d'opportunités de biens off-market par des agents immobiliers de ma ville de prédilection. Peut-être les agents avec qui j'avais établi des relations depuis plusieurs années dans un contexte de marché moins tendu se souvenaient de moi comme d'un négociateur, et présupposaient donc que je ne saurais pas acheter au prix une bonne opportunité off-market ?

Il se trouve que mes biens sourcés off-market en 2021, dont celui de l'exemple précédent, l'ont été dans une ville annexe où j'investis, avec un agent immobilier avec lequel je n'avais eu aucune relation avant 2021. Et non pas, comme on aurait pu le supposer, dans ma ville de prédilection où mon historique relationnel avec les agences est le plus important et ancien.

C'est donc un espoir pour vous de pouvoir appliquer ces techniques même si vous en êtes au stade de votre premier investissement locatif.

Enfin, même si c'est moins du off-market en soi, j'ai pu nouer des arrangements gagnant-gagnant avec certains agents. Quand ils avaient un bien en exclusivité, ils me communiquaient l'adresse pour que j'aille déjà voir tout seul de l'extérieur. Ils ne perdaient ainsi pas de temps en visite, et seulement quand cela m'intéressait, je revenais vers eux. Le temps d'un agent est précieux, donc si vous l'aidez à ne pas en perdre, il appréciera.

2. Les interlocuteurs du off market en dehors des agents immobiliers.

En dehors des agents immobiliers, quelles sont les personnes qui pourraient vous ramener des biens off market en immobilier ?

Le notaire ? En général, non...

On peut penser à son notaire comme apporteur d'affaires de biens off-market, surtout si on est déjà investisseur, en se disant quelque chose comme : « je suis un bon client de mon notaire, j'ai déjà signé trois appartements avec lui. Il pourrait me trouver des biens, surtout que c'est une étude qui n'a pas de services de transaction. Il doit traiter des héritages et avoir ainsi connaissance de biens à vendre ».

Ce que l'on oublie en appliquant un tel raisonnement, c'est que les notaires sont en pratique déjà démarchés par les agents immobiliers et les mandataires des réseaux indépendants (IAD, Safti, etc.). Donc souvent, ces partenariats ils les ont déjà. Par exemple, l'agent immobilier va constituer un partenariat gagnant-gagnant tacite avec le notaire : le notaire lui apportera des mandats de vente en portant à sa connaissance les opportunités, l'agent emmènera signer chez le notaire les acheteurs primoaccédants, qui n'ont pas encore de notaire.

Et donc vous, même si vous avez déjà signé trois appartements avec ce notaire là, vous n'allez pas avoir le même poids. Donc, contrairement à ce qu'on entend parfois, je ne connais pas grand monde qui a fait des choses intéressantes en off market en passant par cette piste-là. Mais ça ne vous coûte rien de le tenter au cas où...

Les interlocuteurs qui interviennent avant une vente.

Ensuite, le deuxième type d'interlocuteurs à prendre en compte, ce sont tous ceux qui interviennent avant une vente.

Il y a potentiellement les artisans qui peuvent intervenir avant une vente. Parfois, les gens veulent redonner un coup de jeune à leur bien avant de le vendre, faire passer un coup de peinture pour qu'il présente mieux sur les photos, etc.

Or, des artisans, vous en avez forcément dans vos relations...

Vous en avez peut-être parce que vous en avez fait travailler régulièrement si vous êtes déjà investisseur. Vous pouvez alors leur promettre de leur confier les travaux sans chercher à négocier leur devis s'ils vous amènent un bien. C'est du gagnant-gagnant, comme dans beaucoup de choses dans l'investissement et dans l'entrepreneuriat.

Mais même si vous n'avez jamais investi, des artisans on en connait tous. Nos parents en ont fait travailler, etc. Ou vous en avez fait travailler, ici ou ailleurs. Vous en côtoyez dans une association ou un club, etc.

Exemple vécu 2nde édition :

J'ai rencontré un investisseur dans l'un des clubs associatifs que je fréquente.

Celui-ci m'a expliqué qu'il jouait au foot avec un diagnostiqueur et qu'il avait sourcé certains de ces biens en off-market grâce à ce dernier.

En effet, celui qui effectue des diagnostics immobiliers (énergétique, plomb, amiante, loi Carrez, etc.), qu'il travaille pour une agence ou un particulier, intervient normalement en amont d'une vente et de la publication d'une annonce. Pour être au courant de ce qui se vend avant les autres, il est donc très bien placé.

Tous les autres.

Les autres personnes qui vont vous permettre de sourcer des biens off-market, même si c'est à première vue contre-intuitif, ce sont en fait des personnes qui ne sont pas dans l'immobilier.

Faites savoir autour de vous que vous êtes un investisseur immobilier !

Souvent, sauf dans certains milieux professionnels où l'on a coutume d'aimer se vanter, les gens ne le font pas par crainte de passer pour un méchant capitaliste. Comprenez que vous n'êtes pas obligé de dire que vous possédez 15 appartements. J'ai moi-même des amis de toutes classes sociales et toutes opinions politiques : ils savent que je suis investisseur immobilier, car avec ma notoriété il est difficile de le cacher, mais peuvent penser que je le suis à un degré moindre que dans la réalité.

En fait, faire savoir à vos relations que vous êtes investisseur immobilier vous sera utile. Quand ils entendront parler de ventes, vous serez informé.

Vous vous doutez que quand je vais par exemple à un apéro ou une petite sauterie, avec une quinzaine de personnes, je coupe rarement à la question « conseils sur l'immobilier ». Mais j'ai aussi eu connaissance de ventes qui se faisaient ou allaient se faire pendant ces discussions-là.

Vous aussi, vous pouvez devenir le référent de l'investissement immobilier parmi vos amis, et apprendre ainsi certaines choses. Vous pouvez donner quelques conseils, parfois à certains qui ont un appartement dont ils ont hérité ou qu'ils ont acheté mais gèrent à l'ancienne. Des gens pour qui ce n'est pas trop leur truc d'investir dans l'immobilier. Quand ils entendront parler de quelque chose à vendre par la suite, ils vont potentiellement vous le dire. C'est du travail de long terme, mais ça finit par payer au bout d'un moment. Et ce sera une source intéressante de off market immobilier.

Exemple vécu 2ⁿᵈᵉ édition :

Je vais vous illustrer cela avec un achat que j'ai effectué début 2020.

J'avais une amie qui était locataire dans un immeuble que j'aimais bien. L'immeuble était assez récent et était ce que l'on appelle une fin de défiscalisation : un immeuble qui avait dix ans environ, avec pas mal d'intentions de vente des propriétaires actuels, ceux-ci ayant acheté en Vefa au départ, sous le régime d'un ancêtre de la loi Pinel. Ils arrivaient en fin de période de défiscalisation et de location obligatoire.

Un jour, cette amie a reçu une lettre de son propriétaire lui expliquant qu'il était vendeur de son appartement. Il l'informait qu'il allait y avoir des visites. Il n'avait pas cependant pas mis fin au contrat de bail, et ce n'était donc pas un congé pour vente. Nous étions au milieu du bail, donc il vendait avec locataire en place.

Mais ceci dit, cette amie ne connaissait pas forcément les lois immobilières. Elle craignait que son appartement soit vendu et qu'elle soit mise dehors, que ce soit quelqu'un qui l'achète pour l'occuper, ou qu'elle ait à quitter l'appartement soit maintenant ou en fin de bail.

Elle m'en a parlé pour me dire que ça l'embêtait, et que je lui explique ce qu'il risquait de se passer ou non, que ce soit maintenant ou en fin de bail.

Et je lui ai dit : « *Écoute, on ne sait pas encore s'il l'a mis en agence ou pas, mais tu peux lui dire que tu connais quelqu'un qui investit dans l'immobilier ici et lui donner mes coordonnées. On discute ensemble et puis on voit si on a un truc à faire ensemble. Si je devenais ton nouveau propriétaire, tu serais plus rassurée, non ?* »

Et quelques jours après, son propriétaire m'a téléphoné et expliqué qu'il était intéressé pour vendre en direct.

Je lui ai dit : « Ecoutez, il faut qu'on se mette d'accord sur le prix. Mais, il y en a déjà d'autres qui se sont vendus dans la résidence récemment. Et puis, on pourra partager entre nous deux le gain sur frais d'agence que vous payeriez si vous le mettiez en vente avec une agence ».

Alors, il était à distance, comme souvent pour les appartements achetés en défiscalisation. J'étais à 600 bornes de chez lui, et on s'est mis d'accord.

Et, j'ai eu un prix assez intéressant. Certes, il a fait des simulations sur *meilleursagents*. Mais j'étais sur place et pas lui, j'en savais donc plus que lui : par exemple, cette résidence est un peu le meilleur bâtiment de la rue.

Donc au final, cela m'a permis d'obtenir un bien off market avant qu'il ne soit en annonce, et à un prix très intéressant !

Et cela, juste parce que j'ai des relations qui savent que je suis investisseur immobilier…

Dans le même esprit, il y a quelque chose que l'on peut penser inutile mais qui a fonctionné une fois pour moi. Quand vous avez identifié un immeuble qui vous intéresse, surtout quand c'est une fin de défiscalisation et que, vous savez donc que les appartements vont s'y revendre en masse, vous pouvez mettre des petits papiers dans les boîtes aux lettres. Vous pouvez jouer un peu sur la peur en disant « *si votre propriétaire vous informe, moi, je suis intéressé pour racheter. Mais ne vous inquiétez pas, ce n'est pas mon intention de reprendre l'appartement. Je continuerai à vous le louer etc. Sans chercher à augmenter le loyer* ». Bref, vous mettez quelques arguments pour donner envie à l'occupant actuel de vous rappeler si une intention de vente venait à pointer à l'horizon. Certains mettent aussi

« *petite récompense, si vous m'informez et qu'après cela se concrétise* »,
c'est à vous de voir l'approche que vous souhaitez adopter et avec quoi
vous êtes à l'aise ou non. Mais sachez que ce sont des choses qui se font.

Les AG de copropriété et le Off market immobilier.

Une autre grosse source potentielle d'apport de biens immobiliers off-
market, ce sont les AG de copropriété.

Je dirais même qu'en configuration non-covid, quand elles ont lieu en
présence physique, il faut y aller chaque fois que vous pouvez vous rendre
disponible. Je sais, les tirades des Michus y sont parfois usantes…

Mais si vous seriez prêt à acheter un second appartement dans une
copropriété où vous en avez déjà un, c'est très intéressant. Surtout si vous
êtes jeune, et que vous êtes dans les derniers à avoir acheté. Des petits
papys et mamies qui vous disent « *Moi, ça m'embête. Je n'ai plus le temps
de m'en occuper, etc. Il me faut du cash* », vous en trouverez. Et c'est donc
un endroit où vous trouvez des biens off-market. A fortiori dans les petites
copropriétés où ces investisseurs locatifs à l'ancienne ont l'habitude de se
rendre : ils sont à la retraite, cela les occupe et leur fait une sortie.

C'était un peu plus difficile pendant la période covid parce que lorsque
certains syndics faisaient l'effort d'organiser les AG a minima en
visioconférence, d'autres en ont profité pour utiliser les dérogations que les
pouvoirs publics leur avaient accordées et généraliser les AG avec vote par
correspondance sans débats.

Mais, même là-dessus, ils font des erreurs. Je vais vous donner un
exemple. : j'ai reçu plusieurs fois pour plusieurs AG de copropriété des
convocations où la liste des copropriétaires, au lieu d'être mise en copie
cachée, était complètement affichée… En termes de protection des
données, c'est une faute professionnelle. Votre mail n'est pas censé être
connu de tout le monde, et de tous les autres copropriétaires.

Mais à partir du moment où ils font une erreur, cela vous permet si l'envie
vous en prend d'écrire à cette liste email. Après tout, elle vous a été
communiquée. Vous adressez alors un mail, à la liste en copie cachée, pour
dire quelque chose comme : "*voilà, je suis un investisseur. Si vous êtes
vendeur de votre bien dans cet immeuble, ça m'intéresse*". Ce sont des

choses qui peuvent s'envisager et j'ai envie de dire que vous soyez copropriétaire… Ou non… Vous avez peut-être un ami ou un parent investisseur qui a reçu ce genre de message adressé à une liste entière de copropriétaires.

La technique off market immobilière que vous inventez.

J'ai donné quelques exemples de techniques, de lieux ou d'interlocuteurs pour trouver des biens off-market, avant leur parution en annonces. Mais en fait, le meilleur moyen de sourcer des biens off market, ça va être celui que vous inventez vous-mêmes.

Un exemple comme celui de l'erreur de liste email non envoyée en copie cachée, on ne vous l'aurait pas enseignée au préalable dans un livre ou une formation. Finalement, quand vous arriverez à trouver des petites failles comme celles-ci, tout en restant dans une certaine éthique qu'il sera à vous de vous fixer, c'est là où vous mettrez toutes les chances de votre côté.

Parce que non seulement vous n'allez pas être dans les recherches par annonces, où toute la concurrence est présente. Mais de surcroît, vous n'appliquerez pas non plus une technique de recherche off market que d'autres sont également en train d'appliquer en même temps que vous.

Trouve-t-on encore des biens par les annonces ?

Malgré mon long laïus sur le off-market, on peut encore trouver des biens en consultant les annonces, en contexte de marché tendu. Je l'ai constaté même dans la période 2020-2021.

J'ai identifié trois cas pendant cette période de marché tendu où des biens intéressants et rentables peuvent être sourcés via les annonces :

- En étant particulièrement réactif, et en insistant pour visiter en premier (et idéalement en étant le seul visiteur dans le créneau retenu). Il est clair que dans ce cas une annonce ne serait-ce que de la veille est souvent déjà périmée. Cela nécessite de mettre en place des alertes automatisées ciblées, ou de passer beaucoup de temps sur les sites d'annonces.
- Les annonces mal conçues, incomplètes, qui sous-valorisent le bien ou comportent une erreur. Celles-ci ont le temps de rester en

ligne sans attirer outre mesure les intentions de visite, bien que l'appartement vendu soit digne d'intérêt. Parmi les exemples que j'ai pu rencontrer : une erreur dans le texte de l'annonce qui citait un quartier peu côté alors que j'identifiais à la photo une résidence que je connaissais et qui était située dans un quartier côté (sûrement un copie-collé trop rapide), ou encore une photo mal prise qui donnait le sentiment d'un rez-de-chaussée encaissé sous un talus et très sombre, alors que sur place il était très agréable.

- Le « on-market en période off ». Ce que j'appelle ainsi, ce sont les annonces publiées dans les périodes creuses, pendant l'été notamment quand certains de vos concurrents investisseurs bronzent sur les plages. Ou entre Noël et le jour de l'an par les quelques agents immobiliers qui ne sont alors pas en congés, et par les particuliers qui profitent de leurs vacances pour passer l'annonce d'un bien immobilier qu'ils ont à vendre.

Exemple vécu 2nde édition :

Pour conclure, ce long complément de seconde édition sur la façon de trouver des biens, je vais vous lister comment j'ai sourcé les biens que j'ai achetés sur les années 2019 à 2021. Investissements effectués donc dans un contexte de marché plus tendu que ceux achetés avant la rédaction de la première édition.

- 1 bien acheté via une connaissance effectuée dans une A.G de copropriété.

- 1 bien acheté off-market grâce à un contact hors immobilier (l'exemple citée avant de mon amie locataire dont le propriétaire était vendeur).

- 2 biens achetés via agent immobilier en off-market, mais avec des agents avec qui je n'avais pas de relation précédemment établie.

- 3 biens achetés via annonces : un bien dans une période off (deuxième quinzaine de juillet), un bien dont l'annonce était mal conçue, et un bien où j'ai réussi à être le plus réactif et à me caler sur les rares disponibilités de l'agent.

Donc vous voyez que cela nous donne environ 60% de off-market et 40% de sourcing via annonces.

En notant que mon passé d'investisseur déjà multi-propriétaire n'a vraiment pleinement joué que pour celui sourcé dans une AG de copropriété.

Les autres auraient donc pu être imités par un primo-investisseur rôdé aux bonnes techniques ou ayant les bonnes astuces en tête.

Évitez ce qui est trop populaire.

L'une de mes citations préférées de Warren Buffett est « *Vous ne pouvez pas acheter ce qui est populaire.* »

J'ai trouvé l'immobilier locatif un peu trop populaire ces derniers temps Toutefois, y renoncer m'aurait privé de l'utilisation de ma capacité d'endettement et d'un effet de levier qui contribue à mon enrichissement.

J'ai donc effectué un compromis en évitant ce qui était trop populaire au sein de l'immobilier, comme en témoigne l'exemple vécu ci-dessous.

Exemple vécu 2nde édition :

Avant la période Covid, plus de 80% de mes biens locatifs disposaient d'un extérieur : balcon, terrasse ou jardin. À l'époque où je les ai achetés, et dans leurs quartiers, les gens n'y accordaient pas une si grande importance, surtout pour des biens destinés à la location, alors que de mon côté je voyais cela comme un vrai « plus ».

Depuis la période post-Covid, un extérieur est très recherché. Souvenirs douloureux de confinements passés en appartement aidant, des acheteurs sont prêts à surpayer sensiblement un bien ayant un extérieur par rapport à un bien équivalent n'en possédant pas, y compris parfois quand ils destinent ce bien à la location. Devinez ? Tous les biens que j'ai achetés en 2021 n'ont aucun extérieur. Attention, cela reste des biens de qualité, avec cachet, et avec un emplacement intéressant. Mais j'ai renoncé à l'extérieur : trop populaire actuellement, j'estimais désormais payer ce « plus » trop cher. Faire ce que les autres ne font pas (ou font moins) est donc également une piste pour trouver des biens à un prix un peu moins élevé, sur lesquels les acheteurs se ruent un peu moins, et donc accessibles plus facilement ou légèrement plus rentables.

Fin Complément 2nde édition

Chapitre **D.2**

La visite et la décision

Vient désormais le moment de visiter les biens, puis de décider si vous allez ou non faire une offre.

La visite

Le jour de la visite, vous aurez beaucoup de choses importantes auxquelles il faudra prêter attention. C'est la raison pour laquelle il vous faudra un minimum d'organisation et d'anticipation.

Dans un premier temps, si vous avez connaissance du quartier du bien que vous allez visiter avant la date de la visite en elle-même (par exemple, on vous a donné rendez-vous dans une rue précise dans 2 jours), je vous conseille d'en profiter pour aller dans la mesure du possible en repérage préalable. Ainsi, le jour de la visite, vous aurez déjà pu effectuer l'analyse de l'environnement. Repérez la fréquentation du quartier, les commerces environnants et si ceux-ci sont nuisibles (bars de nuits) ou apportent un plus (supérette à proximité pour les logements étudiants, boulangerie). Vous en tirerez un double bénéfice :

- Cela vous fera toujours ça de moins à penser lorsque vous visiterez l'appartement et pourrez vous concentrer sur les caractéristiques propres de celui-ci.
- Si l'affaire est intéressante, il faudra potentiellement être capable d'aller vite, et dès la découverte de l'intérieur de l'appartement vous serez en mesure d'avoir une première idée de si vous souhaitez ou non donner suite.

Viendra ensuite la visite du bien en elle-même. Vous devez visiter en ayant en tête absolument :

- D'une part, les **sources d'optimisation et de rendement entrepreneurial**. Regardez si le bien est sous-exploité, si l'on peut modifier les cloisons, quels murs sont porteurs, etc. Par contre, gardez vos bonnes idées mentalement pour vous. Il ne faudrait pas que le vendeur les souffle à l'un de vos concurrents ou qu'il utilise ce potentiel comme contre-argument de négociation. Notez également si le bien a un **élément différenciant**, par exemple un jardin ou une terrasse en centre-ville alors que vous savez que ceux-ci sont particulièrement rares.
- D'autre part, les **défauts**, et les classer mentalement **en deux catégories** :
  o Ceux qui peuvent être **réglés facilement** ou par une adaptation raisonnable de l'appartement. Il est même parfois préférable qu'un appartement ait ce type de défauts, car soit ils se traduisent sur le prix affiché, soit vous pouvez les utiliser comme argument de négociation.
  o Ceux qui ne peuvent être changés facilement, et qui sont donc **potentiellement rédhibitoires**.

Quel défaut peut être rédhibitoire ? Pour ma part, au-delà de ceux qui se voient au premier coup d'œil (bien trop mal foutu et difficilement transformable), je classe en premier lieu **l'absence de luminosité**. Ajouter des fenêtres pour régler ce problème, je considère que ça devient quelque chose de trop compliqué, particulièrement en copropriété. Et d'expérience, quand un candidat locataire visite l'un de mes appartements, la luminosité est un critère auquel il fait particulièrement attention et un argument qui fait mouche pour le convaincre de choisir ce bien plutôt qu'un autre.

Choisir comme si c'était pour sa résidence principale ? Oui et non…

Certains vous expliqueront que les critères de sélection/validation lors de la visite d'un bien à destination d'investissement locatif sont de nature totalement différente que pour ceux en vigueur pour une résidence principale. Je les rejoins sur un point : vous ne cherchez pas un véritable coup de cœur. Néanmoins, sans aller jusqu'à faire le marchand de sommeil, proposer à la location un bien trop bas de gamme est à mon sens risqué. Ainsi, quand je visite un bien à destination d'investissement locatif, j'aime bien m'autoposer la question suivante :

Est-ce qu'à un moment de ma vie (étudiant, jeune célibataire débutant dans la vie professionnelle, etc.), j'aurais apprécié vivre dans cet appartement ?

Sachant que pour répondre à cette question, je me projette dans la situation après réalisation des travaux d'amélioration que je compte effectuer. Dans mon cas, je trouve ce filtre efficace et jusque-là il m'a permis de n'investir que dans des biens qui se louent assez facilement.

Il faut en effet ne pas oublier que la population s'embourgeoise au fil des années. Votre investissement étant sur 20 ans, peut-être qu'un appartement dans le bas de la fourchette en termes de confort se loue aujourd'hui dans votre zone, mais que les exigences auront évolué dans 20 ans.

Exemple vécu n°11 : Je suis toujours surpris du nombre d'étudiants qui me sollicitent pour la location d'un grand T2. Il y a certes parmi eux des couples d'étudiants, mais aussi nombre d'étudiants célibataires avec papa/maman en soutien financier. J'ai pourtant fait des études où je côtoyais des gens venus de milieux aisés, mais lors de mes études il y a près de 20 ans, 100 % de mes camarades logeaient dans un studio. Les étudiants aisés s'embourgeoiseraient-ils ?

Comment éviter les pièges et vices cachés ?

Il faut ensuite éviter les pièges lors de la visite, c'est-à-dire les choses que vous regretterez a posteriori de ne pas avoir remarquées. Le premier conseil essentiel que je peux vous donner est toujours d'apporter un papier avec vous lors de la visite sur lequel figurera **votre check-list** des choses à examiner. Ainsi, même pris par l'émotion de la découverte (si le bien vous paraît intéressant), vous aurez un raisonnement systématique et n'oublierez de prêter attention à rien.

Le second conseil est de jeter un œil à ce qui ne se voit pas immédiatement : il est parfois instructif de regarder derrière les trappes des pièces d'eau, ou de voir l'aspect qu'ont les murs derrière les gaines techniques. N'hésitez donc pas à soulever et examiner de près.

Un exemple de check-list non exhaustive pourrait être :

- Environnement du bien. Quartier : nuisances, population, atouts (commerces, universités, etc.), facilité ou non de stationnement, proximité des transports en commun.
- Informations générales sur l'immeuble : année de construction, nombre de lots dans la copropriété, syndic bénévole ou professionnel, raccordé à la fibre ou non.
- Qualité structurelle de l'immeuble : toiture, état des communs, état de la façade, etc. À examiner d'encore plus près si achat d'un immeuble de rapport, car vous supporteriez seul 100% des dépenses provenant d'un désordre structurel.
- Demande de documents :
    o PV des dernières AG de copropriété.
    o Décompte des charges annuelles.
    o Copie du Bail en cours si le bien est vendu loué.
    o Montant de la taxe foncière.
- Hauteur sous plafond (est-elle bien suffisante ?), planéité du sol.
- Insonorisation de l'appartement (par rapport à la rue et aux autres appartements dans l'immeuble)
- Isolation, fenêtres à simple ou double vitrage.
- Y-a-t-il des traces d'humidité ? Présence d'une VMC ?
- L'appartement est-il lumineux ? Orientation défavorable (Nord) ou favorable (Sud- Ouest) ? Simple orientation ou appartement traversant ?
- L'appartement donne-t-il sur rue ou sur cour ? Qu'en est-il de la ou des pièce(s) de nuit ?
- Type de chauffage ? Si gaz, ancienneté de la chaudière ?
- La place perdue par rapport à la surface annoncée est-elle importante (couloirs, dégagements). Si oui, est-ce rattrapable en abattant des cloisons et reconfigurant ?
- W.C isolés ou dans la salle de bains ?
- Liste des menus travaux à envisager pour donner un coup de neuf :

- o Électricité aux normes ou nécessité d'ajouter un disjoncteur différentiel 30 mA ?
- o Salle de bains moderne (Meuble sous Vasque) ou à adapter ? État de la robinetterie ?
- o État des sols. À refaire ? État des murs. À repeindre ?
- Trouvez-vous, grâce aux caractéristiques propres de l'appartement, des sources de rendement entrepreneurial en imaginant une reconfiguration de l'appartement ou une exploitation différente ?
- L'appartement a-t-il un élément différenciant (jardin privatif sur cour, etc.) ?
- Y-a-t-il des bonus ? Cave, parking, etc.
- Questions spécifiques au type de bien visité ou à vos intentions, par exemple :
  - o Immeuble de rapport : l'immeuble est-il bien divisé au niveau du cadastre ? Y-a-t-il un compteur d'eau et d'électricité par appartement ?
  - o Appartement que vous envisagez de diviser : les évacuations sont-elles au centre de la pièce ?

Exemple vécu n°12 : lors d'une visite d'un T1 un jour de méforme (rhume), et alors que j'avais pourtant déjà un peu d'expérience, penser à sortir la check-list de ma poche au dernier moment m'a sauvé. L'affaire paraissait belle en termes de prix, l'agent immobilier était pressant et me flattait avec des phrases du type « le jeune acheteur de la visite précédente le veut, mais si vous le voulez aussi, je vous donne la priorité car vous me paraissez plus crédible». Je n'avais pas remarqué sur le coup que l'appartement avait une hauteur sous plafond de seulement 2 mètres, soit quelque chose qu'on peut ne pas remarquer quand on n'est pas très grand et en petite forme lors d'une visite rapide, mais qui deviendrait vite oppressant si on devait y vivre. C'est la check-list qui m'a rappelé qu'il fallait éviter le piège de ne raisonner qu'en m^2 et d'oublier de porter aussi attention aux m^3.

Repérez l'élément différenciant.

Ce que j'aime bien garder en tête lorsque j'effectue une visite, c'est la recherche de l'élément différenciant, celui qui pourra différencier l'appartement de ceux que proposeront ensuite à la location mes concurrents bailleurs. Un jardin au calme en centre-ville peut par exemple être un havre de paix qui sera particulièrement recherché. Une vue sur cour avec double vitrage dans un centre-ville bruyant, une terrasse, un stationnement, ou encore un studio étudiant beaucoup plus grand que la moyenne, sont d'autres exemples d'éléments différenciant. Le tout est que cet élément ne soit pas proposé dans l'offre moyenne concurrente, et ait donc ensuite une relative valeur aux yeux des futurs candidats locataires.

Une dernière source d'informations juste après la visite : les locataires de l'immeuble.

Une fois que vous avez quitté le vendeur ou l'agent immobilier qui vous a présenté le bien, une astuce que je recommande est d'essayer de parler à quelques occupants de l'immeuble. De deux choses l'une :

- Soit, vous avez une personnalité plutôt extravertie, et ça ne vous posera pas de problème particulier de sonner à deux ou trois portes.
- Soit, vous êtes plus introverti, et vous pouvez alors attendre d'en croiser un dans les couloirs ou dans le hall. Cela monopolise plus de temps, mais c'est plus facile d'accès.

Vous en connaîtrez ainsi un peu plus sur les éventuels problèmes de l'immeuble, que ce soit des travaux récurrents sur la structure n'arrivant pas à être résolus, un problème donné, ou un voisin bruyant ou « cas social agressif » qui pourrait faire fuir vos futurs locataires. Ces petits dialogues sont toujours constructifs, et peuvent aussi bien vous conforter dans votre conviction d'acheter que vous faire prendre conscience avant qu'il ne soit trop tard d'un voyant rouge que vous aviez jusque-là loupé.

La décision : poser les calculs.

Reste ensuite l'ultime étape, celle consistant à poser les calculs. Vous devez calculer votre rendement, et surtout votre cash-flow, en intégrant les sources de rendement entrepreneurial que vous avez prévues : travaux, optimisation du régime fiscal de location (cf. chapitre D.4 & D.5).

Vous devez par ailleurs prendre des hypothèses réalistes en termes de loyers reçus, de vacance locative, ou de travaux d'entretien annuels récurrents. Vous affinerez d'ailleurs certaines de ces hypothèses en fonction du type de bien : ainsi, on prend en général une vacance locative plus importante pour un T1 (exemple : 1 mois par an) que pour une maison (exemple : 1 mois tous les 3 ans).

Ces calculs étant plus complexes qu'ils n'y paraissent, je vous conseille d'utiliser un outil de calcul automatique qui vous calculera les données année par année sur la durée de votre investissement. Celui dont je présente quelques captures d'écran en exemple ci-dessous a deux versions, l'une gratuite, et l'autre payante plus complexe (mais à un coût raisonnable – surtout vu le montant en jeu au final sur votre investissement immobilier – ce coût étant de moins d'une dizaine d'euros par mois et sans engagement de durée. Or vous n'avez en général besoin que d'un mois d'abonnement pour faire vos calculs).

Rapport d'investissement locatif immobilier

Résumé

Achat d'un appartement de 25m2 , financé par un emprunt sur 20 ans, au prix FAI de 36 500€ à Poitiers loué en direct 270€ par mois et vacant 1 mois tous les 1 an. Le bien est revendu au bout de 15 années au prix de 36 500€ net vendeur. Les revenus sont déclarés en LMNP réel.

Score Invest™   8/10

Indicateurs clefs

Investissement	41 543€	Rendement net*	Cash-flow*	TRI et VAN*
Emprunt	30 000€	5.24%	29€ /mois	8.32% / 9 753€
Mensualité	154.48€	(*) la 2ème année	(*) la 2ème année	(*) option revente à 15 ans

Enrichissement à terme

Revente dans 10 ans à 36 653€	vs. Assurance vie à 3% (10 ans)	Revente dans 15 ans à 36 500€	vs. Assurance vie à 3% (15 ans)
11 575€	3 850€	19 463€	6 283€

Rendement Net

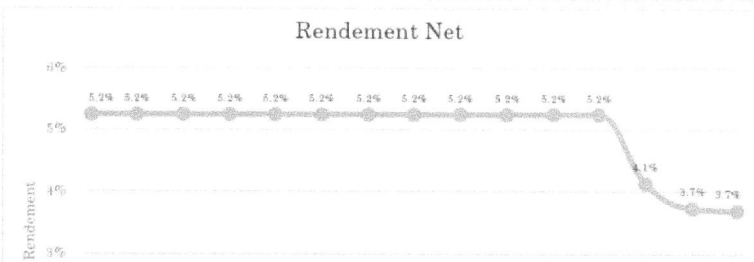

Détail du Cash-Flow courant

Cette étude permet d'évaluer le coût mensuel de l'investissement en prenant en compte les charges et impots courants uniquement (Cash-flow courant).
La 1ère carte vous donne le détail de ce que vous allez devoir payer "tout compris" par mois (charges, impôt, vacance, emprunt, etc.). Il s'agit du cash-flow courant en année 1 et 2.
La 2ème carte fait un zoom détaillé sur les charges en particulier en année 2.

Cash-flow en année 2

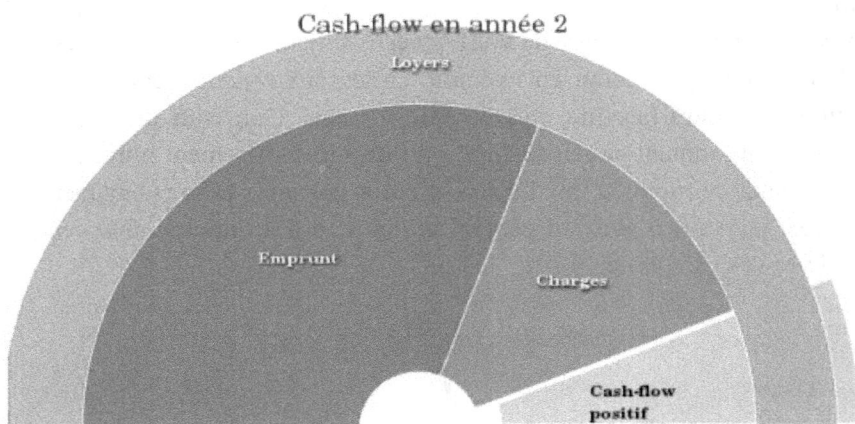

Cash flow mensuel courant* (1ère année)	2ème année
Loyer (avec correction de vacance) 247.5€	247.5€
Mensualité d'emprunt (sans assurance) -152.48€	-152.48€
Charges non-récup. courantes -66€	-66€
Impôt 0€	0€
Prél. sociaux 0€	0€
Total 29.02€	29.02€

(*) Il s'agit de ce que vous allez payer (ou gagner) ramené au mois. Lorsque le

Rendement avec vacances

7.15%

Vacance: 1 mois/ 1an

Ce taux reprend le taux brut mais cette fois la vacance locative est prise en compte. Les périodes sans locataire rongent votre rendement.

Rendement net de charges

Année 1 5.24%

Année 2 5.24%

Année 3 5.24%

Afin de calculer le rendement le plus proche de la réalité, il faut y inclure les impôts et les prélèvements sociaux. C'est l'objet du tableau détaillé donné ci-dessous.

Rendements net d'impôts (annualisés)

An	Loyers perçus	Intérêts d'emprunt (capital restant dû)	Charges Non-récup.	Amortiss.	Déficit/Bénéfice foncier C="Charges seuls" AC="Amortiss. et charges"	Revenus fonciers imposables	Prél. sociaux	Impôt BIC	Cash flow courant (complet scénario revente à 15 ans)	Rendement Impact revente: -0.84%
1	2 970€	-604€ (29 151€)	-4 635€	2 306€	C: -2 269€ AC: -4 574€	0€	0€	0€ +681€ (*)	348€ 1 029€(*) (-11 195€)	5.24% 6.88%(*)

2 306€ d'amortissements sont reportables sur les résultats futurs (s'ils sont positifs) sans limite de temps. -2 269€ des charges sont reportables sur les revenus fonciers de même nature (si positifs) pendant les 10 années qui suivent.
(*) dans le cas où le déficit peut être reporté sur d'autres revenus de location meublée imposables en BIC.

| 2 | 2 970€ | -578€ (27 883€) | -792€ | 2 306€ | C: 1 600€ AC: -706€ | 0€ | 0€ | 0€ | 348€ (348€) | 5.24% |

-706€ d'amortissements sont reportables sur les résultats futurs (s'ils sont positifs) sans limite de temps.

| 3 | 2 970€ | -552€ (26 589€) | -792€ | 2 306€ | C: 1 626€ AC: -680€ | 0€ | 0€ | 0€ | 348€ (348€) | 5.24% |

-680€ d'amortissements sont reportables sur les résultats futurs (s'ils sont positifs) sans limite de temps.

| 4 | 2 970€ | -526€ (25 268€) | -792€ | 2 306€ | C: 1 652€ AC: -654€ | 0€ | 0€ | 0€ | 348€ (348€) | 5.24% |

Vous pouvez trouver ce logiciel sous :

http://blog.mes-investissements.net/outils-utiles/

Sur un gros projet, se faire accompagner par un expert.

Sur le cas particulier d'un gros projet, il peut faire sens de vous faire accompagner par un expert qui saura mieux que vous déceler les éventuels désordres techniques de l'immeuble. De même, vous ne pouvez pas vous permettre de mal calibrer les travaux. Si vous dépensiez in fine beaucoup plus que prévu en travaux après achat, vous pourriez vous retrouver avec un rendement plus faible, digne d'un investissement à taux de sérénité beaucoup plus élevé, alors que votre projet est lui chronophage et nécessite un long suivi de coordination. Ceci impose donc d'avoir déjà fait établir des devis avant négociation.

Le compromis de vente : utilisez <u>votre</u> notaire.

Pour la signature du compromis, qui prévoie lui-même les modalités de signature de l'acte authentique, prévoyez toujours de faire intervenir votre propre notaire, et ne vous contentez pas de celui du vendeur. C'est la seule façon d'avoir la certitude que vos propres intérêts seront bien défendus de façon impartiale, et ce, sans ambiguïté. Le surcoût est en général nul. Idéalement, faites-le intervenir dès la signature du compromis (surcoût faible), car vous ne savez pas par exemple à quel point une agence qui rédigerait le compromis est accoquinée ou non avec le vendeur. Aussi, les agences rédigent souvent la clause suspensive d'obtention d'un crédit sans préciser de taux maximum, ce qui pourra vous complexifier la justification d'un refus de prêt. À noter que si vous achetez <u>en tant que particulier</u>, vous disposez légalement de 10 jours de délai de rétractation après signature du compromis pour l'achat d'un <u>logement</u> (attention, cela n'est pas le cas pour l'achat de murs de commerce, de bureau ou d'immeuble à usage mixte !). Même s'il ne faut pas prendre pour habitude de signer des compromis « en l'air » (quand un agent immobilier intervient, vous vous décrédibiliseriez sur votre marché…), si les choses se sont déroulées rapidement par nécessité (bonne affaire criante par exemple), profitez de ces 10 jours pour revérifier à tête reposée que vous n'aviez rien loupé dans la « course ».

Le mieux est de trouver un notaire de confiance qui saura s'engager auprès de vous en défendant vos intérêts sur la durée et qui vous accompagnera au gré de vos nouvelles opérations immobilières.

Chapitre **D.3**

Négocier la bonne affaire

Une chose qu'on entend souvent en immobilier, et qui une fois n'est pas coutume est empreinte de bon sens, est *qu'une bonne affaire se fait essentiellement à l'achat.*

Forcez votre psychologie.

Pour certaines personnes, négocier va être quelque chose de naturel. Mais, pour d'autres types de personnalité, c'est une étape redoutée, au point que certains vont même y renoncer.

Pour rompre ces barrières psychologiques, et vous convaincre de l'intérêt de forcer votre nature pour négocier, je vous conseille de raisonner en « équivalent salaire ». Si vous gagnez 2 000 €/mois, négocier 8 000 € sur le prix d'un bien immobilier représente 4 mois de salaire. Mieux, si vous épargnez 500 €/mois sur vos 2 000 € de salaire, dites-vous qu'un rabais de 8000 € négocié sur le prix d'un appartement représente près d'1 an et demi d'épargne !

Faire parler le vendeur.

En premier lieu, il est bon de poser quelques questions au vendeur ou à l'agent immobilier, notamment :

- Pourquoi vendez-vous ?

- Depuis combien de temps le bien est-il à vendre ?

- Avez-vous déjà eu beaucoup de visites (ou de propositions) ?

Celles-ci nous permettent de récupérer de l'information, et de nous faire une première idée du potentiel de négociation.

La première permet de savoir si la vente requiert un caractère d'urgence (divorce) ou si l'on est dans des conditions favorables (si c'est une succession à 4 héritiers, et que vous proposez 10 k€ de rabais, ce n'est finalement que 2500 € que chacun des héritiers devra consentir individuellement, et il y a donc plus de chances qu'ils « s'assoient » dessus facilement).

La seconde question permet de savoir s'il est probable que le vendeur fasse une plus-value importante ou non. Il y a de plus fortes chances qu'il soit en plus-value s'il a acheté il y a 20 ans que s'il a acheté il y a 2 ans. Et comme le Français moyen a du mal à accepter de revendre un bien immobilier à perte...

Enfin, la dernière question permet de se faire une idée de l'intensité de la concurrence, et surtout de savoir si des offres ont déjà été refusées par le vendeur, car jugées trop basses.

Les astuces de négociation.

1. Faites une offre limitée dans le temps.

En négociation, il est utile de laisser entendre que vous avez un plan B. Faites une offre valide seulement quelques jours, en laissant entendre que vous ne pouvez pas la laisser plus longtemps, car vous avez repéré un autre bien sur lequel vous envisagez de faire une proposition si celle-ci n'est pas acceptée.

2. Montrer que vous avez les moyens d'acheter et que votre offre est solide.

Montrez patte blanche au vendeur, faites-lui comprendre qu'avec vous il ne risque pas de se retrouver dans trois mois à devoir remettre son bien en vente faute de financement obtenu de son acheteur.

C'est là que la simulation de financement obtenue auprès de votre banque quand vous avez préparé votre stratégie va vous être utile. Plus fort, mais à ne pas mettre en toutes les mains : si vous avez les fonds liquides sur un support de placement, et que vous êtes convaincu à 99 % que vous obtiendrez votre crédit, faites-une offre sans clause suspensive d'obtention d'un crédit. Dans ce cas, pensez bien toutefois à imposer dans le compromis un délai de 3 mois pour conclure la vente par acte authentique afin d'avoir en pratique le temps de mettre en place un crédit.

Exemple vécu n°13 : J'ai moi-même utilisé cette dernière technique pour des petits investissements (T1 ou T2 dans une ville moyenne), et ai constaté que cet argument faisait souvent mouche, a fortiori dans les périodes où les banques resserrent leurs critères d'attribution des crédits.

3. Donnez des raisons pour aboutir à votre prix.

Essayez de donner l'impression que votre prix sort d'une logique. Dans le livre *Influence et Manipulation*, Robert Cialdani démontre que les gens acceptent plus facilement les choses si on leur donne une raison, mais que cette raison n'a pas besoin d'être bonne. Ainsi, au gré de plusieurs expériences en réel (ex : quelqu'un qui essaye de passer devant dans une file d'attente à un photocopieur), le simple ajout d'une formule comme « parce que j'ai besoin » augmente sensiblement le taux d'acceptation.

Pour adapter cela à la négociation immobilière, vous pouvez, entre autres :

- Utiliser un prix précis, 51 400 € par exemple.
- Justifier le rabais demandé par les travaux que vous aurez à effectuer, en énumérant ceux-ci. Exemple : « Je dois refaire le sol pour xxx € car il est vieilli et a des tâches, or j'ai constaté que les biens proposés à la location dans le quartier qui entreraient alors en concurrence avec ce bien sont quant à eux en bon état ».
- Expliquer que la situation ne correspond pas à votre idéal d'investissement habituel. Si le bien est loué, dire que ça vous empêche d'effectuer des travaux ou de le passer en meublé. S'il est vide, expliquez que d'habitude vous achetez des biens vendus déjà loués, etc.

4. N'abattez pas toutes vos cartes.

Si vous avez prévu de créer du rendement entrepreneurial avec le bien, ou si c'est le seul bien qui vous intéresse vraiment dans vos visites récentes, restez discret. Il ne faut pas vous trahir et que le vendeur ou l'agent vous sache trop intéressé, sinon cela se traduira dans leur contre-proposition où ils feront alors un effort limité.

5. Le dialogue avec un particulier

Quand vous négociez en direct avec un particulier, vous pouvez privilégier une négociation en face à face. Cela permet d'utiliser en sus deux astuces de négociation :

- Laissez le vendeur donner un 2nd prix en premier (plus bas que le prix de vente affiché). Cela fera un nouveau biais d'ancrage, à partir duquel vous négocierez. À partir de là, de deux choses l'une : ou bien vous restez ferme sur votre position, ou bien vous êtes prêt à couper la poire en deux, mais le niveau de cette moitié de poire sera alors plus bas que si vous aviez parlé en premier.

  Exemple : Le prix est de 80 000 €. Vous pensiez proposer 65 000 € puis étiez prêt à aller jusqu'à couper la poire en deux à 73 500 €. Vous laissez parler le vendeur en premier et il vous dit qu'à 76 000 €, il lâche son appartement. Si vous proposez 65 000 € à ce moment-là, couper la poire en deux aboutira alors à 70 500 €. Soit 3 000 € de gagné au final grâce au nouveau biais d'ancrage.

- Faites semblant de réfléchir et utilisez le silence. En effet, l'humain est conditionné pour mal supporter le silence dans un contexte de relations interpersonnelles. Parfois, c'est le vendeur qui fera alors l'erreur de combler ce silence en parlant trop, que ce soit pour confesser son empressement à vendre ou même parfois vous faire lui-même une première concession sur le prix avant que vous n'ayez eu le temps de la lui demander…

6. Le dialogue avec un agent immobilier

L'agent immobilier sert de tampon entre l'acheteur et le vendeur. Les astuces 1 à 4 restent utilisables, et l'agent immobilier pourra les retranscrire au vendeur. Par contre, l'agent immobilier parlera peut-être plus librement quand vous chercherez à en savoir plus sur le vendeur et ses intentions que l'aurait fait le vendeur lui-même. Par ailleurs, si le mandat de l'agent n'est pas exclusif et que le bien est en vente dans plusieurs agences, essayez d'intégrer une remise sur les frais d'agence à la négociation, en montrant que vous pouvez acheter vite et que vous êtes un acheteur solide. Si l'agent immobilier trouve en vous l'occasion d'encaisser une commission certaine, même rabotée, plutôt que de la voir filer à la concurrence, il deviendra votre allié dans la négociation.

7. Une autre façon de jouer le biais d'ancrage.

Nous avons vu au point n°5 que laisser le vendeur donner un second prix en premier pouvait créer un nouveau biais d'ancrage. Une autre façon qui fonctionne parfois pour **rompre le lien psychologique avec le prix initial de mise en vente** est de faire partir votre argumentaire de négociation de votre propre estimation argumentée. Plutôt que de demander un rabais sur le prix annoncé par le vendeur, vous montez un dossier sur les transactions de biens similaires (par exemple, en utilisant le service Patrim des impôts vu au chapitre C.2), et démontrez à partir de là que le « prix logique » du bien que vous convoitez est de x euros.

Par exemple, avec un prix du bien affiché de 75 k€, au lieu de dire *« il y a 5 000 € de travaux donc je vous propose 70 k€ »*, vous diriez *« Regardez, les biens similaires se sont vendus en moyenne à 67 k€ : j'ai ici 4 exemples récents de transactions. En plus, le vôtre nécessite 5 000 € de travaux, donc je vous propose 62 k€ ».* Dans le même genre, vous pouvez partir du rendement visé et du loyer envisageable sur votre investissement pour obtenir votre prix d'achat logique, déduire le montant des travaux nécessaires, puis finir votre démonstration en expliquant au vendeur qu'en tant qu'investisseur vous pouvez donc lui acheter son bien au maximum à x euros.

Demander un petit ou un gros rabais ?

En principe, je pense qu'il ne faut pas proposer tout de suite votre prix maximum.

Mais il faut bien comprendre que la situation dépend du contexte :

- Si l'affaire que vous avez identifiée relate d'une anomalie de marché plutôt que d'une idée d'optimisation de l'exploitation que vous avez eue, la loi sera souvent « premier arrivé, premier servi ». Dans ce cas-là, c'est avant tout la réactivité qui sera essentielle : il faut donc savoir ne pas être trop exigeant, sinon vous allez louper l'affaire. Il arrive parfois de trouver ce type d'opportunités sur les sites d'annonces, mais elles vont rester un ou deux jours, vous devez donc aller consulter ces sites très régulièrement pour les saisir. Sinon, ce sera le réseau que vous aurez progressivement construit qui vous les apportera.

- À l'inverse, certains investisseurs poussent le rendement entrepreneurial à l'extrême. Ils sont peut-être les seuls parmi les personnes ayant visité à avoir imaginé des travaux de reconfiguration aussi importants. Du coup, ils peuvent se retrouver à faire des offres sur des biens en vente depuis 12 mois dans lesquels les autres n'ont pas vu le potentiel. Ces investisseurs-là sont plutôt dans un esprit du type suivant : *sur 1 000 annonces, je vais visiter 100 biens, faire 10 offres, et une seule sera acceptée.* Là, c'est plutôt un fort rabais qui sera tenté en négociation.

Que faire si vous n'êtes vraiment pas à l'aise avec la négociation ?

Vous comprenez l'intérêt de la négociation, mais êtes timide et n'êtes vraiment pas à l'aise avec cela ? Vous avez peur de ne pas oser négocier quand le jour J arrivera ?

Mon conseil : entraînez-vous sur quelque chose d'accessible. Par exemple, allez à Conforama, et forcez-vous à essayer de négocier le prix d'un canapé. Mieux, utilisez à cette occasion les techniques exposées aux points n°1 à 7 ci-dessus qui pourraient s'appliquer à un tel cas.

Quand on a déjà fait quelque chose une première fois, c'est en effet toujours plus facile après. Le canapé sera votre examen de passage de négociateur. Vous saurez ainsi que vous pouvez y arriver, et vous aurez même une preuve réelle que cela fonctionne.

Votre future grosse négociation pour un bien immobilier devrait ainsi s'en trouver plus aisée.

Quand ne pas négocier ?

Il y a également des moments où il faudra savoir acheter au prix et ne pas négocier, sinon vous allez vous faire doubler par d'autres investisseurs et devoir renoncer à la bonne affaire trouvée.

Dans votre carrière d'investisseur immobilier, vous pourrez vous retrouvez dans ce cas-là notamment dans deux situations :

- Dans un contexte de marché tendu, quand les acheteurs se battent pour trouver des biens et que vous trouvez un bien à un prix correct. En particulier si vous visez des biens à petit budget (inférieur à 100 k€ en province) et que le rendement entrepreneurial envisagé ne va pas au-delà de travaux simples et peu nombreux de rafraichissement, puisque c'est là que la concurrence acheteuse est la plus dense.
- Dans un contexte plus général, quand un bien est affiché à un prix significativement inférieur à sa valeur.

Plutôt que de négocier, votre ambition sera alors d'être le premier ou la première sur le coup.

Et si vous y arrivez, de faire alors une proposition d'achat au prix en exposant au vendeur ou à l'agent le plus d'arguments possibles de votre solidité financière : simulation de possibilité de financement de la banque en main, achat sans condition suspensive liée à l'obtention d'un crédit si vous pouvez vous le permettre, etc.

Des agences pour vendre et d'autres pour acheter ?

J'ai observé pendant la période d'euphorie du marché en 2020-2021 qu'il y avait vraiment des agences « pour vendre » et d'autres « pour acheter » :

- Les premières ont une politique de séduction des vendeurs et se font un devoir de tenir leur prix, même si leurs estimations sont parfois un peu élevées. C'est ce que j'appellerais une « agence pour vendre ».
- D'autres agents ont plutôt le profil de commerciaux aux dents longues. Il faut que ça tourne, que la rotation des biens soit rapide, que les commissions rentrent. Et pour cela, ils vont accepter des négociations et tout faire pour les faire accepter au vendeur, même dans ce contexte tendu où le vendeur aurait probablement pu vendre au prix affiché en attendant un peu plus longtemps. C'est ce que j'ai tendance à appeler des « agences pour acheter ».

Charge à vous d'enfiler votre costume de « profiler » pour les identifier, et d'entrer en contact rapproché avec les représentants de la seconde catégorie pour trouver des biens intéressants et négociables.

Et, n'extrapolez pas à l'infini l'attitude d'une agence avec laquelle vous auriez été en contact, car les approches peuvent être assez hétéroclites d'une agence à l'autre.

Fin Complément 2nde édition

Chapitre **D.4**

Trouver les sources de rendement entrepreneurial

Chercher (et trouver) des sources de rendement entrepreneurial est l'une des parties les plus plaisantes de l'investissement immobilier locatif intelligent.

D'une part, cela fait travailler vos méninges et optimiser quelque chose (ce qui signifie ici gagner plus d'argent) par la seule force des idées imaginées par son cerveau est toujours quelque chose de gratifiant.

D'autre part, c'est cela qui va vous créer plus d'opportunités d'investissement intéressantes que si vous vous contentiez de chercher à acheter à un prix inférieur au prix de marché : comme peu d'investisseurs font l'effort de chercher de bonnes idées pour dégager du rendement entrepreneurial, la concurrence sera moindre sur un bien dont vous seul avez décelé le potentiel. Nous allons donc voir ensemble plusieurs façons de générer ce rendement entrepreneurial.

Améliorez le bien en faisant des travaux.

Une façon de créer du rendement entrepreneurial est d'effectuer des travaux dans le bien que vous achetez. Quand je dis « effectuer des travaux », vous n'êtes pas obligé de les faire vous-même. Si vous n'êtes pas plus bricoleur que cela, rassurez-vous : on peut créer du rendement entrepreneurial en déléguant ces travaux à des artisans soigneusement choisis. Vous devrez établir avec ceux-ci une relation de confiance, car le facteur humain est essentiel en immobilier : vous saurez de votre côté que le travail sera bien effectué et dans les délais avec ceux-ci, ils sauront du leur que vous êtes un client « clean », qui ne crée pas de complications inutiles et paye en temps voulu. Le réseau d'artisans créé pour ces travaux initiaux pourra aussi être réutilisé plus tard pour les réparations locatives.

En fait, à mon sens, plus vos revenus salariés sont faibles, plus vous aurez intérêt à effectuer les travaux vous-même plutôt qu'à les déléguer et inversement. Avec des revenus faibles, toute économie sur le budget contribue à rendre votre projet d'investissement possible. Avec un revenu élevé, votre taux horaire sera sûrement mieux employé ailleurs qu'à faire des travaux, et si vous avez un emploi chronophage il faut conserver du temps pour recharger vos batteries plutôt que de l'employer à effectuer les travaux (sauf si le bricolage est une véritable passion bien sûr). D'autant que votre taux marginal d'imposition étant plus élevé, le surcoût de déléguer à un artisan vous reviendra en pratique *en net* à un montant plus faible qu'à quelqu'un ayant des revenus plus faibles.

En améliorant le bien avec des petits travaux, vous créez en effet un double effet de levier :

- Vous obtiendrez un rabais plus important lors de la négociation à l'achat. Les gens sont en effet en majorité paresseux : ils évitent les soucis et préfèrent ne pas s'ennuyer avec des travaux à effectuer. Ainsi, si un bien remis à neuf vaut 80 k€, le même bien qui nécessite 10 k€ de travaux pour être remis à neuf, se vendra sensiblement moins de 70 k€, peut-être 62 k€ par exemple.
- Vous pourrez déduire vos travaux de vos revenus[30]. Dans le cas d'un investisseur au taux marginal d'imposition de 30 %, et qui a déjà d'autres revenus fonciers excédant ce montant, et dans l'hypothèse d'une location en nu, ces travaux lui reviendront en fait, grâce à l'imputation du déficit foncier à :
$$Coût\ net\ réel\ de\ revient\ des\ travaux =$$
$$10\,000 \times (1-(30\% + 17.2\%)) = 5280\ €.[31]$$

---

[30] Si nous sommes en régime de location nu, et les déficits fonciers sont déduits des revenus fonciers puis des revenus salariés dans la limite de 10 700 €. Si nous sommes en meublé LMNP et les travaux viennent s'imputer sur les revenus BIC.
[31] Les 17.2 % correspondent aux prélèvements sociaux, car on a considéré dans l'exemple qu'on venait s'imputer sur des revenus fonciers déjà préexistants. S'il

Au total, il aura donc gagné en effectuant ces travaux, par rapport à l'achat d'un bien où ces travaux de remise en état auraient déjà été préalablement effectués :

$$Gain\ entrepreneurial\ total = 80\,000 - (62\,000 + 5\,280)$$
$$= 12\,720\ €$$

Ainsi, il est intéressant d'acheter des biens où plusieurs petits travaux simples sont à effectuer :

- Réfection des peintures.
- Remplacement du sol en mettant quelque chose de moderne (imitation parquet en plaques de PVC)
- Remplacement d'un lavabo à l'ancienne par un meuble sous vasques pour moderniser la salle de bains, etc.

Ajoutez un élément distinctif d'équipement au temps de retour imbattable.

Dans le même genre de petits travaux, j'aime bien ajouter des équipements de confort, qui me permettront d'augmenter le loyer. L'astuce que je vous donne ici est de raisonner en **temps de retour sur investissement.** Ainsi, si un équipement vous coûte 300 €, et qu'il vous permet d'augmenter le loyer de 10 €/mois (pas simplement parce que vous le pensez, mais, car les locataires sont réellement prêts à louer le bien 10 € plus cher pour ce service supplémentaire), votre temps de retour sera de 300 / 10 = 30 mois soit 2 ans 1/2. Et mon expérience m'a montré que certains éléments bien particuliers avaient un taux de retour inférieur à 2 ans. À un temps de retour aussi réduit, il n'y a pas d'hésitation à avoir !

Exemple vécu n°14 :

Dans ma région, j'ai constaté qu'ajouter une cuisine équipée (meubles, four, hotte, plaques...) dans un T2 permettait de louer 50 € plus cher.

---

n'y en avait pas eu préalablement, seul le taux marginal d'imposition aurait été gagné sur les travaux.

$$Temps\ de\ retour = \frac{Prix\ cuisine}{50} \cong \frac{1000}{50} = 20\ mois$$

Exemple vécu n°15 :

Encore plus fort, j'ai constaté que l'ajout d'un lave-linge dans un meublé permettait de le louer 30 € plus cher.

$$Temps\ de\ retour = \frac{Prix\ lave-linge}{30} \cong \frac{270}{30}$$
$$= 9\ mois,\ soit\ moins\ d'un\ an\ !$$

À des temps de retour aussi intéressants[32], il ne faut pas hésiter à investir dans ces équipements pour moderniser votre bien.

Exemple vécu n°16 : En ajoutant la cuisine équipée dans un T2, j'ai pu constater une différence dans la physionomie des visites entre avant et après la pose. Non seulement j'avais plus de candidats locataires malgré un loyer supérieur de 50 € après la pose, mais ces candidats étaient également de meilleure « qualité ».

Ainsi, comme dans toute entreprise, en proposant des **services supplémentaires** à votre locataire, qui apportent une vraie valeur ajoutée, vous arriverez à dégager des revenus supplémentaires.

Plus généralement, tout ce qui contribue à augmenter le loyer, crée du rendement entrepreneurial.

Plus généralement, le rendement entrepreneurial est constitué par tout ce qui vous permet d'améliorer votre cash-flow. Or, pour cela il n'y a pas 36 solutions : soit vous augmentez vos revenus, soit vous diminuez vos charges.

En sus des éléments distinctifs au temps de retour imbattable évoqués ci-dessus, parfois le seul fait de passer de location nue en location meublée vous permettra d'augmenter le loyer. C'est donc à prendre en

---

[32] Vérifiez quand même qu'ils sont du même ordre de grandeur sur votre propre marché.

considération. Bien sûr, il faudra dans ce cas comptabiliser le prix des meubles comme investissement initial supplémentaire : prenez du moderne (ne recyclez pas les meubles de mémé !) type *Ikea, Alinéa, ou Conforama* et du solide (évitez la table laquée qui se raye). Comptez environ 3 000 € pour meubler un T2 avec cuisine équipée (*Brico Dépôt* a un bon rapport qualité prix pour celle-ci), en profitant des promotions et autres soldes.

Changez la configuration du bien.

Le niveau un poil plus lourd de rendement entrepreneurial est de changer la configuration du bien. En général, il s'agit là d'exploiter un potentiel de reconfiguration que vous avez identifié lors de la visite. Idéalement, un potentiel que les autres candidats acquéreurs visitant l'appartement n'ont quant à eux pas vu, ce qui vous permettra de négocier.

Nous avons déjà mentionné au paragraphe D.1 l'exemple du studio trop grand auquel on ajoute une chambre en créant une cloison, ou l'achat de mètres carrés gratuits (aménagement d'une dépendance) ou de mètres cubes gratuits (création d'une mezzanine). Une autre situation que l'on rencontre également est celle où abattre une cloison change tout. Par exemple, un appartement ne se vend pas, car son séjour est jugé trop exigu et peu lumineux (1 seule fenêtre orientée nord-ouest). Mais il a une cuisine attenante, avec une autre fenêtre orientée sud-ouest, et le mur entre les deux n'est pas porteur. Dans un tel cas, abattre la cloison changera complètement la configuration de l'appartement, et celui-ci deviendra à nouveau désirable.

Personnellement, moi qui suis peu bricoleur, j'aime bien trouver des sources de rendement entrepreneurial dans un changement de configuration du bien, car on fait ici plutôt appel à des qualités comme la créativité pour imaginer ce qu'on peut changer ou optimiser.

Opération à gros rendement entrepreneurial et gros effort.

Enfin, si vous visez des rendements très élevés, c'est-à-dire où l'on est très nettement entré dans le terrain des 2 chiffres, vous pourrez vous orienter vers des opérations à gros rendement entrepreneurial, mais à coût d'effort élevé. On peut citer par exemple :

- L'achat d'un immeuble de rapport à rénover entièrement, et où les travaux pèseraient par exemple plus que le prix d'achat du foncier.
- La division d'un grand appartement, par exemple d'un T4 en deux T2. Parmi les spécificités à observer dans ce cas, il y a notamment l'emplacement des évacuations : la division sera d'autant plus aisée que celles-ci sont en position centrale. En outre, et entre autres spécificités, vous devrez aussi vérifier que le règlement de copropriété autorise la division.

Une précaution toutefois : je serais de ceux qui auraient tendance à vous conseiller de néanmoins rester sage, et de ne pas aller sur ce terrain-là si c'est votre première opération immobilière. Pour une première opération, il vaut mieux à mon sens se faire la main sur plus petit et moins compliqué. En effet, si ces opérations sont souvent très rentables, elles ne sont pas dénuées de risques, et coûtent cher en temps et en efforts.

Pour ces gros travaux, si vous choisissez de déléguer plutôt que d'opérer vous-même une sélection d'artisans, il est intéressant de confier votre opération à un maître d'œuvre. Le coût est en général raisonnable, et il sera habitué à gérer les problématiques inhérentes à ce type de grosse rénovation. En outre, il dispose d'une liste d'artisans tout corps de métier en qui il a confiance et avec qui il est habitué de travailler. Vous déléguez, mais vous devrez néanmoins contrôler :

- D'une part, définir avec le maître d'œuvre ce sur quoi il aura liberté de décision et ce qu'il devra valider avec vous.
- D'autre part, un peu comme vous le feriez pour la construction d'une résidence principale, vous devrez définir des jalons où vous viendrez contrôler et réceptionner des lots de travaux.

Enfin, pour ces grosses opérations, imposez toujours une date limite avec des clauses de pénalités de retard dans les contrats avec vos prestataires. Tout retard dans les travaux peut en effet vous entraîner des galères en retardant le moment où vous percevrez vos premiers loyers.

Optimisez l'exploitation

Des moyens d'augmenter le rendement existent en effectuant une exploitation spécifique, notamment la location saisonnière et la colocation. Cette stratégie a un avantage : elle permet en général d'augmenter votre rendement locatif de façon significative. Elle a deux inconvénients. Le premier est qu'elles sont en général chronophages, mais il est possible de détourner cet inconvénient en trouvant des moyens de déléguer la gestion (ménage, remise des clés, etc.). Le 2nd inconvénient est plus problématique. Il trouve sa source dans le fait que ces styles d'exploitation particuliers, de niche, sont soumis aux aléas de la réglementation. Ainsi, alors qu'il y a encore quelques années, vous étiez libre de faire quasiment[33] ce que vous vouliez, aujourd'hui :

- Les villes font de plus en plus la chasse aux logements AirBNB. Pour les villes de plus de 200 000 habitants, il faut désormais demander une autorisation préalable pour faire du meublé de tourisme. À Paris, il faut avoir transformé un commerce en logement ou racheté sa « commercialité », etc.
- Sur la colocation, proposer un bail individuel par colocataire vous permet en général de louer le bien plus cher. Pour proposer un bail unique, la réglementation impose toutefois que le colocataire dispose de 9 m² d'espace totalement privatif avec une ouverture sur l'extérieur.

Mon conseil : si vous prévoyez d'exploiter le bien de cette façon-là, **ayez toujours un plan B**. En effet, il est possible que sur les 20 ans de durée de votre emprunt, la réglementation remette en cause le schéma que vous aviez envisagé initialement. En résumé, vérifiez par le calcul que le bien sera encore suffisamment rentable (malgré une baisse de rendement) avec une exploitation plus classique pour être un investissement digne d'intérêt.

Le Covid a récemment montré on ne peut mieux l'intérêt du plan B pour la location courte durée. Prenons l'autre exemple des biens exploités en colocation. Il n'est pas totalement impossible que les modes de vie changent d'ici une grosse dizaine d'années, ou que l'équilibre offre-demande vienne à être plus défavorable dans certaines. Raisonner avec un

---

[33] Il y avait toutefois la clause d'habitation bourgeoise dans certains règlements de copropriété qui posait question si vous commenciez à exploiter votre bien comme une chambre d'hôtel, avec changement de locataire toutes les nuits.

plan B, c'est par exemple avoir effectué des modifications de configuration relativement réversibles lors de votre aménagement du bien en colocation. Ou encore avoir vérifié qu'en plan B, vous pourriez aussi la louer par exemple à une famille avec trois enfants.

Notons enfin que pour une colocation, sur le papier, plus le nombre de colocataires est élevé, plus celle-ci est rentable. Néanmoins, dans la pratique, au-delà de 3 colocataires, elle devient plus compliquée à gérer. À partir de 4 colocataires, la probabilité que les relations se tendent entre ceux-ci, ou lors du remplacement d'un colocataire, augmente en effet exponentiellement. Comme conséquence négative pour le bailleur, le temps à consacrer à sa gestion et son turnover augmentent sensiblement, et son taux de sérénité est donc moins élevé.

L'optimisation de l'exploitation sur une partie de l'année seulement *:* Certaines villes se prêtent assez bien à une optimisation de l'exploitation seulement en période estivale, ce qui est moins contraignant. Par exemple, à La Rochelle, beaucoup de bailleurs louent en bail étudiant meublé 9 mois sur l'année scolaire, et en meublé de tourisme sur juillet et août.

Optimisez la fiscalité de l'exploitation

Enfin, le dernier point de source de rendement entrepreneurial est l'optimisation de la fiscalité. On parle bien ici d'optimisation de la fiscalité dans l'ancien et non des systèmes de réduction d'impôts en investissement immobilier neuf type Pinel (et les noms des lois qui lui succèderont). Si vous regardez autour de vous, vous remarquerez que la plupart des bailleurs à l'ancienne ne se préoccupent pas de ce point, et se contentent de louer leurs biens immobiliers en bail classique de location nue, loi 1989. Or, l'optimisation fiscale dans l'ancien est une étape indispensable pour qui veut se donner une chance d'atteindre ce sacro-saint cash-flow positif.

Et, il ne faut pas oublier que c'est avant la mise en location que vous devez avoir anticipé cette optimisation de la fiscalité de la location. En effet, vous comprendrez qu'il est essentiel de savoir **avant** de poster votre annonce de mise en location si vous allez louer votre bien en nu... ou en meublé. Après il sera trop tard ! Nous allons traiter l'optimisation de la fiscalité de l'exploitation dans un chapitre séparé, ci-après, car c'est une étape obligatoire pour qui veut se prétendre être un investisseur immobilier locatif <u>intelligent</u>.

Chapitre **D.5**

Optimiser la fiscalité de l'exploitation

Avertissement préalable : J'ai longtemps hésité avant de décider si je devais traiter cette question de l'optimisation de la fiscalité de l'exploitation dans un chapitre à part du livre, ou dans une annexe. Mon envie d'écrire un livre aux préceptes relativement intemporels se heurtait ici à la fiscalité, ô combien changeante, de notre beau pays, la France !

J'ai finalement pris le parti de décrire les leviers d'optimisation fiscale à la lumière des lois françaises en vigueur à fin 2017[34] (puis à fin 2021 dans la présente 2ᵉ édition, et rechecké fin 2025 pour la MAJ 2026) afin que vous ayez des exemples concrets de fonctionnement en illustrant l'intérêt. Notez bien toutefois que si vous lisez ces lignes quelque temps après, il faudra vous renseigner sur les lois en vigueur au moment de votre investissement, car si un chapitre du livre peut se « périmer » plus vite que les autres, c'est bien celui-là… De plus, n'oubliez pas d'intégrer à vos simulations la gestion des risques présentée au chapitre B.3 : ici, cela consistera à calculer un stress-scénario sur la base d'une location classique à l'année, au cas où les possibilités d'optimisations fiscales présentées ci-après disparaitraient au cours des 20 prochaines années (disparition du régime LMNP, convention Anah non renouvelable au-delà de sa durée initiale, etc.).

Néanmoins, ces lois fiscales se suivent changent de nom, mais se ressemblent souvent en plusieurs points. Par exemple, la loi Cosse qui a succédé à la loi Borloo changeait les plafonds de loyers et les taux de réduction. Quant au dispositif Loc'Avantages applicable aujourd'hui, il transforme l'ex-abattement sur les loyers (déduction d'impôt) en une réduction d'impôt, et adapte les taux. Mais le principe général derrière ses lois reste le même, et les changements sont juste de nature paramétrique.

J'essayerai ainsi de me conformer au difficile exercice d'équilibriste consistant à vous distiller des informations qui restent justes, pertinentes, et suffisamment complètes, tout en conservant un discours qui ne se complexifie pas trop.

---

[34] On n'évoquera pas ici les lois d'incitation fiscale en immobilier neuf, mais en E1.

Leviers d'optimisation fiscale de l'exploitation en location nue.

Les leviers d'optimisation fiscale en location nue sont :

- Le déficit foncier
- La conventionnement Anah, avec le dispositif « Loc'Avantages »
- La combinaison du déficit foncier et de Loc'Avantages.

Le déficit foncier : principe

Le déficit foncier entre en jeu quand vous déclarez vos revenus locatifs en location nue au régime réel. En location nue, vous avez en fait le choix d'opter pour deux régimes :

- Le régime microfoncier. Vous déclarez vos loyers en revenus et appliquez un abattement de 30 % sur vos loyers, mais ne déduisez pas vos charges réelles. Ce régime n'est autorisé que si vous ne dépassez pas un certain plafond de revenus fonciers (15 000 € en 2026).
- Le régime réel. Vous déclarez vos loyers en revenus, et l'ensemble de vos charges réelles (intérêts d'emprunts hors remboursement du capital, taxe foncière, travaux déductibles[35] d'amélioration et d'entretien, assurances, frais de location, etc.) vient s'imputer sur le loyer. Si le résultat est positif, vous obtenez un bénéfice foncier déclarable. Si le résultat est négatif, c'est un déficit foncier.

Dans le cas qui nous intéresse, vous aurez investi par emprunt, et aurez créé au moins un soupçon de rendement entrepreneurial. Le régime du microfoncier aura donc en général peu d'intérêt.

Si vous générez un déficit foncier, il s'imputera d'abord sur vos revenus fonciers préexistants si vous en avez, puis sur votre revenu global (revenus salariés par exemple) l'année où les déficits sont générés dans la limite de 10 700 € maximum.

---

[35] Les travaux d'agrandissement par exemple ne sont pas déductibles. Voir la liste précise des charges déductibles sur le BOFIP (http://bofip.impots.gouv.fr/bofip/3943-PGP).

Impact d'un déficit foncier imputé sur le revenu global en fonction du taux marginal d'imposition (TMI)		
TMI	**Déficit foncier imputé sur le revenu global**	**Économie d'impôt réalisée**
0%	10 700 €	0 €
11%	10 700 €	1 177 €
30%	10 700 €	3 210 €
41%	10 700 €	4 387 €
45%	10 700 €	4 815 €

Si vous générez un bénéfice foncier en régime réel, vous payez dessus :

- Votre taux marginal d'imposition[36]. Créer des déficits fonciers est donc d'autant plus intéressant que votre taux marginal d'imposition est élevé.
- Les prélèvements sociaux. Créer des déficits fonciers est donc encore plus intéressant quand vous avez déjà des revenus fonciers, car vous gagnez en sus les prélèvements sociaux appliqués dessus.

Exemple de calcul de déficit foncier sur des petits travaux.

Vous n'avez pas de revenus fonciers préexistants.

Vous louez votre bien dès le 1er janvier à 450 € par mois.

Vous avez payé :

- 600 € de taxe foncière
- 1 600 € d'intérêts d'emprunts
- 200 € de frais divers (assurance emprunteur, assurance PNO[37] etc.)

En l'absence de travaux, vous avez :

$$Revenus\ fonciers = 450 \times 12 - (600 + 1\ 600 + 200) = 3\ 000\ €$$

---

[36] Le barème d'imposition étant progressif, ce qu'on appelle le taux marginal d'imposition (ou TMI) est le taux d'impôts que vous payez sur le dernier € gagné, c'est-à-dire sur des revenus que vous ajoutez à vos revenus actuels.

[37] Assurance Propriétaire Non Occupant.

Vous allez payer sur ces revenus fonciers votre taux marginal d'imposition et les prélèvements sociaux. En **prenant pour exemple un taux marginal d'imposition de 30%**, il vient :

$$Impôts\ sur\ les\ revenus\ fonciers = (30\% + 17.2\%) * 3\ 000_{38}$$
$$= 1\ 416\ €$$

Si maintenant vous effectuez pour 5000 € de travaux d'amélioration, vous aurez :

$$Revenus\ fonciers = 450 \times 12 - (600 + 1\ 600 + 200) - 5\ 000$$
$$= -2\ 000\ €$$

C'est-à-dire, comme c'est négatif, ce que l'on appelle un déficit foncier.

Vous ne paierez donc pas d'impôts sur les revenus fonciers.

Mais vous pouvez en sus imputer le déficit calculé[39] sur vos autres revenus (salariaux par exemple) dans la limite de 10 700 €.

Vous allez donc gagner sur cette 2nde partie votre taux marginal d'imposition.

$$Gain\ lié\ à\ l'imputation\ du\ déficit\ foncier = 30\% \times 2\ 000 = 600\ €$$

Vous avez donc avec vos 5 000 € de travaux économisé 1 416 € d'impôts fonciers et réduit votre imposition sur le revenu hors revenus fonciers de 600 €.

$$Gain\ fiscal\ total = 1\ 416 + 600 = 2\ 016\ €$$

---

[38] 17.2 % taux de prélèvements sociaux en vigueur en 2025.

[39] En pratique, les intérêts d'emprunt ne s'imputent que sur les revenus fonciers contrairement aux autres charges. Il faudrait donc en toute rigueur vérifier que intérêts d'emprunts < Revenus fonciers pour passer à cette étape. Mais c'était bien le cas ici.

Vous avez donc ajouté 5 000 € de « valeur » dans votre patrimoine avec ces travaux, mais ceux-ci ne vous sont en fait revenus en pratique qu'à un coût de 5 000 – 2 016 = 2 984 € nets.

C'est l'intérêt du déficit foncier. Cela vous fait un levier sur des travaux identifiés d'amélioration, d'entretien ou de réparation, qui génèrent par ailleurs du rendement entrepreneurial.

Exemple de calcul de déficit foncier sur de gros travaux et avec des revenus fonciers préexistants

Vous avez régulièrement chaque année 3000 € de bénéfices fonciers.

Votre taux marginal d'imposition est de 30 %.

Vous générez 25 000 € de déficit foncier en année n, grâce à l'achat d'un nouveau bien nécessitant de gros travaux. Vous n'encaissez pas encore de revenus en année n sur le nouveau bien.

- L'année n, vous allez gommer votre bénéfice foncier (gain fiscal 3 000 * (30 % + 17.2 %) = 1 416 €). Puis déduire 10 700 € de vos autres revenus. En supposant que ceux-ci sont intégralement dans la tranche à 30 %, votre gain fiscal calculé est de 10 700 * 30 % = 3 210 €. On peut déjà constater deux choses à ce niveau-là : d'une part, le **déficit utilisé en face des revenus fonciers rapporte fiscalement plus grâce aux prélèvements sociaux évités**. D'autre part, cette année-là, vous aurez une importante réduction d'impôts par rapport à vos habitudes : 3 210 + 1 416 = 4 626 €.

- L'année n+1, il vous reste 25 000 – 3 000 – 10 700 = 11 300 € de **déficit foncier** à reporter. Vous les utilisez pour gommer vos 3 000 € de **revenus fonciers**. Mais vous ne pouvez pas cette fois-ci les utiliser en abattant vos autres revenus, vous devrez les utiliser uniquement sur vos revenus fonciers et pourrez les reporter pour les 10 années suivantes. L'erreur que font beaucoup de gens qui se lancent dans une grosse opération de déficit foncier (type plusieurs dizaines de milliers d'euros) est de penser qu'ils pourront grâce au report reproduire à l'identique la situation de l'année n, effaçant ainsi leur impôt sur 3 ou 4 ans de suite jusqu'à épuisement du stock de déficits. Comme expliqué ci-dessus, la réalité est moins simple que ça, et vous n'aurez bien en année n° 2 que les 1 416 € d'impôts en moins grâce à vos déficits fonciers[40]… Il vous restera néanmoins 11 300 − 3 000 = 8 300 € de déficit à imputer sur vos revenus fonciers, et uniquement sur ceux-ci, des années n+2 à n+10.

À noter également que vous **devez attendre 3 ans[41] après le dernier déficit imputé pour changer de régime sous peine de voir vos déficits réintégrés rétroactivement** à vos revenus et subir un rappel d'impôts.

Comment gagner plus en louant moins cher avec le conventionnement Anah Loc'Avantages !

Le principe des conventionnent Anah (Agence Nationale de l'Habitat) est de proposer des avantages fiscaux aux propriétaires de biens en location en échange de la pratique d'un loyer inférieur au marché pour les locataires.

Les noms des lois associées se sont succédés : Borloo ancien, puis Cosse ancien/Louer abordable jusqu'à début 2022 et désormais **Loc'Avantages** depuis mars 2022. Le principe général reste le même, seuls les paramètres d'application évoluent d'une loi à l'autre.

But du dispositif Loc'Avantages : inciter les propriétaires à mettre leur logement en location à un niveau abordable. Trois niveaux de loyer ont été définis : Loc1, Loc2, et Loc3. En théorie, la décote par rapport au loyer de marché est de : 15% en Loc1, 30% en Loc2, et 45% en Loc3.

Bien sûr, il est difficile d'appliquer des moyennes sans effets de bord. Ainsi, sans la réalité terrain, la véritable décote à subir sera plus ou moins contraignante d'une ville à l'autre. Il y aura donc des villes où le conventionnement sera plus avantageux que dans d'autres.

---

[40] En réalité, vous pourriez avoir de nouveaux revenus fonciers grâce aux loyers générés par votre nouvelle acquisition qui épongeraient un peu plus vite vos déficits, mais je l'ai volontairement omis ci-dessus pour ne pas complexifier et masquer le cœur de la démonstration.

[41] Article 156-I-3 du CGI. Si cette contrainte n'est pas respectée, un rétrocalcul sera effectué et vous aurez une régularisation des impôts.

Quelle déduction fiscale pour le dispositif Loc'Avantages ?

Niveau de Loyer	Taux de réduction d'impôt sans intermédiation locative	Taux de réduction d'impôt en intermédiation locative
Loc 1	15 %	20 %
Loc 2	35 %	40 %
Loc 3	Pas possible	65 %

Les réductions d'impôt dont peut bénéficier le propriétaire figurent dans le tableau ci-dessus. Par exemple, en cas de location en direct en Loc2, le propriétaire bénéficiera d'une réduction d'impôt à hauteur de 35% des loyers hors charges encaissés pour son bien loué sous conventionnement.

Attention, ces réductions d'impôts entrent dans le plafonnement des niches fiscales. Il est à noter également que cet avantage fiscal est cumulable avec d'autres aides ou primes de l'Agence Nationale de l'habitat (Anah), par exemple en cas de travaux de rénovation.

L'intermédiation locative : de la théorie à la réalité.

Si le propriétaire choisit de louer son bien dans le cadre de l'intermédiation locative (par exemple <u>Solibail</u> en Île-de-France), c'est-à-dire de confier son bien à un tiers (une agence immobilière à vocation sociale ou un organisme agréé), en location ou en mandat de gestion, en vue d'une sous location ou location à des ménages en précarité, la réduction fiscale est plus avantageuse : 20 % en Loc1, 40 % en Loc2, et 65 % en Loc3. En Loc3, la location en direct n'est pas possible, et il faut passer par l'intermédiation.

Le discours de l'administration sur l'intermédiation locative est le suivant : *Cette démarche est avantageuse pour le propriétaire à plusieurs titres, car elle garantit le paiement du loyer conventionné et l'association gestionnaire prend en charge toutes les démarches administratives (recherche du locataire, paiement des loyers, charges et entretien du bien).*

Dans la réalité pratique, je ne cautionne pas ce discours, et vous déconseillerais pour ma part de recourir à l'intermédiation locative.

Exemple vécu n° 17 :

J'ai pu à l'occasion discuter avec un collègue investisseur immobilier sur mon blog qui avait déjà goûté à l'intermédiation locative. Voici en résumé son retour d'expérience : tout parait beau sur le papier (les loyers sont garantis par l'association, et les locataires trouvés et gérés par celle-ci). Dans la pratique, une association peut faire faillite ou être dissoute au bout de quelques années, et c'est plus courant qu'on ne le croit : vous vous retrouvez alors directement en face de votre locataire que l'association aura placé dans votre appartement[42] : or ce locataire est souvent insolvable voire ingérable (dégradation, plainte des voisins, copropriété sur le dos, etc.) et la plupart du temps inexpulsable.

Ainsi, il me semble plus sage de profiter du dispositif Loc'Avantages sans avoir recours à l'intermédiation locative.

Quels sont les types de logements éligibles au conventionnement Anah ?

Le dispositif **Loc'Avantages** s'applique pour des logements récents ou anciens, non meublés, avec ou sans travaux, affectés à l'habitation principale du locataire. La location ne peut pas être conclue avec un membre du foyer fiscal, un ascendant ou un descendant du contribuable ou une personne occupant déjà le logement, sauf à l'occasion du renouvellement du bail.

Loc'Avantages : quelles sont les conditions pour le propriétaire ?

- **Signer une convention avec l'Agence nationale de l'habitat (Anah)** pour 6 ans. Le logement doit être loué pendant toute la durée de la convention.

Le conventionnement n'est donc pas adapté si vous voulez pouvoir revendre sans contraintes avant cet horizon de 6 ans. À noter que si vous prévoyez des travaux de rénovation, l'Anah peut éventuellement vous en subventionner.

---

[42] Nous ne sommes pas là pour faire du politiquement correct : appelons un chat un chat, ce sera souvent un migrant ou un cas social, etc.

Exemple vécu n°18 :

Autant il est relativement aisé de signer une convention sans travaux, autant si vous partez sur un financement de travaux, vous verrez que la lourdeur de l'Administration n'est pas une légende avant d'obtenir votre aide. Pour cette raison, je ne pratique pour ma part que le conventionnement sans chercher à obtenir des subventions Anah pour travaux. Mais les aides peuvent valoir le coup si vous pouvez en bénéficier : renseignez-vous et avisez en fonction…

De même, d'un département à l'autre, j'ai pu constater que :

      - Vous pouviez vous retrouvez en face de salariés de l'Anah départementale pragmatiques et réactifs.

      - Ou à l'inverse de salariés qui élèvent le niveau de caricature de l'administration à la scène culte des 12 travaux d'Astérix !

Selon que vous vous trouvez dans un département du bon ou mauvais côté de la barrière (j'ai expérimenté les 2), cela change un peu la vie… Mais pas de quoi renoncer néanmoins à profiter du dispositif Loc'Avantages si votre bien s'y prête !

- **Ne pas dépasser le plafond loyer** applicable au bien / à la ville.

Le plafond de loyer sera plus ou moins bas selon le niveau choisi : le loyer plafond sera ainsi plus élevé en Loc1 qu'en Loc2 pour une ville donnée. Les plafonds sont calculés sur la base d'un plafond au m² de surface, sachant que :

- La moitié de la surface des annexes (cave, cellier, balcon) est ajoutée à la surface Carrez de l'appartement, dans la limite de 8 m².
- Un coefficient de 0.7+ 19/S est appliqué au plafond standard au m² donné pour une ville dans un niveau (Loc1, Loc2), etc. Sachant que ce coefficient correcteur est plafonné à 1,2.

$$Plafond\ de\ loyer\ bien\ en\ Loc1$$
$$= Plafond\ ville\ Loc1\ au\ m^2 \times S_{fiscale} \times C$$

$$S_{fiscale} = S_{Carrez} + Min\ (50\% \times S_{Annexes}\ ;8)\ \text{Et} : C = 0,7 + \frac{19}{S_{fiscale}}$$

Cela peut paraître assez technique au premier abord, et vous pourrez par la suite vous contenter d'utiliser le simulateur de l'Anah qui donne le plafond de loyer applicable pour telle surface à une adresse donnée[43]. Néanmoins, il est important d'avoir conscience des dessous du calcul de ce plafond, car cela vous aidera à déterminer les types de biens qui seront les plus adaptés à un conventionnement Loc'Avantages. Par exemple :

-   Un appartement de moins de 38 m² sera moins adapté car il sera pénalisé par le plafonnement du coefficient correcteur (0.7+19/38=1,2).
-   Un bien qui possède un grand balcon et/ou un cellier ou une cave sera avantagé car il augmente sensiblement le plafond de loyer à surface Carrez équivalente.
-   À nombre de pièces identiques, un appartement au-dessus de la surface moyenne sera avantagé, car même si le coefficient correcteur amortit un peu les choses, dans la pratique le loyer de marché n'augmente pas totalement proportionnellement à la superficie alors que le plafond de loyer lui un peu plus[44].

Exemple : imaginons une situation crédible où le loyer de marché pour un T2 de 42 m² est de 440 € et celui pour un T2 de 55 m² de 500 €. Le loyer plafond pourrait alors être de 373 € pour le T2 de 42 m² et de 443 € pour le T2 de 55 mètres carrés[45]. Ce qui pour respecter le plafond obligerait le propriétaire du T2 de 42 m² à consentir une baisse de loyer de 15,5% et celui du T2 de 55 m² une baisse de seulement 11,5%par rapport aux prix de marché.

-   **Louer en tant que résidence principale**, à l'exception de sa famille.
-   **Louer à des personnes dont les <u>ressources sont inférieures aux plafonds fixés nationalement</u>** .

Les plafonds de ressources sont fonction de la zone (A, Abis, B1, B2, C) dans laquelle se trouve votre logement. Ces zones sont données par le ministère et utilisées dans d'autres lois (par exemple pour les prêts à taux zéro). Vous pouvez télécharger la liste sur le site du ministère ou les

---

[43] Actuellement à l'url : https://monprojet.anah.gouv.fr/pb/inscription/nouvelle

[44] C'était encore plus criant dans les lois de conventionnement précédentes comme les loi Cosse ou Borloo car il n'y avait alors pas de coefficient correcteur de 0.7+19/S. L'effet est moindre aujourd'hui mais existe encore marginalement.

[45] Calcul effectué en imaginant 7,7 €/m² de plafond générique pour la ville de l'exemple . 42*(0.7+19/42)*7,7 = 373 € et 55*(0.7+19/55)*7,7 = 443 €

trouver en tapant « zone A B1 B2 immobilier » dans votre moteur de recherche préféré.

Comme pour le plafond de loyer, ces plafonds de ressources sont moins contraignants en Loc1 qu'en Loc2, ce qui est en phase avec une réduction d'impôt plus généreuse en Loc2. Ils sont donnés pour une année de date de signature de bail, et sont révisés chaque année (en fonction de l'inflation, etc.). Ils doivent être respectés à date de signature du bail sur la base du revenu fiscal référence de l'année n-2 de votre locataire (peu importe si les revenus de ce dernier augmentent ensuite). Le 1er tableau ci-dessous donne à titre d'exemple les plafonds 2025 en Loc1 et le 2nd les plafonds en Loc2.

Composition du foyer locataire	Zone A bis	Zone A	Zone B1	Zone B2 / C
Plafonds Loc1				
Personne seule	39.363 €	39.363 €	32.084 €	28.876 €
Couple	58.831 €	58.831 €	42.846 €	38.560 €
Pers. seule ou couple ayant 1 pers. à charge	77.120 €	70.718 €	51.524 €	46.372 €
Pers. seule ou couple ayant 2 pers. à charge	92.076 €	84.708 €	62.202 €	55.982 €
Perso. seule ou couple ayant 3 pers. à charge	109.552 €	100.279 €	73.173 €	65.856 €

Plafonds ressources en Loc 2	Paris & communes limitrophes	Ile de France hors Paris & communes limitrophes	Autres régions
Personne seule	24 316 €	24 316 €	21 139 €
Couple	36 341 €	36 341 €	28 231 €
Couple avec 1 enfant à charge ou jeune couple*	47 639 €	43 684 €	33 949 €
Couple avec 2 enfants	56 878 €	52 236 €	40 985 €
Couple avec 3 enfants	67 672 €	61 944 €	48 214 €

Un jeune couple est un couple dont l'âge cumulé ne dépasse pas 55 ans.

- **Ne pas louer de logement considéré comme passoire thermique**, soit tout logement dont l'**étiquette** du diagnostic de performance énergétique est **F ou G**.

- Remettre le bien en location en cas de départ du locataire pendant la période couverte par la convention.

Attention : en plus des critères nationaux, des <u>critères locaux</u> ?

Je n'ai à ce jour encore rien vu de tel pour le dispositif Loc'Avantages car les dossiers doivent désormais être déposés directement sur le portail national de l'Anah plutôt qu'auprès de leurs services départementaux.

Toutefois, sachez que sur les dispositifs l'ayant précédé (Cosse), les agences départementales de l'Anah déclinaient parfois la politique au niveau départemental. Elles pouvaient exiger un **plafond de loyer plus sévère qu'au niveau national** ou un **DPE** plus sévère (ex : D). Ou décider d'exclure les zones C du département. Ou encore considérer que seules les conventions sociales Loc2 étaient possibles dans le département à l'exclusion des conventionnements intermédiaires Loc1. Elles avaient donc un champ assez libre pour décliner l'application de la loi Cosse au niveau local. **Il semble donc sage de vous renseigner préalablement auprès de votre Anah locale** avant d'envisager d'exploiter un investissement en conventionnement Loc'Avantages, **et de récupérer les éventuelles conditions applicables dans votre département.**

Comment l'investisseur en immobilier locatif intelligent peut-il exploiter le dispositif de conventionnement Loc'Avantages ?

Une fois exposés les tenants et aboutissants de cette loi, essayons de voir son intérêt à travers un exemple concret. Pour notre exemple de calcul, plaçons-nous en conventionnement Loc2 et en zone B2. Pour optimiser le Loc'Avantages, il ne faut pas que le plafond de loyer soit trop pénalisant par rapport au niveau de loyer médian du marché. On verra que si l'on a passé la barrière du prix au mètre carré, les conditions de ressources ne seront ensuite pas un obstacle.

Le plafond de loyer générique par m^2 en Loc2 dans cette ville de zone B2 est de 7 €/m^2. Pour ne pas trop dériver à la baisse par rapport au niveau de loyer médian du marché, il ne faut pas que le logement soit trop petit.

Prenons un cas assez idéal et nous y reviendrons après. Un T2 de 44 m2 en centre-ville, disposant en sus d'une cave de 8 m² et un parking. Dans la surface, vous pouvez comptabiliser 50 % de la surface des annexes dans la limite de 8 m². Notre T2 a donc une surface *au sens du dispositif Loc'Avantages* de 44 + 50 %*8 = 48 m².

Le loyer maximal hors charge est de 7*48*(0.7+19/48) = 368 €[46]. Un appartement équivalent se loue aux alentours de 470 € hors charges. Aïe, on est encore un peu loin. Oui, mais rappelez-vous, l'appartement a un parking, et rien ne vous interdit de le louer séparément si vous le louez à un prix cohérent avec le marché. Ici, un tel parking se loue sans problème 70 €/mois vu les problématiques de stationnement en centre-ville.

On arrive à 368 + 70 € = 438 € de loyer hors charge sous régime Loc'Avantages Loc2. On est encore légèrement en dessous du loyer du marché, mais beaucoup moins loin. Faisons l'hypothèse que vous avez sur ce bien 1 800 € de charges déductibles fiscalement par an (intérêts d'emprunt, taxe foncière, etc.), et un taux marginal d'imposition de 30 %.

Impôts payés sans dispositif Loc Avantages =

$$(30\% + 17.2\%) \times [470 \times 12 - 1\ 800] = 1\ 812\ €.$$

Cash-flow annuel sans dispositif Loc'Avantages :

- o + Loyers = 470*12 = 5 640 €
- o - Charges déductibles[47] = - 1 800 €
- o - Remboursement d'emprunt part capital = - 2 200 €
- o - Impôts & Prélèvements sociaux = - 1 812
- o **= Total, cash-flow annuel = - 172 €**

Impôts payés avec Loc Avantages =

$$(30\% + 17.2\%) \times [438 \times 12 - 1\ 800] - 35\% \times 368 \times 12 = 85\ €.$$

N.B : La réduction d'impôts Loc'Avantages ne s'applique pas sur le parking, car loué à part, c'est pourquoi elle n'est appliquée que sur 374 € de loyer.

---

[46] Je fais le calcul à la main ici dans un but d'illustration complète de l'exemple. En pratique, vous pourriez trouver directement le loyer plafond de votre bien en utilisant le simulateur de l'Anah (ou la plate-forme de dépôt de dossier).
[47] Intérêts d'emprunt, taxe foncière, assurance PNO etc.

Cash-flow annuel avec dispositif Loc'Avantages :

- o + Loyers = 438*12 = 5 256 €
- o - Charges déductibles[48] = - 1 800 €
- o - Remboursement d'emprunt part capital = - 2 200 €
- o - Impôts & Prélèvements sociaux = - 85 €
- o **= Total, cash-flow annuel = + 1 171 €**

En louant en Loc'Avantages, vous avez ici **loué moins cher tout en gagnant au final plus** [1171 - (- 172), soit 1 343 € de plus]. Mieux encore, vous êtes passé d'un cash-flow négatif à un cash-flow positif !

Les plafonds de revenus sont-ils une contrainte ?

Une fois que vous avez trouvé le bien qui dispose des caractéristiques pour que le conventionnement Loc'Avantages soit adapté, les plafonds de revenus ne sont en pratique pas une vraie contrainte :

- Vous louez votre bien à un prix compétitif, légèrement inférieur au prix de marché. Vous aurez donc en principe une demande suffisante, et aurez le choix entre suffisamment de candidats locataires rentrant dans les clous.
- Les plafonds de revenus ne sont pas si méchants que cela. De plus, vous pouvez utiliser quelques cas particuliers. Par exemple, le montant des ressources à prendre en considération étant égal à la somme des revenus fiscaux de référence de chaque personne composant le ménage au titre de l'année n-2, rien ne vous interdit de prendre comme locataire un jeune actif qui était entré en activité au 1er juillet de l'année n-2 et avait déclaré cette année-là la moitié de ses revenus actuels. Autre astuce, en Loc2, l'astérisque (que personne ne lit) précise qu'un jeune couple (somme des âges inférieure à 55 ans) est considéré pour le plafond de ressources au même niveau qu'un foyer de 3 personnes (couple avec 1 enfant).

La contrainte dimensionnante du dispositif Loc'Avantages est donc bien le plafond de loyer au mètre carré plutôt que le plafond de ressources, et pour l'utiliser il faudra un bien adapté, c'est-à-dire :

---

[48] Intérêts d'emprunt, taxe foncière, assurance PNO etc.

- Pas trop petit en superficie, éventuellement avec des annexes.
- Situé dans une zone où le plafond de loyer Loc'Avantages n'est pas trop éloigné (vers le bas) du loyer moyen du marché. Même si les décotes des loyers plafonnées par rapport au prix de marché devraient être similaires d'une ville à l'autre, sur le terrain ce n'est pas toujours le cas. Et il y a donc des villes qui se retrouvent beaucoup plus adaptées à une utilisation du dispositif que d'autres. Ainsi, dans mon cas, sur 2 villes pourtant de typologies très proches, je fais du Loc2 dans l'une, et du Loc1 dans la seconde où je considère les plafonds Loc2 trop pénalisants.

  Simulez sur le site de l'Anah dans les villes qui vous intéressent pour savoir à quoi vous en tenir dans votre zone de chalandise.

Les appartements de plus de 45 m^2 en zones B2 et dans les villes aux loyers au mètre carré les moins chers de la zone B1 sont souvent le cœur de cible d'une application réussie du dispositif Loc'Avantages La zone B1 rassemble en effet des villes aux profils très varié, de Bordeaux à Limoges par exemple.

Peut-on louer en conventionnement Anah à des étudiants rattachés au foyer fiscal de leurs parents ?

- Oui, c'est autorisé. Vous devez alors annexer au bail l'avis d'imposition des parents et l'étudiant doit vous fournir une attestation sur l'honneur stipulant qu'au sein de cet avis d'imposition ses ressources propres se moment à x €, x étant inférieur au plafond du dispositif Loc'Avantages.

Petit inconvénient en revanche, si vous détachez et louez un parking à part, sachez que la CAF calcule les aides sur la base du loyer de l'appartement hors parking. Je vous conseille donc de préciser dès le début que le parking fera l'objet d'un bail séparé, afin que l'on ne vous reproche pas ultérieurement d'éventuelles mauvaises surprises sur les aides au logement perçues.

La combinaison conventionnement Anah + déficit foncier

Là où cela devient très intéressant, c'est que le conventionnement Anah Loc'Avantages est compatible, et donc cumulable, avec les principes de déficit foncier évoqués plus haut.

Leviers d'optimisation fiscale de l'exploitation en location meublée (MAJ fiscalité 2026 après réforme 2025)

Quand vous louez en meublé, vous n'êtes plus dans le régime des revenus fonciers, mais dans celui des bénéfices industriels et commerciaux (BIC). C'est ce qu'on appelle le régime de **Loueur en Meublé Non Professionnel** ou **LMNP**.

En location meublée, vous avez en fait le choix d'opter pour 2 régimes :

- Le régime micro-BIC. Vous déclarez vos loyers en revenus et appliquez un abattement de 30% (meublé de tourisme) à 50 % (longue durée ou tourisme classé) sur vos loyers, mais ne déduisez pas vos charges réelles. Ce régime n'est autorisé que si vous ne dépassez pas un certain plafond de revenus.
- Le régime au réel simplifié. Vous déclarez vos loyers en revenus, et l'ensemble de vos charges réelles (intérêts d'emprunts hors remboursement du capital, taxe foncière, petits travaux d'amélioration et d'entretien, assurances, frais de location etc.) vient s'imputer sur le loyer. Vous déclarez également comme charge l'amortissement du bien[49], qui est une charge comptable non décaissée[50]. C'est dans cette charge non décaissée supplémentaire que réside l'intérêt fiscal de se placer en régime de location LMNP. En effet, c'est sur votre bénéfice industriel et commercial (BIC) calculé comme vos revenus desquels sont déduites vos charges que vous allez payer des impôts si le résultat est positif. Or, cette charge comptable supplémentaire d'amortissement aide bien à ce que ce résultat soit négatif…

Dans le cas qui nous intéresse, vous aurez investi par emprunt, et aurez créé au moins un soupçon de rendement entrepreneurial. Le régime du réel simplifié sera celui que vous aurez en général intérêt à choisir.

Rappelez-vous l'exemple que nous donnions en début de paragraphe sur les revenus fonciers :

---

[49] Ainsi que les « gros » travaux. Contrairement aux petits travaux déductibles qui sont passés en charges, les « gros » travaux sont en effet amortis. Les comptables considèrent en général un montant de facture de 500 € pour établir la frontière séparant ces deux types de travaux.

[50] Un peu comme cela se passerait pour une comptabilité d'entreprise.

Vous n'avez pas de revenus locatifs préexistants. Vous louez votre bien dès le 1ᵉʳ janvier à 450 € par mois. Vous avez payé :

- *600 € de taxe foncière*
- *1600 € d'intérêts d'emprunts*
- *200 € de frais divers (assurance emprunteur, assurance PNO[51] etc.)*

En l'absence de travaux, vous avez :

$$Revenus\ fonciers = 450 \times 12 - (600 + 1\ 600 + 200) = 3\ 000\ €$$

*Vous allez payer sur ces revenus fonciers votre taux marginal d'imposition et les prélèvements sociaux. En **prenant pour exemple un taux marginal d'imposition de 30%**, il vient :*

$$Impôts\ sur\ les\ revenus\ fonciers = (30\% + 17.2\%) * 3\ 000 = 1\ 416\ €\quad [52]$$

En soustrayant 2 200 € de part capital d'emprunt à rembourser, il vous restait en poche :

$$Cash - flow\ annuel\ = 3\ 000 - 1\ 416 - 2\ 200 = \ -616\ €$$

Imaginons maintenant que vous louiez ce bien dans les mêmes conditions, mais en régime meublé LMNP au réel simplifié.

Pour calculer vos revenus BIC, vous devez déduire en sus la charge d'amortissement de l'appartement. Imaginons que vous avez payé l'appartement 70 000 € : on n'amortit pas le terrain qui représente environ 10 % du prix, il y a donc 63 000 € à amortir. Faisons l'hypothèse d'un amortissement linéaire sur 30 ans (nous verrons après qu'en pratique les règles d'amortissement sont plus compliquées, mais prendre 90 % du prix du bien sur 30 ans en linéaire donne en général une bonne première approximation, et simplifiera la démonstration suivante), soit 63 000/30= 2 100 € d'amortissement chaque année

$$Revenus\ (BIC\ cette\ fois - ci)$$
$$= 450 \times 12 - (600 + 1\ 600 + 200) - 2\ 100 = 900\ €$$

---

[51] Assurance Propriétaire Non Occupant.
[52] 17.2 % taux de prélèvements sociaux en vigueur en 2025.

Les revenus BIC subissent, comme les revenus fonciers, votre taux marginal d'imposition ainsi que les prélèvements sociaux.

$$Imp\hat{o}ts\ sur\ les\ revenus\ BIC = (30\% + 17.2\%) * 900 = 424\ €$$

En soustrayant 2 200 € de part capital d'emprunt à rembourser, il vous reste cette fois en poche :

$$Cash - flow\ annuel\ = 3000 - 424 - 2\,200 = 374\ €^{[53]}$$

Vous générez donc un gain substantiel grâce à la fiscalité du meublé LMNP. Les 2 100 € d'amortissement sont en effet une charge comptable utilisée pour la fiscalité, mais ce n'est pas une charge que vous décaissez en plus par rapport à un régime de revenus fonciers en location nue.

Au-delà de cet exemple simple, mais qui illustre bien l'intérêt de la fiscalité LMNP puisque c'est elle qui permet ici de passer d'un cash-flow négatif à un cash-flow positif, d'autres éléments sont à prendre en compte.

<u>Éléments avantageux</u> pour le régime meublé LMNP (vs. location nue) :

- En sus de l'amortissement, les frais de notaires et les éventuels frais d'agence peuvent être passés en charge en meublé LMNP. Ainsi, le **revenu BIC taxable est souvent négatif pendant les premières années** après votre investissement, de sorte que vous ne **payez pas d'impôts pendant un grand nombre d'années.**
- Le bail meublé est plus souple qu'en location nue sur la durée. Vous pouvez faire un bail d'une durée d'un an renouvelable, ou de 9 mois pour un étudiant, contre 3 ans renouvelables en location nue.

<u>Éléments contraignants</u> pour le régime meublé LMNP par rapport à la location nue :

- Vous devez prendre un comptable, et payer ses honoraires.
- Vous serez redevable de la CFE (Cotisation Foncière des Entreprises).
- Vous devrez meubler, entretenir les meubles, et vous assurer que la demande locative pour des biens meublés existe bien dans votre zone.
- Avec des couts fixes comme la CFE et la fin du crédit d'impôt pour frais de comptabilité depuis 2025, il se crée un **effet d'échelle.** Viser

---

[53] On a en fait gagné le taux marginal + les prélèvements sociaux appliqués sur le montant de l'amortissement annuel. 374-(-616)=991=(30 % +17.2 %)*2100.

plusieurs lots plutôt qu'un seul dans un tel schéma est ainsi pertinent pour rentabiliser au mieux ces coûts fixes.

Zoom 2026 : Élément contraignant en sus depuis la réforme 2025, les amortissements passés en comptabilité LMNP sont réintégrés lors du calcul de la plus-value à la revente (c'est-à-dire déduits du prix d'achat pris en compte). C'est moins avantageux, mais pas pour autant disqualifiant pour le LMNP. Nous discuterons des stratégies et conséquences au chapitre F.1.

Même si les éléments contraignants sont plus nombreux dans la liste, **l'impact élevé des éléments avantageux** (possibilité d'amortissement comptable du bien, frais de notaire et agence passés en charges) compense largement, et rend le régime de location meublée LMNP attractif.

Une précision avant de fermer ce paragraphe sur la fiscalité de la location en meublé. L'**amortissement** n'est pas linéaire comme dans l'exemple simplificateur précédent, mais à effectuer **par composant**, comme l'indique le tableau.

Composants	Part des composants dans le prix	Durée de l'amortissement	Taux moyens constatés
Toiture	8 %	25 ans	4 %
Électricité	6 %	25 ans	4 %
Étanchéité	5 %	15 ans	6.67 %
Ascenseurs	2 %	15 ans	6.67 %
Aménagements intérieurs	15 %	12 ans	8.33 %
Aménagements extérieurs	9 %	14 ans	7 %
Gros Œuvre	55 %	55 à 80 ans	1.25 %

Comme l'amortissement par composant est celui à appliquer, et est en sus généralement plus avantageux que ne serait un amortissement linéaire, une bonne question type « entretien d'embauche » à poser quand vous cherchez à choisir votre comptable spécialisé en LMNP peut concerner sa façon dont il pratique l'amortissement. Cela permet de tester sa compétence.

Bonus du livre :

En tant qu'auteur, j'ai pu négocier un partenariat avec un service de comptabilité spécialisé LMNP/LMP qui vous permet de bénéficier de remises. Pour télécharger le détail du service et avoir vos remises, voir ici : https://blog.mes-investissements.net/bonus-immo/

Le régime LMP : Loueur en Meublé Professionnel.

Il existe également le régime de loueur en meublé professionnel **LMP**. C'est la 2nde phase après le LMNP car vous êtes obligé d'y passer si vos **recettes de loyers meublés charges comprises** :

- Dépassent à l'année 23 000 €.
- **ET** dépassent les **autres** revenus nets imposables d'activité (= salaires par exemple) du foyer.

    * *Ou ce qui crée de la confusion chez certains, mais est juste une autre façon de dire la même chose, si elles représentent plus de 50% de vos revenus **totaux**, loyers des locations meublées compris.*

À noter en outre un cas particulier pour les meublés de tourisme classés où la première condition suffit à faire passer LMP.

Exemples :

22 000 € de loyers meublés cc et 15 000 € de salaires = LMNP

28 000 € de loyers meublés cc et 27 000 € de salaires = LMP

28 000 € de loyers meublés cc et 33 000 € de salaires = LMNP

En termes purement comptables, le LMP fonctionne comme le régime LMNP pour le calcul de votre résultat annuel : amortissements qui viennent s'imputer sur les loyers notamment.

Même s'il y a plusieurs petites différences lorsque l'on compare les 2 régimes dans le détail, le LMP est moins favorable que le LMNP principalement sur un aspect. Un loueur en meublé professionnel est en effet affilié au SSI et redevable de cotisations sociales :

- À hauteur de 35% environ du bénéfice net BIC s'il est positif.
- À hauteur d'une cotisation forfaitaire annuelle minimale si le résultat BIC est négatif. Son montant est de l'ordre de 1 400 €.

C'est principalement le premier cas qui est redouté des investisseurs, car le taux de prélèvements appliqués étant relativement fort, il vient rogner significativement le bénéfice du LMP.

Tant que les amortissements font leur effet, ou que l'investisseur maintient son résultat BIC en dessous de zéro par l'ajout de nouveaux investissements, le second cas avec sa cotisation forfaitaire reste supportable, même si moins favorable qu'en simple LMNP.

En échange de ces cotisations, le loueur en meublé professionnel acquiert des droits comme des trimestres de retraite, ce qui pourra intéresser celui qui compte un jour vivre de ses investissements immobiliers.

La stratégie complète d'optimisation fiscale de l'exploitation en résumé et en 3 étapes.

La stratégie d'optimisation fiscale de l'exploitation peut donc se résumer en 3 étapes :

1. Choisir le type d'optimisation en fonction du type d'appartement. Par exemple, un Loc'Avantages sera utile sur un appartement assez grand (grand T2 avec éventuellement des annexes, T3, T4) en zone peu tendue (B2). Un régime meublé LMNP sera plus adapté sur un petit appartement (T1 ou T2). La demande existe aussi bien en zone tendue A & B1 (cadres en missions, étudiants) qu'en zone moins tendue sous réserve qu'il y ait des étudiants. La demande de meublé est par contre plus rare sur de grandes surfaces (T4, sauf colocation). Il faut donc que le bien reste adapté au marché visé avant de choisir une voie pour optimiser la fiscalité de l'exploitation (déficit foncier, Loc'Avantages, ou meublé) : on ne peut pas se contenter de dire *« je loue en meublé car je paierai moins d'impôts»*.

2. Savoir s'engouffrer dans les brèches. Ceci nécessite de bien connaître les lois pour utiliser les astuces (par exemple, séparer le parking, ou louer à de jeunes couples en Loc'Avantages comme évoqué précédemment). Cela peut même être utile en amont : par exemple, lorsqu'on me montre un bien avec une cave, je ne pense pas en premier lieu au bonus patrimonial de valeur qu'elle donnerait à l'appartement (faible en Province), mais au bonus de superficie Loc'Avantages qu'elle pourrait me procurer…

3. Mettre en location en précisant dans l'annonce les contraintes qui en ressortent : location en nu ou en meublé ; contraintes de ressources s'il y en a, date de mise en location si vous prévoyez des travaux générant du déficit foncier… C'est pour cela que cette étape d'optimisation fiscale de l'exploitation doit être anticipée avant l'annonce de mise en location. Une fois que votre locataire est là, certaines options se seront fermées et ce sera trop tard. On voit d'ailleurs ici ressortir un des inconvénients quand on achète un appartement déjà loué : si le locataire ne respecte pas les plafonds de ressources on ne pourra pas conventionner, si le bien est loué en nu on devra attendre son départ pour passer en bail meublé et les frais de notaire et d'agence ne seront alors plus imputables en charges, etc.

Les outils automatiques à votre rescousse pour les calculs d'optimisation fiscale de l'exploitation.

Les calculs que je vous ai présentés précédemment n'étaient pas toujours très simples. Et pourtant, ils se concentraient sur une seule année ! Dans la réalité, des reports (de déficit foncier, ou d'amortissement selon les cas) vont entrer en jeu d'une année sur l'autre. Ainsi, **les calculs sur 20 ans vont se complexifier.**

À une époque pas si lointaine, vous auriez été bon pour le tableau Excel qui fait mal au crâne. Aujourd'hui, un logiciel de calcul automatique comme celui présenté au chapitre D.2[54] est capable de prendre en compte ces différents régimes, et vous présenter vos cash-flows après fiscalité, année par année, sur une durée longue (20 ans par exemple). Outre les aspirines économisées, utiliser ce type d'outil de calcul automatique présente deux avantages :

> ➢ Vous pourrez comparer plusieurs régimes fiscaux entre eux.
> ➢ Les régimes seront mis à jour au gré de l'évolution des lois.

Cas particulier de la SCI à l'Impôt sur les Sociétés (IS).

Outre les moyens détaillés ci-après, il existe aussi l'investissement en Sociétés comme solution pour optimiser la fiscalité de l'exploitation. Compte-tenu de ses spécificités (notamment ses inconvénients à la revente nécessitant de l'intégrer dans une stratégie patrimoniale globale), le **cas de la SCI** à l'IS, ne sera pas traité dans ce chapitre mais plutôt spécifiquement au **chapitre F.14**.

Par ailleurs, parmi les bonus du livre, vous pouvez télécharger **mon tableau récapitulatif de tous les aspects des différents régimes fiscaux d'exploitation**, y compris en **SCI, SAS, ou SARL**, qui pourra aussi inclure des mises à jour fiscales. Voir ce lien :
https://blog.mes-investissements.net/bonus-immo/

---

[54] Logiciel référencé à https://blog.mes-investissements.net/outils-utiles/

Chapitre **D.6**

Mettre le bien en location

Après les étapes précédentes, vient le temps de s'intéresser à la question de la mise en location.

Louer en direct ou via une agence ?

Pour déterminer si l'on doit louer en direct ou via une agence, on pourrait en premier niveau de lecture se contenter d'affirmer ce qui apparaît évident :

-   Louer de particulier à particulier nous évitera des frais d'agence (et donc, contribuera à l'atteinte d'un cash-flow positif), mais sera chronophage. Cela nécessitera par exemple d'effectuer les visites nous-mêmes entre deux locataires.
-   Louer via une agence coûtera des frais d'agence (au bailleur, mais aussi au locataire qui entre 2 biens équivalents à loyer identique – voire à loyer légèrement supérieur pour le bien de particulier à particulier – préfèrera celui où il n'aura pas de frais d'agence à payer). Par contre, ce sera moins chronophage et l'agence vous épargnera des efforts.

Le 2nd niveau de lecture est donné par l'exemple ci-dessous.

Exemple vécu n°19

Pour ma part, je loue en direct. Mais je discute et échange avec beaucoup d'investisseurs immobiliers, soit de visu, car je les connais personnellement ou ils investissent dans ma ville, soit par écrit, car mon blog génère beaucoup de contacts et d'échanges sur les sujets liés à l'investissement en général. Mon constat est édifiant : 100 % de ceux qui m'ont rapporté avoir retrouvé un appartement locatif complètement saccagé avaient délégué la mise en place du locataire à une agence.

On voit donc là l'intérêt de louer vous-même en direct de particulier à particulier (ce qui renforce l'intérêt identifié au chapitre C.1 de choisir une zone de chalandise à portée de tir de votre domicile). En y réfléchissant et en adoptant donc un 2nd niveau de lecture, c'est assez logique, les agences se contentent de faire un travail administratif, elles vérifient que les revenus excèdent 3 mois de loyers, et n'ont ensuite pas intérêt à y passer plus de temps. Le feeling sur le comportement futur du locataire ne fait pas partie de leur mission. Pire, une agence a des intérêts contraires aux vôtres, puisqu'il est plus rentable pour elle de choisir un locataire qui restera peu qu'un locataire qui restera longtemps : si le locataire ne reste que 6 mois ou 1 an, cela fera une occurrence de plus pour l'agence de facturer des frais., et elles n'ont aucune incitation à limiter la vacance entre 2 locataires.

Par ailleurs, le jour où vous aurez un vrai problème (problème technique dans l'appartement non solutionnable facilement, problème récurrent avec un locataire, etc.), vous ne pourrez en pratique la plupart du temps pas vous reposer entièrement sur l'agence, et serez contraint in fine de vous impliquer personnellement si vous voulez voir les choses avancer.

Louer en direct permet donc plus de maîtrise. Le revers de la médaille, car il y en a un, est que si vous voulez atteindre un nombre important de biens, il faudra peut-être à un moment vous appuyer sur des agences pour vous libérer du temps. Vous pourrez ainsi vous concentrer sur l'essentiel.

Complément 2nde édition

Personnellement, j'ai songé à déléguer la gestion d'une partie de mes biens aux alentours de mon 10ème achat. D'une part, le risque induit par mon non-contrôle total était alors plus diffus, un éventuel incident sur un bien ne représentant alors plus que 10% de mes enjeux. D'autre part, c'est le seuil où j'ai jugé que mes méthodes devaient évoluer pour digérer le changement d'échelle. Je garde néanmoins une partie en gestion en direct : cela m'aide à prendre le pouls des attentes actuelles des locataires, et ainsi potentiellement à orienter mes futurs investissements ou arbitrages.

Il faudra alors veiller à sélectionner rigoureusement une agence qui comprend qu'elle a aussi de son côté un intérêt à sélectionner avec soin les locataires mis en place pour que sa gestion soit aisée et sans accroc. J'ai tendance à privilégier dans la mesure du possible les agences familiales avec qui on peut plus facilement discuter et convenir « sur-mesure » de nos attentes en matière de gestion locative. Celles-ci tendent toutefois à diminuer en nombre suite à une salve de rachats par les grands groupes.

Mettre en location soi-même : rédiger une annonce qui fait mouche.

Vous trouverez dans la partie *F. Bonus* un article du blog qui décrit plus en détail la bonne façon de rédiger une annonce.

Les principes principaux à retenir pour avoir une annonce qui attire l'attention sont les suivants :

- **1. Mettre en photo principale la pièce principale**. Prendre cette photo en **journée** pour donner une impression de luminosité, et si possible la prendre **en hauteur** en montant sur une chaise ou un tabouret, car ça donne une impression d'espace. Pour l'impression d'espace, critère essentiel de sélection « à l'œil» du candidat locataire qui fait défiler les annonces, on conseille que la pièce soit meublée, mais pas trop : elle ne doit ni être vide ni surchargée. Petit plus, si vous avez un ami qui a un appareil photo grand-angle, c'est le moment de vous le faire prêter. Dans une des photos annexes, si votre salle de bains est rénovée (meuble sous vasque), il faut en mettre une photo car la salle de bains vieillotte est une crainte majeure des candidats locataires (a minima de la moitié féminine d'entre eux…). En outre, les photos ne doivent surtout pas être floues.

- **2. Le texte de l'annonce doit être complet et vendeur**. N'omettez pas de renseignements, vous voulez que les candidats qui vous contactent soient réellement intéressés en toute connaissance de cause.

   On évitera donc une annonce « *Loue T2, rue des champs balais, 45 m2, à saisir*».

   On peut faire beaucoup mieux, aussi bien au niveau des détails donnés que du **style** « **marketing soft** » de la rédaction, comme dans l'exemple ci-dessous.

   « Je vous propose à la location ce joli et agréable T2 de 45 m2, très lumineux grâce à ses grandes fenêtres et son orientation Sud-ouest, et en très bon état »
   Il est situé dans un quartier calme, et donne sur cour.

Vous profiterez de la proximité du centre commercial MachinChose (boulangerie, pharmacie, marchand de journaux, banque) pour vos petites courses quotidiennes, et du parc arboré Machintruc pour vous détendre lors de belles journées ensoleillées.

Les pièces sont bien agencées. Il dispose d'un chauffage individuel gaz avec une chaudière récente et les fenêtres sont équipées de double vitrage.

Grâce à sa cuisine entièrement équipée (four, plaques, hotte, frigo/ congélateur), vous pourrez poser vos valises rapidement.

Le loyer s'élève à 400 € + 50 € de charges. Il est disponible à partir du xx/xx/XXXX. Les charges incluent tous les éléments hors chauffage et électricité : entretien des communs, de la chaudière (ce qui n'est pas le cas de beaucoup d'autres appartements chauffés au gaz), ainsi que les ordures ménagères.

Pour une demande de visite ou toute question supplémentaire, contactez-moi par mail en précisant vos nom, prénom, et situation (salarié, étudiant, avec ou sans caution etc.) »

- **3.** Le **titre** de l'annonce doit **faire ressortir un élément différenciant** par rapport à la concurrence. Cela peut-être « avec parking » si le stationnement est difficile, « sans frais d'agence » si la plupart des autres logements sont proposés par des agences, « calme sur rue » si le centre-ville est craint pour ses bruits nocturnes, etc.

Fixer le montant du loyer.

En préalable, lorsque vous fixez le montant du loyer, il faut prendre en compte deux phénomènes, aux forces qui s'opposent :

- Si vous fixez un loyer trop élevé, vous risquez de générer de la vacance locative entre deux locataires. Par exemple, si vous pouvez relouer dès l'état des lieux de sortie à 450 €, mais que vous souhaitez louer à 480 € et que vous vous retrouvez finalement avec 3 mois de vacance locative supplémentaires pour trouver un locataire acceptant ce loyer, il vous faudra en brut (450*3)/30= 45 mois = 3,75 années pour rentabiliser la chose…

- Contrairement à une époque pas si éloignée, vous ne pouvez pas toujours augmenter le loyer à votre bon vouloir entre deux locataires. La réglementation et autres lois Alur sont passées par là. Par exemple, en zone tendue, si vous ne justifiez pas de travaux conséquents, vous ne pouvez pas augmenter votre loyer à la relocation d'un montant plus élevé que l'évolution de l'Indice de Révision des Loyers (IRL)[55]. Ainsi, si vous avez un départ dans une période défavorable (départ en décembre d'un logement ciblant les étudiants par exemple), baisser le loyer pour éviter la vacance locative pourra avoir des conséquences à terme, car vous ne pourrez pas le rehausser ensuite à votre bon vouloir. De même, dans certaines villes (Paris, Lille, Lyon), un encadrement des loyers avec un loyer de référence au mètre carré a été mis en place.

Quand vous êtes libre de le faire, pour fixer le loyer, vous devez donc observer la concurrence et faire attention aux effets de seuil. Ainsi, un appartement avec un loyer de 460 € sera beaucoup moins vu qu'un appartement avec un loyer de 450 €. Alors qu'un appartement avec un loyer de 440 € sera autant vu qu'un autre ayant un loyer de 430 €. Pourquoi ? Tout simplement parce que les fourchettes de loyers dans les paramètres du Bon coin sont définies par pas de 50 €.

Expérience vécue n°20.

Pour fixer le loyer d'un bien que je viens d'acheter (et où mon choix d'optimisation fiscale de l'exploitation[56] n'a pas entraîné des plafonds de loyers), ma technique est la suivante. J'ai établi un loyer que j'estime normal, au moment de mes calculs de rentabilité et de mon choix d'acheter le bien[57], par exemple 470 €. C'est le loyer de mon « Business Plan », sur lequel j'ai fondé mes calculs de rentabilité et de cash-flow. Je dois donc éviter de louer en dessous de ce niveau-là, sinon c'est que je n'ai pas été assez raisonnable dans le potentiel du bien au moment de ma prise de décision d'achat.

Je vais mettre une annonce avec un loyer sensiblement plus élevé, par exemple 540 €. Si j'ai quelques demandes, je commence les visites. Sinon,

---

[55] Réglementation à l'heure où j'écris ces lignes, soit fin 2017 (fin 2025 : inchangée)
[56] Cf. chapitre D.5.
[57] Chapitre D.3.

je le passe à 520 € au bout de quelques jours et ainsi de suite jusqu'à 470 € si je ne l'ai toujours pas loué. En appliquant cette technique, j'ai loué certains biens, en meublé notamment, à un prix supérieur à ce que je m'imaginais faisable (et à un prix très supérieur à ce que l'agent immobilier m'ayant vendu le bien avait estimé comme loyer envisageable).

Rien ne vaut le test grandeur nature pour connaître le potentiel de niveau de loyer. On peut d'ailleurs par cette méthode profiter de facteurs conjoncturels. À l'été 2017, on entendait constamment aux informations télévisées les problèmes d'affectation des étudiants en raison du baby-boom aux alentours de l'an 2000. Je n'avais pas intuitivement fait le lien avec l'immobilier, mais j'ai mis un nouveau bien ciblant les étudiants en location à ce moment-là : croyez-moi, ma méthode a démontré que le baby-boom se traduisait bien par un déséquilibre offre-demande de logements étudiants plus important que les autres années dans ma ville moyenne, et que les étudiants (ou leurs parents) étaient prêts à payer leur loyer plus cher que les autres années…

Déclencher le coup de cœur pour les futures visites des candidats locataires.

Exemple vécu n°21 :

Lors des visites, j'ai remarqué que c'est souvent un détail superficiel sur lequel se focalisent les locataires qui les fait trancher en faveur de l'appartement que je leur propose plutôt que pour celui relativement similaire qu'ils ont visité juste avant. Par exemple, dans un appartement meublé, j'ai choisi pour la cuisine un réfrigérateur rétro. Pour rester dans le style, j'ai accroché au mur un cadre avec une affiche en Noir & Blanc du Corniaud. La cuisine a été le coup de cœur des candidats locataires qui ont visité, les filles faisant des commentaires sur le réfrigérateur rétro, et les garçons sur le cadre et l'ambiance générale.

En particulier si vous louez en meublé, sachez déclencher le coup de cœur. C'est un peu les principes du Home-Staging que l'on voit appliqué dans des émissions télévisées comme *Maison à vendre*[58]. Pour du locatif, le principe reste le même, mais les montants consacrés au home-staging seront moindres : 2 ou 3 coussins par ci, un cadre ou un luminaire par là…

---

[58] Merci à Sabrina de m'avoir fait regarder quelques-unes de ces émissions de « téléréalité immobilière » que je ne regardais pas de ma propre initiative. Cela me fait finalement un exemple pour mon livre…

Choisir et gérer ses locataires

La crainte de l'impayé de loyers.

Le risque d'impayé de loyers est à la fois quelque chose de **surestimé dans l'inconscient populaire** et quelque chose **à ne pas sous-estimer**.

- **Pourquoi quelque chose de surestimé ?** Quand vous aurez eu quelques réussites en immobilier locatif, vous verrez que si vous vous risquez à en parler autour de vous, la première réaction sera la plupart du temps *« Et tu n'as pas peur des impayés de loyers ? »*. C'est souvent cette même crainte qui freine beaucoup de gens, qui du coup ne se lancent jamais dans l'investissement immobilier locatif. Le taux d'impayés de loyers dans le parc privé n'est pourtant « que » de 2 à 3 % en France, et derrière ces 2 à 3 % de moyenne se cachent des disparités : il est plus élevé dans les zones urbaines sensibles, ce qui fait que si vous évitez celles-ci, votre espérance mathématique d'impayés de loyers est inférieure à ces 2 à 3 % de moyenne. À noter qu'en pratique, la probabilité d'impayés de loyers n'est pas constante sur la durée de la relation entre locataire et propriétaire : plus faible immédiatement après l'entrée dans les lieux (locataire trié sur le volet selon ses revenus), elle augmente au bout de 2 à 3 ans (risque de changement défavorable dans la situation professionnelle ou personnelle du locataire) avant de décroître à nouveau quand le locataire reste plus de 5 ans dans le logement (locataire stable et qui tient à son logement, relation de confiance installée avec le propriétaire si celui-ci entretient le bien correctement).
- **Pourquoi quelque chose à ne pas sous-estimer ?** D'une part, parce que ce sont les loyers de vos locataires qui payent votre

---

emprunt et vous créent un cash-flow positif. En cas d'impayé de loyers, ce cash-flow positif disparaitrait avec les avantages qui vont avec, et cela risquerait de marquer un véritable coup d'arrêt dans votre carrière d'investisseur en immobilier locatif. D'autre part, parce qu'expulser un locataire mauvais payeur est en France un véritable parcours du combattant, à la fois long et usant, d'où l'intérêt de porter une attention rigoureuse au choix des locataires.

Choisir ses locataires.

Une fois l'annonce rédigée, et le loyer fixé, vous allez devoir sélectionner vos locataires. Vous devez garder en tête le portrait-robot de ce que vous recherchez, c'est-à-dire avant tout un locataire qui va payer ses loyers et qui ne va pas dégrader votre bien immobilier. Si en sus, il ne vous dérange pas toutes les 5 minutes pour une bricole, reste assez longtemps dans votre logement, et la relation humaine avec lui est agréable, vous pourrez vous dire à son départ que ce locataire aura été un partenaire idéal pour vous !

La sélection se fait en deux temps :

-   1. À la réponse à l'annonce. Là, vous devez faire un premier tri. Faire les visites, cela reste en effet chronophage, c'est pourquoi vous ne devez pas accorder une visite à un candidat locataire à qui vous ne voudrez in fine pas louer. Et au maximum détecter ceux qui visiteraient votre appartement juste pour occuper leur temps libre.

    Exemple vécu n°22 :
    J'ai constaté qu'il y a nettement plus de « touristes » qui cherchent à visiter « juste pour voir, sans trop de conviction » sur les studios/T1 que sur les appartements à partir du T2. Quand on y réfléchit, ça peut paraître logique : les étudiants ont plus de temps à perdre…

-   2. Au moment de la visite. Le candidat locataire n'en a en général pas conscience, mais il passe un test au moment de la visite. En pratique, vous êtes en quelque sorte dans la position d'un recruteur qui ferait passer un entretien d'embauche.

Faire un premier tri avec la réponse à l'annonce.

Personnellement, comme dans l'exemple d'annonce ci-dessus, je demande une réponse uniquement par mail et ne laisse pas mon numéro de téléphone. On va dire que je souhaite que mes investissements immobiliers restent au maximum une activité générant des revenus passifs, et que je suis de la génération Internet. De plus, j'aime bien « googliser » mes candidats locataires afin de faire une enquête rapide et facile pour savoir à qui j'ai à faire.

Un mail nous en apprend déjà beaucoup. La personne a-t-elle pris le temps d'écrire sa demande correctement ou en langage en SMS ? A-t-elle respecté mes consignes, notamment au-delà de préciser ses noms et prénoms, a-t-elle précisé sa situation ? Ensuite, je googlise la personne, au cas où j'apprendrais des choses intéressantes. Les donneurs de leçons et autres adeptes du politiquement correct trouveront peut-être cette étape critiquable, mais je vous assure qu'on en apprend parfois de bonnes…

Exemple vécu n°23 :

Sur un bien, j'avais le choix entre 3 couples de locataires. J'ai googlisé le couple le plus sécurisant sur le papier (2 CDI, revenus égaux à 4 fois ½ les loyers). Et je me suis aperçu au vu des traces de ses exploits que le mari avait laissé sur le web, qu'il était dans plusieurs domaines ce qu'on appelle littéralement « un chieur ». Comme je n'avais pas envie qu'il m'appelle tous les quatre matins pour un problème qui n'en était pas un, j'ai décidé de louer à un autre couple plutôt qu'à celui-là malgré des revenus inférieurs.

D'autres bailleurs fonctionnent plus à l'ancienne. Ils préfèrent quant à eux imposer le contact après annonce par téléphone. Ils commencent alors à poser des questions et à jauger le candidat au moment de l'entretien téléphonique. Si vous êtes plus à l'aise avec cette dernière méthode, il n'y a rien de rédhibitoire à l'utiliser.

Comme **bonus du livre**, téléchargez la liste des **7 types de locataires à éviter** ici : https://blog.mes-investissements.net/bonus-immo/

Faire un second tri au moment de la visite.

Le second tri s'effectue lors de la visite. En premier lieu, j'ai tendance à me méfier des locataires qui n'arrivent pas à l'heure prévue sans m'avoir prévenu. S'ils ne savent pas respecter cela, sauront-ils ensuite respecter mes règles et notamment le paiement en temps et en heure de leur loyer ?

Vous pouvez programmer des visites à la suite pour faciliter votre agenda, par exemple 4 visites d'1/4 d'heure entre 18 h et 19 h. En revanche, je vous déconseille fortement de faire visiter simultanément à plusieurs candidats locataires. Les visites sont en effet un moment où vous allez continuer à essayer de cerner votre prochain locataire, en évaluant son comportement et ses intentions.

Au moment de la visite, établissez une atmosphère détendue. Mettez les gens à l'aise. Le but est qu'ils se sentent assez en confiance pour parler librement avec vous. Et c'est ainsi que vous en apprendrez sur eux.

Une première chose à essayer de savoir « l'air de rien », c'est le temps qu'ils comptent rester dans l'appartement. Entre l'étudiant qui cherche à se loger pour un stage, et celui qui entre en 3ème année post-bac et compte poursuivre dans la ville jusqu'au master, vous préfèrerez bien sûr le second…

L'autre aspect à examiner, c'est l'intuition que vous vous faites de leur personnalité, ce qu'on appelle parfois le « feeling ». Finalement, ce dont vous souhaitez vous assurer au maximum c'est principalement que votre locataire va vous payer en temps et en heure, et qu'il ne va pas défoncer votre appartement avant de vous le rendre. Si vous avez le moindre doute sur ce ressenti, ne le choisissez pas et attendez d'avoir un autre candidat. Et ce, même si cela vous contraint à revenir faire visiter un autre jour : mieux vaut avoir 2 semaines de vacance locative que 2 ans de galère !

Exemple vécu n°24 :

En installant ce climat détendu, favorisant l'échange et la conversation lors des visites, j'ai déjà vu :

- Un couple de candidats locataires discuter ensemble devant moi du choix de la couleur vive qu'ils allaient utiliser pour repeindre le mur du salon (qui était blanc, mais d'aspect neuf je précise), sans me demander mon autorisation.

- Une locataire me demander si ça posait problème qu'elle monte son vélo pour le stocker dans l'entrée de l'appartement. Bref, quelque chose d'anodin pour laquelle il ne me serait moi-même pas venu à l'idée de demander l'autorisation à mon propriétaire du temps où j'étais locataire.

Devinez qui des deux m'a fait meilleure impression et j'ai préféré choisir ?

Au-delà de ces aspects tangibles, il y aura en outre une part de feeling qu'on ne peut renier. D'ailleurs, j'aurais plutôt tendance à me méfier d'un candidat me disant prendre l'appartement avant même d'avoir fini de le visiter et d'avoir posé une seule question, plutôt que de me réjouir de son intérêt immédiat pour mon bien. Il est également intéressant de susciter habilement la confidence si le candidat locataire est peu loquace, et il est impératif de fixer vos règles. À titre d'exemple, pour un logement que je propose en location meublée, je pourrais pour ce faire tenir le discours suivant :

« Rassurez-vous sur l'état des lieux, je ne fais pas comme les agences qui inventent des dégradations qui étaient déjà là à l'entrée pour vous retenir la caution (1). Tant que vous aurez été « réglo », c'est-à-dire que vous m'aurez toujours payé en temps et en heure (2) et que je retrouve à la sortie un appartement qui n'a pas été défoncé, que le chat n'a pas griffé le canapé (3), et que le ménage a été effectué, je serais « réglo » aussi et ne vous embêterais pas. »

> (1) : J'ai moi-même eu ce type d'expérience quand j'étais locataire avec les agences (surtout celles des gros réseaux) qui abusent de cette malhonnêteté. Soyez donc certain que si ce n'est pas lui-même qui l'a subi, votre candidat locataire connaît quelqu'un parmi sa famille ou ses amis qui en a été victime. Si c'est le cas, il va vous en parler à ce moment-là. Il est prêt à se mettre en mode « confiance et confidences ».
>
> (2) : Vous fixez et énoncez vos règles. Vous pouvez montrer que vous êtes souple, que vous n'êtes pas un bailleur intrusif, mais vous devez montrer impérativement que

vous êtes par contre **intransigeant sur un point : le paiement des loyers en temps et en heure**. La loi française étant très protectrice des locataires vis-à-vis des bailleurs à ce niveau-là[59], ce doit être votre point de vigilance principal. Essayez d'observer l'attitude de votre locataire juste après que vous avez énoncé cette règle.

(3) : Vous n'avez pas le droit de refuser les animaux domestiques. Mais si vous avez un meublé ou du parquet dans votre logement, ça peut malgré tout vous intéresser de savoir si votre candidat locataire en a un ou pas (officiellement vous aurez arbitré sur un autre critère…). Vous verrez à ce niveau-là qu'à l'évocation des éventuelles griffures du canapé certains vous diront « aucun risque, je n'ai pas d'animaux » quand d'autres, par exemple visitant à deux, se lanceront à ce moment-là un regard évocateur…

Le choix final et la demande de documents.

Si vous n'avez qu'un candidat qui souhaite louer votre appartement, vous allez ensuite lui demander les documents administratifs qui constitueront son dossier. Si vous avez une série de visites, et qu'un premier candidat vous dit qu'il prend l'appartement, vous pouvez expliquer que vous avez programmé plusieurs visites cette après-midi dans un ordre que vous avez choisi, et que vous trancherez à la lumière des documents s'il y a plusieurs candidats (tout en apportant une réponse rapide). Si cela vous met mal à l'aise, vous pouvez même dire que c'est un « organisme » qui regarde cela pour vous, ainsi ce n'est plus à vous qu'incombe le rôle du méchant. Par contre, ne parlez pas d'assurance loyers impayés (que vous en preniez une

---

[59] Les pays anglo-saxons raisonnent différemment. Un locataire mauvais payeur est beaucoup plus facile à expulser et la police vous aide à faire appliquer la décision de justice. Le mauvais payeur aura ainsi quitté votre appartement au bout d'1 ou 2 mois. Résultat : il est beaucoup plus facile pour les personnes en situation précaire (intérim, etc.,) de se loger, car les propriétaires bailleurs ne se sentent pas obligés de prendre ceinture-bretelles et parachute de peur de vivre une situation défaut de paiement – 18 mois avant d'arriver à expulser. En économie, on appelle ça une loi contreproductive…

ou non), le locataire risquerait de penser que vous êtes assuré et que ce n'est pas si grave s'il a un problème de paiement un mois donné.

Cela vous laisse un peu de souplesse si ce candidat ne vous avait convaincu qu'à moitié, ou s'il fait faux bond au moment de vous envoyer les documents parce qu'il avait omis de vous dire qu'il lui restait encore une visite à effectuer après la vôtre. Si vous ne « sentez » vraiment pas un candidat, vous pouvez même en alternative dire que quelqu'un vous a posé une option sur la visite juste avant, et que s'il confirme ce soir vous lui donnerez la priorité. Cela permet de choisir de ne pas prendre un candidat-locataire qui ne nous convient pas sans avoir à lui opposer un refus frontal.

La liste type des documents à demander aux candidats est la suivante :

- Un justificatif d'identité.
- Un justificatif de domicile.
- Des justificatifs de revenus, pour un salarié les 3 derniers bulletins de salaire du (ou des) locataire(s) et de l'éventuelle caution solidaire.
- Le dernier avis d'imposition.
- Le nom, l'adresse et le contact du dernier propriétaire. Un justificatif de paiement du dernier loyer (quittance ou attestation sur l'honneur du précédent propriétaire).

Pour renforcer ma vérification, j'utilise à ce niveau-là quelques astuces :

- Je demande en sus un RIB. Cela permet de vérifier que le candidat n'est pas interdit bancaire. Il faut savoir que le demander était quelque chose d'autorisé avant, mais que c'est désormais interdit. Pour ma part, cela ne m'empêche pas de le demander malgré tout. De deux choses l'une. Soit le candidat me le transmet sans sourciller, soit il me dit que c'est interdit. Dans le second cas, je lui présente mes excuses, mais je sais maintenant que c'est potentiellement un « chieur »… Euh enfin désolé je voulais dire quelqu'un de procédurier… Et donc que je ne souhaite pas particulièrement avoir comme locataire.

- Je vérifie l'authenticité des avis d'imposition. En effet, à l'heure des scanners et des imprimantes couleur, il n'est pas si difficile pour un petit malin de fabriquer de fausses pièces. Or, bonne nouvelle : il y a désormais un service fourni par nos amis les impôts qui permet de vérifier l'authenticité de l'avis d'imposition fourni[60]. Si vous avez un doute sur l'authenticité des bulletins de salaire fournis, vous pouvez également appeler le service ressources humaines de l'entreprise en jouant la transparence (vous êtes propriétaire et vous avez un doute sur une éventuelle falsification d'un bulletin de salaire issu de chez elle) pour vérifier que votre candidat locataire en est bien salarié à date et que son salaire s'élève bien au montant affiché sur les documents qu'il vous a fournis.

- Comme vous avez obtenu les coordonnées de l'ancien bailleur, vous pouvez le contacter pour savoir s'il a eu des problèmes avec ce locataire. Si ce dernier a bien déjà donné son préavis (c'est le petit bémol, car cette condition est nécessaire pour que vous obteniez une réponse impartiale), l'ancien bailleur ne devrait ni chercher à le conserver ni à s'en débarrasser. Dans ce cas-là, vous verrez qu'il existe une certaine solidarité entre bailleurs, même s'ils sont parfois concurrents entre eux. Et le précédent bailleur devrait par conséquent vous donner ces informations de bon gré.

Exemple vécu n°25 :

Doit-on choisir systématiquement les personnes qui ont les plus gros revenus ? J'ai constaté que les personnes qui avaient de gros revenus (> 6 fois le loyer quand c'est pour leur résidence principale, > 12 fois le loyer de leur enfant étudiant, etc.) me généraient plus de sollicitations ou d'appels téléphoniques pour régler des problèmes dans le logement que celles qui avaient des revenus plus proches des limites de solvabilité. Peut-être que les premiers sont plus habitués à se faire servir à la maison (femme de ménage, etc.) et vous prennent pour leur majordome, alors que les seconds sont plus débrouillards et bricoleurs et règlent eux-mêmes les petits problèmes ?

---

[60] url du site disponible sur : http://blog.mes-investissements.net/outils-utiles/

Au vu de tout ce qu'on a pu apprendre dans ces étapes de prise de contact et de visites avec les candidats locataires et dont une agence qui se contente de récupérer les documents administratifs n'aurait que faire, on commence à trouver logique et à mieux comprendre pourquoi les locataires à problèmes sont plus fréquents parmi ceux mis en place par les agences que parmi ceux mis en place directement par les bailleurs eux-mêmes.

Il est désormais temps de finaliser tout ça en rédigeant le bail, et en gérant la période de location. Avant cela tout de même, notez que pour pouvoir avoir le luxe de choisir vos locataires comme on l'a décrit ci-dessus, il faut avoir une demande suffisante. Ce qu'on s'est efforcé de faire dans les chapitres précédents en proposant des biens de qualité, remis au goût du jour grâce à des travaux, ou ayant un élément différenciant, etc.

Notez toutefois que vous devrez demander encore quelques documents une fois cette étape passée. En étape 2, je demande en même temps que la signature du bail de me verser le chèque de caution « pour acter la réservation ». Cela permet au locataire de se sentir engagé. En étape 3, il faut absolument que le locataire vous remette son attestation d'assurance à la remise des clés.

Rédiger le bail et gérer la location

Pour rédiger le bail, vous avez deux solutions :

- Prendre un modèle gratuit sur Internet.
- Prendre un modèle payant, comme celui des *éditions Tissot*[61]. Même s'il n'est pas donné (20 € environ), il présente l'avantage, outre son papier carbone, d'être parfaitement à jour juridiquement. Dans un contexte où la rédaction d'un bail se complexifie d'une année sur l'autre, comme en attestent le nombre d'annexes désormais à ajouter et l'épaisseur résultant d'un bail locatif d'habitation, cela peut être utile. En sus, vous aurez dans le dossier tous les papiers comme la caution solidaire qui doivent respecter un formalisme précis pour être valides juridiquement.

Pour votre sécurité juridique, n'oubliez pas en outre de joindre et faire parapher au locataire les annexes obligatoires (Diagnostics, géorisque, etc.)

---

[61] https://www.tissot.fr/catalogue/louer-une-habitation

Lors de la gestion de la location, il n'y a rien de bien compliqué. Il faut simplement garder en tête que la relation entre votre locataire et vous est une relation commerciale, ce qui implique les choses suivantes :

- Si le loyer est payé en retard, vous devez relancer votre locataire. Au cas où les choses se compliqueraient ensuite, faites cette première relance amiable par e-mail afin d'en garder une trace. Cette relance amiable doit être faite dès que le loyer est en retard de 10 jours, il ne faut pas attendre plus longtemps. À ce moment-là, le ton doit rester amical, vous pouvez par exemple demander s'il s'agit d'un oubli. Vous pouvez doubler votre mail d'un appel téléphonique si celui-ci reste sans réponse quelques jours.
  Bien sûr, vous aurez en amont essayé d'encourager le virement automatique à date fixe, mais votre locataire peut ensuite avoir modifié celui-ci.
- Si votre locataire a un problème dans l'appartement et vous contacte, vous ne pouvez pas vous permettre de faire l'autruche. Vous êtes en effet un fournisseur de services et devez vous comporter comme tel. Si vous ne pouvez régler son problème immédiatement, et qu'il n'y a pas d'urgence à quelques jours près, vous devez au moins lui montrer que vous l'avez pris en compte. Notez qu'à force d'essayer de créer du rendement entrepreneurial en effectuant quelques menus travaux après vos achats de biens, vous vous êtes en général à ce stade déjà constitué un réseau d'artisans de confiance qui pourront vous épauler pour régler les problèmes techniques.
- Vous pouvez faire des « gestes commerciaux » de fidélisation. Pour ma part, bien qu'insérant systématiquement la clause d'indexation des loyers sur l'IRL dans mes baux (on ne sait jamais, votre locataire pourrait rester 10 ans ou l'inflation revenir), j'envoie parfois un mail de ce type à mes locataires : « *compte-tenu de l'évolution de l'IRL, votre loyer devrait augmenter de x € au 01/xx/xxxx. Néanmoins, vous avez toujours payé en temps voulu et je n'ai jamais entendu parler de vous. Ainsi, exceptionnellement je n'appliquerai pas de hausse cette année*». Tant que l'inflation reste modérée (sinon l'intérêt de cette méthode diminue), c'est

gagnant-gagnant : vous vous privez d'une somme qui reste très raisonnable, votre locataire est satisfait et entend le message subtil selon lequel il a à y gagner s'il ne vous dérange pas pour une broutille.

Zoom 2026 : en période plus inflationniste, j'ajuste cette méthode en appliquant par exemple « la moitié de la hausse » ou « en la plafonnant à 2% ». Variantes adaptées selon les cas et locataires.

Comment procéder en cas d'impayés de loyers ?

En sélectionnant rigoureusement vos locataires, vous avez mis toutes les chances de votre côté pour que cela n'arrive pas. L'impayé de loyers est un risque de l'immobilier à ne pas négliger en amont, car les procédures d'expulsion sont longues et protectrices du locataire en France. Néanmoins, j'ai jugé bon d'inclure dans ce livre la procédure à suivre au cas où cela arriverait malgré tout. La méthode à appliquer consiste ici en une **montée en pression crescendo**, pression qui ne sera **jamais relâchée**, tout en gardant des traces écrites des différentes étapes :

- 1. Au bout de 10 jours, rédigez un e-mail de relance.
  « Je m'aperçois ne pas avoir reçu le loyer du mois de septembre qui aurait dû être payé le 01/10. Peut-être s'agit-il d'un simple oubli ? Néanmoins ayant des échéances d'emprunt à payer, pourriez-vous régulariser rapidement la situation et me tenir informé ? ».
- 2. Si cela n'a pas été suffisant, et que le loyer n'est toujours pas payé une semaine plus tard, passez un appel téléphonique. Si votre locataire fait face à de réelles difficultés, proposez-lui un échéancier : paiement de la moitié du mois en retard immédiatement, et étalement du demi-mois restant sur 6 mois. Si vous disposez d'une caution solidaire, vous pouvez la solliciter dès ce stade-là.
- 3. Confirmez par lettre recommandée avec accusé de réception le règlement amiable du litige sur lequel vous vous êtes accordé.
  « Suite à mon appel téléphonique du xx/xx/xxxx, vous m'avez exposé des difficultés financières. Je vous ai proposé de régulariser votre retard de loyer, à titre exceptionnel et amiable, par l'échéancier de paiement

suivant [...]. Dans le cas où celui-ci ne serait pas respecté ; je me verrais toutefois dans l'obligation de vous envoyer un commandement de payer par voie d'huissier ».

- 4. Si l'échéancier n'est pas respecté, envoyez-lui un commandement de payer par voie d'huissier visant la clause résolutoire du bail.
- 5. En étape ultime, viendra la saisie du tribunal pour viser la résolution du bail. À ce stade, présenter les pièces prouvant les étapes antérieures, y compris vos tentatives de règlement amiable, apportera de la consistance à votre dossier juridique.

Et les autres solutions « ligne jaune » ou radicales en cas d'impayés de loyers ?

Toutes les autres solutions pour faire partir un locataire plus vite sont illégales ou « ligne jaune ». On peut penser notamment, en les classant par « ordre décroissant d'illégalité » à :

- Changer les serrures. C'est illégal et vous pourriez avoir de graves ennuis juridiques... si le locataire vous attaque.
- Si vous êtes proche des 6 mois avant la date de renouvellement du bail, donner congé au locataire en prétextant que vous voulez récupérer le bien pour l'occuper vous-même (ou un ascendant ou descendant direct) selon la réglementation applicable dans ce cas-là. Si le locataire s'aperçoit ensuite que ce n'est pas le cas, il pourra de même vous faire un procès. C'est donc à vos risques et périls...
- Proposer une sorte d'arrangement à l'amiable où vous payez le locataire pour le faire partir. Là, c'est ligne jaune.

Je ne peux décemment vous recommander ces solutions puisqu'elles sont illégales. Vous avez la liste, sachez que si vous utilisez une solution illégale, c'est à vos risques et périls. C'est-à-dire que vous gagnerez du temps par rapport à la procédure d'expulsion décrite ci-dessus, mais devrez prier pour que le locataire ne songe pas à vous attaquer. S'il le fait, sachez que les sanctions sont plutôt sévères ! Personnellement, j'aime bien dormir sur mes deux oreilles. À vous de voir...

Complément 2nde édition

Quelques mots sur les assurances loyers impayés, les cautions solidaires, et la garantie Visale.

Concernant les cautions solidaires, soyez conscient que la caution solidaire issue d'un membre de la famille du locataire est intrinsèquement meilleure que celle de l'un(e) de ses amis gagnant bien sa vie. Je ne parle pas d'un point de vue juridique mais d'un point de vue « efficacité intangible ». En effet, d'un point de vue général, les amitiés valsent alors que les gens rechignent plus à mettre un membre de leur famille dans l'embarras. Le locataire peut donc être susceptible de faire plus d'efforts dans un cas que dans l'autre pour payer son loyer avant que vous ne soyez contraint de faire appel à sa caution. Un autre schéma où cette valeur intangible est forte est l'étudiant dont les parents sont caution solidaire et où dans la pratique ce sont ces derniers qui règlent son loyer : les parents veulent toujours que leurs enfants réussissent leurs études. Pour cela, ils souhaitent les placer dans les meilleures conditions, et donc le paiement du loyer de leur enfant sera pour eux une priorité.

Les assurances loyers impayés coûtent entre 2% et 5% du montant du loyer. Elles peuvent assurer le paiement du loyer en cas d'impayés, mais aussi parfois les éventuelles dégradations du logement effectuées par le locataire. Leur coût varie en fonction des plafonds de remboursement, du nombre de mois de franchise avant début de la prise en charge, etc. Parmi les inconvénients et points de vigilance, citons-en deux. D'une part, les critères d'éligibilité que ces assurances peuvent exiger du locataire sont relativement élevés et dans un premier temps ce sera à vous de vous assurer qu'ils sont respectés : l'assurance ne vérifiera que le locataire rentrait bien dans ses critères que si vous venez à déclarer un incident par la suite. D'autre part, il faut être particulièrement vigilant sur le respect de la procédure mentionnée dans le contrat d'assurance et de ses échéances : délais et mode de relances que vous devez employer auprès du locataire avant de saisir l'assurance. Son non-respect pourra servir de prétexte à l'assurance pour différer la prise en charge. Je dois reconnaître pour ma part n'avoir jamais eu recours aux assurances loyers impayés. Aujourd'hui, j'estime foisonner les risques sur l'ensemble de mon parc immobilier : puisqu'un impayé représenterait moins de 10% de mes loyers totaux encaissés, en quelque sorte je m'autoassure.

Et lors de mes débuts, j'avais choisi de prendre le risque de faire confiance à mon processus de sélection de locataire, considérant par ailleurs que je disposais d'une épargne de secours au cas où…Toutefois si c'était à refaire, j'en prendrais peut-être quand même une a minima sur les biens qui pèsent. Par exemple j'avais une maison dont le loyer était quasiment l'équivalent de la somme de loyers de deux de mes appartements types, et où donc un défaut de paiement m'aurait fait assez mal.

Le dispositif Visale n'était quant à lui pas mentionné lors de la première édition du livre, car il souffrait encore de quelques défauts de jeunesse. Aujourd'hui, le dispositif a été nettement amélioré et est digne d'intérêt. D'ailleurs, quand le locataire y est éligible et que j'ai le choix entre Visale ou caution (cas fréquent), j'ai tendance à privilégier Visale à une caution solidaire. Je me dis que je n'aurais besoin que d'appuyer sur un bouton pour être aussitôt payé par l'État en cas d'incident. Moins de délai, d'aléa et de contraintes que si je devais exercer la caution... Le dispositif Visale permet en effet de fournir l'équivalent d'une caution solidaire garantie par l'État aux personnes éligibles. Pour être éligible à Visale, le locataire doit :

➢ Avoir de 18 à 30 ans,
➢ Ou s'il a plus de 30 ans, être embauché(e) depuis moins de 6 mois (hors CDI confirmé), OU gagner jusqu'à 1500€ nets/mois, OU être en mobilité professionnelle OU être en possession d'une promesse d'embauche de moins de 3 mois.

Le dispositif Visale peut être intéressant pour les bailleurs car il propose des garanties équivalentes à celui d'une assurance loyers impayés gratuitement. Le dispositif couvre les impayés dans la limite de 36 mensualités impayées, et les dégradations à hauteur de l'équivalent de 2 loyers, avec une garantie de paiement par l'État. Le logement doit constituer la résidence principale du locataire, et le bail **ne doit pas cumuler** d'autres garanties en sus de Visale comme **une caution solidaire** ou une assurance loyers impayés. Pour qu'un bailleur en bénéficie, il devra s'inscrire au préalable sur le site Visale et signer un contrat de cautionnement : les locataires éligibles n'auront alors plus qu'à lui fournir leur visa Visale, gage qu'ils ont été certifiés éligibles au dispositif.

Au cas où vous devriez ensuite faire intervenir le mécanisme en cas d'impayés, le point d'attention serait le même que pour les assurances : bien respecter les étapes de la procédure. Pour en savoir plus, la FAQ du site Visale est bien détaillée : https://www.visale.fr/.

Partie E

Pièges à éviter et exemples de stratégies

Nous avons désormais balayé toutes les étapes de la mise en pratique. Plutôt que de vous laisser refermer ce livre à ce moment-là, j'ai jugé opportun :

- De vous montrer quelques-uns des pièges classiques à éviter. En effet, j'aime souvent dire que si on évite les erreurs en investissement, toutes les possibilités restantes sont positives. Et donc que savoir éviter les erreurs suffit à faire mieux que la moyenne.

  « La première règle si vous voulez être un bon investisseur est de ne jamais perdre d'argent. La seconde règle est de ne jamais oublier la première », Warren Buffett

- Que nous analysions ensemble quelques stratégies d'investisseurs en immobilier locatif, et que nous identifions ensemble les avantages et inconvénients de chacune d'entre elles.

  L'idée sous-jacente est qu'en piochant un bout d'idée par ci par là, en identifiant les avantages sur lesquels vous voulez capitaliser et les inconvénients que vous êtes prêt à assumer, vous affiniez le choix de ce qui deviendra votre propre style d'investissement immobilier locatif intelligent.

Chapitre **E.1**

Les pièges à éviter

L'investissement défiscalisant en neuf via promoteur.

Pourquoi les pages que vous avez lues depuis le début de ce livre ont-elles présupposé un investissement dans l'ancien et fait l'ellipse sur l'investissement dans le neuf ? Tout simplement parce que l'investissement dans le neuf a sa place dans le chapitre des pièges à éviter. Robien Scellier, Duflot, désormais Pinel, et probablement le nom d'un autre ministre qui suivra : les Français sont très férus de ces lois de défiscalisation, plus ou moins généreuses selon leur déclinaison, qui en échange d'un investissement dans l'immobilier neuf leur accordent une réduction d'impôts sur plusieurs années.

Vous avez peut-être entendu parler de ces investisseurs malheureux qui ont investi en Robien dans des zones comme Périgueux, et qui ne savent plus quoi faire de leur appartement car la demande locative n'est pas présente. Les lois qui ont succédé à la loi Robien ont ensuite restreint les possibilités d'investissements dans les zones où l'offre est déjà trop nombreuse par rapport à la demande. Néanmoins, les investissements défiscalisant en immobilier neuf conservent leurs deux inconvénients principaux :

- Un premier, mineur, est qu'on effectue ces investissements pour réduire ses impôts, mais qu'on se crée ainsi d'autres revenus (des revenus fonciers puisqu'on loue en nu) qui vont eux même générer de nouveaux impôts.
- Un second, beaucoup plus majeur : le prix très élevé des appartements ainsi vendus. Non seulement le rendement associé est alors faible, et le cash-flow positif inatteignable : on est donc dans une situation d'effort d'épargne y compris en intégrant

l'avantage fiscal. Mais surtout, alors que les plaquettes des « conseillers » (on devrait plutôt dire « commerciaux ») qui vantent ces produits font en général l'hypothèse d'une revente au prix d'achat dans 9 ans[62] et présente cette hypothèse comme pessimiste *(« nous n'avons tenu compte d'aucune revalorisation du bien à terme »)*, elle est en réalité bien optimiste.

Certes, il est logique qu'un bien neuf vaille un peu plus cher qu'un bien ancien équivalent au même endroit. Il est mieux isolé, mieux équipé, mais pas dans ces proportions ! En pratique la réduction d'impôts qu'on vous fait miroiter finit dans la poche du promoteur et des intermédiaires.

Entre mon blog et mes livres, je commence à avoir l'étiquette de quelqu'un à qui on demande des conseils en investissements. Comme beaucoup veulent réduire leurs impôts (et sont peu regardant sur l'investissement à mettre en face une fois ce premier but atteint), c'est sur les investissements défiscalisant en immobilier neuf que je suis le plus sollicité.

Voici à quoi ressemble la conversation en général.

- Lui : je pense acheter un T2 avec terrasse en Pinel à Bordeaux.
- Moi : Combien ?
- Lui : 250 k€
- Moi : T'as regardé les biens anciens équivalents dans le même quartier ?
- Lui : non
- Moi : Regarde, tu verras que ça vaut 50% de moins. Mieux : renseigne-toi auprès des agences, fais-toi passer pour un jeune cadre qui est muté à Bordeaux. Dis leur que tu cherches à acheter un T2 avec terrasse dans ce quartier. Précise que tu n'aimes pas les biens trop anciens, et que tu veux que l'immeuble soit vieux d'au maximum 20 ans. Demande leur de te proposer plusieurs biens et déduis-en le budget.
- Lui (plus tard) : j'en aurais pour 150 k€ (pour des immeubles vieux de 15 ans environ)…

---

[62] C'est-à-dire à la fin de l'avantage fiscal. Car si vous gardez l'appartement quand celui-ci est terminé, vous aurez en pratique un bien à 3% de rendement brut.

- Moi : certes, Bordeaux est à la mode en ce moment, et sa population est en croissance. Mais, dans 9 ans ton bien sera lui aussi devenu « ancien » quand tu chercheras à le revendre. Même s'il est un peu mieux isolé, crois-tu qu'un appartement dans une résidence vieille de 9 ans justifiera un prix supérieur de 66%[63] au même appartement dans une résidence vieille de 24 ans (donc pas si vieille que ça) ?
- Lui : Euh…

Il n'y a qu'une exception où ces lois peuvent être intéressantes, c'est en arrivant à éliminer les intermédiaires qui récupèrent l'avantage fiscal dans leur poche en vous faisant payer un prix de vente trop élevé. La solution consiste à devenir vous-même le maître d'ouvrage. C'est possible notamment en achetant un terrain et en faisant ensuite construire dessus une maison individuelle par un constructeur[64]. Là, vous vous placez dans la même situation qu'un primo-accédant : vous ne surpayez donc ni le terrain, ni la maison. Vous avez donc acquis le bien immobilier au véritable prix (et il n'aura pas de raison de se déprécier quand vous chercherez à le revendre), et vous récupérez en sus le bonus fiscal.

Certains trouveront cet avis trop tranché en citant l'exemple de quinquagénaires ou de sexagénaires qui se sont enrichis en effectuant plusieurs investissements successifs dans le neuf au gré des lois successives de défiscalisation. Certes, il y en a, et cette stratégie peut fonctionner à la condition expresse que les prix de l'immobilier montent de façon importante et continue. Vu le point de départ actuel, il est loin d'être certain qu'on reproduise sur les 20 prochaines années la hausse des prix que l'on a connue au cours des deux dernières décennies. La réussite de ces quinquagénaires ou sexagénaires tient donc plus à des circonstances favorables (on pourrait presque dire à de la chance) qu'elle n'est le résultat d'une réelle stratégie intelligente et raisonnée. *N.B : on peut étendre la démonstration sur les investissements neufs en métropole à ceux en outre-mer de type Girardin. Ces derniers présentent en outre quelques pièges*

---

[63] (250 000 - 150 000) / 150 000 = 66%
[64] Mise à jour 2025 : comme évoqué, désormais valable seulement en faisant construire en bâtiment collectif, et Pinel attendu comme supprimé en 2025.

supplémentaires, notamment le risque de requalification fiscale en cas de montage douteux, et les risques spécifiques liés à la longue distance.

Les résidences services avec bail commercial.

D'autres commerciaux vont essayer de vous vendre des appartements en résidences services. Aussi bien en neuf, qu'en ancien (aussi parfois appelé « d'occasion »), on en trouve de plusieurs types :

- Résidence service étudiante.
- Résidence service senior ou Ehpad. Outre les inconvénients communs avec les autres types, ces logements en présentent des spécifiques : charges très élevées, taux d'occupation impacté par les prises en charge de l'état, risque de surplus d'offres avec la volonté des personnes âgées de rester à domicile le plus longtemps possible.
- Résidence de tourisme.
- Résidence d'affaires.

L'argumentaire commercial présente les avantages de ces résidences comme étant principalement :

- Un bail commercial ferme avec un exploitant (pas de gestion des locataires) sur une durée de plusieurs années, ce qui implique un loyer garanti.
- La location se faisant en meublé, le bénéfice du régime fiscal du LMNP[65].

Outre le rendement pas terrible (4 à 5 %), il y a énormément de pièges dans ce type de résidences :

- Le loyer soi-disant garanti dépend de l'exploitant de la résidence. :
  - o Il est arrivé à de nombreux investisseurs d'être contactés en cours de bail censé être « garanti » par l'exploitant, celui-ci expliquant que son exploitation ne pouvait être

---

[65] Le Censi-Bouvard est également parfois vanté, mais moins intéressant que le LMNP.

bénéficiaire dans les conditions contractuelles en cours sur la résidence. Faute de révision à la baisse des loyers, il n'assurerait donc plus la gérance. Mais comment assurer la gérance de votre logement vous-même de façon indépendante dans une résidence senior ? Ou de votre cottage au milieu d'un Center Parcs ? Vous êtes pieds et poings liés avec l'exploitant, et votre sort dépend entièrement de son bon vouloir.

- o Pour d'autres, cette forte renégociation à la baisse (jusqu'à - 40 %) des loyers a eu lieu au moment du renouvellement du bail, après 9 ans.
- o Enfin, l'exploitant a parfois fait faillite. Le repreneur a exigé une baisse drastique des loyers pour reprendre et assurer la continuité de la gestion de la résidence.

- Les charges sont élevées. En particulier dans les résidences seniors ou Ehpad. Dans les résidences de tourisme, ce sont les travaux de remise en état que peut exiger l'exploitant pour poursuivre l'exploitation qui sont gênants.

- On pourrait se dire que dans certains de ces cas (résidence de tourisme par exemple), si ça se passait mal, on pourrait reprendre son bien et en assurer la gestion soi-même à la fin du bail commercial. Or, certains baux sont rédigés de telle sorte que prendre une telle décision nécessiterait le paiement à l'exploitant d'une indemnité de résiliation très élevée (plusieurs années de loyers). Un peu comme si vous étiez le bailleur d'un commerçant que vous chercheriez à évincer de son local lui faisant perdre son fonds de commerce.

- Des problèmes surviennent à la revente. Vous ne bénéficiez pas vraiment de la hausse éventuelle des prix de l'immobilier, et ces biens se revendent souvent plutôt comme « une rente », dépendant donc des taux d'intérêt, de la solidité financière de l'exploitant, et des atouts et contraintes du bail commercial lié au logement.

Pour résumer, le problème est que vous êtes lié à très long terme avec un exploitant. Et la gestion de votre bien dépend de cet exploitant. Contrairement à ce qui est écrit dans le papier glacé de la brochure, rien n'est vraiment garanti. Si vous n'êtes pas convaincu, une petite recherche *Google* avec une requête bien choisie devrait vous faire ressortir les témoignages de nombre de « pigeons » qui se sont trompés en choisissant ce perchoir. Si vous voulez profiter de l'attrait fiscal de la location meublée, faites-le dans un logement classique que vous meublerez vous-même et gérerez en toute indépendance, mais ne tombez pas dans le piège des résidences services !

Autres types d'investissements piégeux.

Parmi les autres pièges à éviter, on peut citer :

- L'appartement dans un très grand immeuble. En général, ces immeubles sont des gouffres en matière de charges de copropriété.
- La résidence secondaire occupée de temps en temps, et louée le reste du temps. Dans les cités balnéaires, les biens ne sont en général exploitables que deux mois au mieux. Louer une résidence secondaire que vous occupez de temps à autre ne fera au mieux que vous compenser vos charges courantes hors emprunt (copropriété, taxe foncière). Mais vous ne pouvez pas considérer une résidence secondaire comme un investissement locatif sérieux.
- Un immeuble de rapport acheté occupé où l'intégralité des locataires payerait leur loyer grâce aux prestations de la CAF. Il peut être rassurant de voir que vos loyers sont assurés par la CAF, mais que se passerait-il si le gouvernement venait à décider de réduire significativement les aides au logement ? Si on peut avoir ce type de profil de locataires, il parait risqué de les avoir sur 100 % de votre parc immobilier.
- Une opération trop grosse comme premier investissement, par exemple à la fois avec un poids financier élevé relativement au patrimoine et aux revenus de l'investisseur, et une proportion de travaux très importante (>50 % du prix total de l'opération) ou d'une longue durée (>1 an). Il est probable que beaucoup (trop ?) de choses n'aient pas été anticipées dans un tel cas par un investisseur novice qui ne se serait pas préalablement fait la main sur une opération immobilière de taille plus raisonnable.

- Un appartement que vous auriez acheté sans aller le visiter (ou sans aller visiter son environnement) : appartement vendu sur plan, appartement vendu comme une rente avec bail en place, logements dans les DOM-TOM, etc.
- L'appartement trop bas de gamme, comme un studio trop petit qui ne correspondrait pas au cœur de la demande dans la ville ciblée. Vous n'êtes pas marchand de sommeil ! Ou dans un quartier type ZUP, où malgré une forte rentabilité la population intéressée par votre bien sera compliquée à gérer, trop compliquée...
- Et tous les autres pièges et risques que vous avez déjà identifiés et appris à déjouer au fil des chapitres précédents…

La peur qui empêche de se lancer.

On croise parfois des aspirants investisseurs hyper documentés. À force de lectures, ils en connaissant beaucoup plus que la moyenne des investisseurs en immobilier. Néanmoins, leurs connaissances restent seulement théoriques, car ils n'arrivent pas à se lancer et à passer à la mise en pratique de leurs acquis académiques. Au dernier moment, une sorte de sentiment de peur les prend à la gorge. Ou dans d'autres cas, ils pensent qu'ils peuvent encore acquérir des connaissances supplémentaires pour être sûrs de ne pas se tromper quand ils se lanceront réellement.

Si vous avez lu attentivement et bien assimilé ce livre ainsi qu'un ou deux autres supplémentaires (pour avoir des influences variées), vous en savez déjà beaucoup plus que la moyenne. Dans une classe rassemblant des investisseurs immobiliers choisis au hasard (donc représentant la moyenne des personnes qui investissent dans l'immobilier locatif en France), vous obtiendriez une note de 18 sur 20. Entre les alternatives ci-dessous, laquelle pensez-vous qui sera alors la plus rentable pour vous ?

- 1. Continuer avant votre 1er investissement à acquérir d'autres connaissances pour arriver à la perfection et la note de 20 sur 20, ce qui risque toutefois de vous prendre quelques années.
- 2. Capitaliser sur votre compétence matérialisée par l'obtention de votre 18 sur 20 en allant la valoriser dans le monde réel et donc en effectuant votre première opération.

La réponse est bien évidemment la numéro 2… Le rapport argent gagné / risques pris / temps consacré sera en effet bien meilleur dans ce cas.

Ne pas se renseigner à la source quand on a une interrogation sur un problème particulier.

Ne me faites pas dire ce que je n'ai pas dit au paragraphe précédent. Au cours de votre carrière d'investisseur en immobilier locatif, vous allez être amené à vous poser des questions sur des points particuliers. Les réponses à certaines de ces questions que vous vous poserez pourront d'ailleurs influer sur des choix structurants sur lesquels vous avez à vous positionner. Au moment où la question spécifique se posera, il faudra prendre le temps de vous documenter et de vous renseigner. Si ce livre fait partie de votre formation initiale, ce sera là votre formation continue et vous ne pourrez passer outre.

Pour cela, le mieux est toujours de chercher au plus proche de la source. Par exemple, si vous vous interrogez sur un point de fiscalité immobilière, vous veillerez à utiliser en priorité le BOFIP (Bulletin Officiel des Finances Publiques-Impôts) disponible en ligne qui liste l'ensemble des jurisprudences en la matière. De même si vous envisagez des modifications substantielles sur la structure d'un immeuble (division etc.), vous ne pouvez pas faire l'impasse sur la consultation du Plan Local d'Urbanisme (PLU) de la commune.

Ne pas vérifier les informations.

Vous ne devez pas avoir une confiance aveugle dans les informations que vous a données le vendeur au moment de la visite ou qu'a inscrites l'agent sur la fiche du bien, notamment en matière de taxe foncière et de charges de copropriété. Prenez le temps de bien vérifier cela avec les documents adéquats (compte-rendu d'A.G. du syndic, etc.)

Exemple vécu n°26 : Une agence avait inscrit sur la fiche le montant de l'appel de charges semestriel plutôt que le montant annuel des charges de copropriétés. Pourtant, les trouvant faibles, j'avais posé oralement la question à l'agent lors de la visite pour m'ôter le doute : « Vous êtes sûr qu'il n'y a pas d'erreur sur les charges ? Non, c'est bien cela, avait-il répondu sûr de lui ». Or, j'ai eu la mauvaise surprise de m'apercevoir le jour programmé pour la signature du compromis que les charges étaient en réalité du double de ce qu'on m'avait annoncé (et que j'avais utilisé pour mes calculs et ma décision), soit 760 € au lieu de 380 €. En utilisant une estimation par la méthode DCF vue au chapitre A.3, cela signifie que cet appartement valait en réalité 380 / 8% ≈ 4 500 € de moins que ce même appartement tel qu'on me l'avait présenté (présentation, sur laquelle j'avais basé le prix de ma proposition d'achat).

Trop se plomber avec sa résidence principale.

Nous étudierons la question particulière d'un éventuel investissement locatif qui interviendrait avant l'achat de sa résidence principale au chapitre F.3. Pour le moment, contentons-nous d'évoquer le piège de la mensualité trop élevée sur la résidence principale. Rappelez-vous, nous avons vu à la fin du chapitre C.3 que, toutes choses égales par ailleurs, le taux d'emprunt vous revenait en pratique plus cher si on raisonne en « net » pour une résidence principale que pour un investissement locatif. De plus, on pense parfois à l'éventuel besoin de revendre la résidence principale en cas d'agrandissement de la famille. Ou encore, on souhaite qu'elle soit finie de payer au moment où l'aîné entamera ses études supérieures. Bref, autant de bons arguments pour réduire la durée du crédit associé à la résidence principale.

Le problème est que si vous réduisez trop la durée du crédit de votre résidence principale, votre mensualité va vite se retrouver sensiblement supérieure à votre loyer fictif (c'est-à-dire le loyer que vous payeriez pour louer un logement similaire à votre résidence principale, ou par corollaire le loyer auquel vous pourriez louer votre résidence principale si vous la mettiez en location) Et cette mensualité trop élevée va amputer votre capacité d'emprunt et donc vous freiner pour vos investissements locatifs. Par conséquent, en particulier dans le contexte actuel de taux bas, cela me semble être une erreur à ne pas commettre.

Au contraire, si vous raisonnez sur l'emprunt de votre résidence principale comme pour ceux de vos investissements locatifs, c'est-à-dire en prenant une durée raisonnablement longue pour que votre mensualité ne dépasse pas trop votre loyer fictif, vous conserverez de la capacité d'emprunt pour vos futurs investissements locatifs et vous vous octroierez en sus un bonus supplémentaire : celui d'avoir le choix, au moment où vous déciderez de quitter votre résidence principale pour une autre, entre la vendre ou la conserver comme investissement locatif. Encore une fois, dans l'investissement immobilier, il faut être capable de projeter sa stratégie à long terme et de voir loin !

Ne pas se faciliter la tâche.

Dans l'ensemble des décisions jalonnant votre processus, il faut toujours que vous gardiez en tête l'objectif de vous faciliter la tâche une fois que l'investissement sera sur les rails (c'est-à-dire après la phase de création du rendement entrepreneurial).

Quand j'ai fait ma prépa maths-sup / maths-spé à Limoges (pour le jeune que j'étais, issu de sa Creuse rurale et n'ayant aucun ascendant ayant fait prépa dans sa famille, la seule solution envisagée était la ville la plus proche, et les choix de prépas parisiennes ou dans une plus grande ville n'avaient pas vraiment été envisagés), la filière la plus sélective était la filière généralement admise comme la plus prestigieuse et dite MP (maths-physique). Pourtant c'était la filière Physique-Chimie (PC), moins sélective à l'entrée, qui avait de meilleurs résultats aux concours en sortie. Étant admis dans les deux filières, j'avais sans hésiter privilégié la filière PC. Malgré cela, de nombreux autres camarades de lycée avaient, dans une situation similaire à la mienne, fait le choix inverse. Or, je ne comprends toujours pas aujourd'hui comment on pouvait rationnellement faire ce choix-là...

Dans l'immobilier, c'est pareil, il faut éviter de vous compliquer la vie, et aller là où c'est le plus facile. Par exemple, si l'équilibre offre-demande locative est « limite » dans votre zone et que vous choisissez de faire de la location meublée, vous constaterez peut-être que l'intensité concurrentielle est forte sur les studios et T1. Par contre, les T2 meublés sont en général beaucoup plus rares alors qu'il y a une réelle demande pour ceux-ci : ne vous compliquez pas la tâche, dans un tel cas visez les T2 meublés !

Chapitre **E.2**

Exemples de stratégies d'investissement en immobilier locatif

Style d'investissement n° 1.

Pierre investit dans une ville de zone B1 (agglomération de plus de 250 000 habitants). Il recherche des appartements T1 à T2 pour louer en meublé, et ainsi profiter d'une fiscalité favorable. Il vise plutôt des biens en mauvais état, avec des travaux de rénovation importants à effectuer.

Avantages :

Pierre n'a aucun problème de demande locative. De plus, il investit, dans des biens qui une fois rénovés seront des biens patrimoniaux avec du potentiel de valorisation.

Inconvénients :

- Les prix d'achat sont élevés, et pour obtenir un cash-flow positif (et ce, même en mettant un léger apport), cela nécessite de viser des biens avec des travaux lourds. En outre, les zones favorables pour la location meublée sont uniquement le centre-ville (cher) et la proximité des universités.
- Si les rendements trouvés ne sont pas assez élevés faute de suffisamment de rendement entrepreneurial injecté, soit Pierre devra mettre un apport non-négligeable à chaque opération pour obtenir un « pseudo » cash-flow positif, ce qui nécessite de reconstituer rapidement son épargne, soit Pierre restera en cash-flow négatif. Le résultat sera le même : il deviendra rapidement difficile d'enchaîner les investissements à un rythme soutenu.

Style d'investissement n° 2.

Romain investit dans un département très rural, puisqu'il n'y a aucune ville classée en zone B2 dans l'ensemble du département. Il recherche soit des immeubles de rapport à rénover, soit des maisons de ville. Pour sa fiscalité, il applique une stratégie de panachage : il loue ses maisons de ville en nu classique. Les populations rurales vivant en appartements étant souvent défavorisées, il loue les appartements de ses immeubles de rapport en Loc'Avantages Loc3 sous intermédiation locative.

Avantages :

- Romain arrive à faire des rendements impressionnants, de l'ordre de 15 %. À ce rendement-là, le cash-flow est très positif, s'il n'y a pas de problèmes de vacance locative ou de paiement des loyers.

Inconvénients :

- L'équilibre offre-demande locative est défavorable dans ces zones, mais cela peut se régler en proposant un bien refait à neuf, vraiment meilleur que ce que propose la concurrence sur le marché local. Il faut surtout veiller dans ces zones à assurer une solvabilité des locataires, et à ne pas avoir que des locataires qui seraient en difficultés si les aides de la CAF venaient à être moins généreuses.
- L'optimisation de la fiscalité est un calvaire, car il n'y a en général pas de demande en meublé. Il reste donc la location nue :
  - Classique où la fiscalité sur les revenus fonciers sera payée plein pot, une fois que le déficit foncier généré par les travaux aura été entièrement épongé.
  - Loc'Avantages, mais qui a ici l'inconvénient d'appliquer une décote sur des loyers déjà intrinsèquement bas. De surcroît en intermédiation locative, Comme nous en parlions au chapitre D.5, cela a beaucoup d'inconvénients. Il faut prévoir du solide : baignoire en fonte, éviter les fioritures (pas de WC suspendu ou de meuble sous vasque fragile) et prier pour que l'association ayant mis en place l'intermédiation ne fonde pas les plombs, auquel cas vous vous vous retrouveriez à devoir gérer en direct un locataire

« particulier », que vous n'auriez vraisemblablement pas choisi vous-même.

Observations :

- La potentielle dévalorisation du bien en sortie n'est pas tant un problème que cela, c'est pour cela qu'elle n'a pas été classée en « inconvénients » : si ce sont les locataires qui vous ont intégralement payé un bien de 100 k€ sur 20 ans sans que vous n'ayez eu à sortir un centime de votre poche, peu importe que vous ne puissiez le revendre que 70 k€ après ces 20 ans.
- Cette stratégie pourrait également être appliquée dans un petit bourg de 5 000 habitants dans un département où existe une grande ville pourvoyeuse d'emploi, par exemple le Sud Gironde à ¾ d'heures de Bordeaux. Dans ce cas-là, il faut privilégier les bourgades ayant une gare et reliés par TER à la grande ville.
- Pour les avantages et inconvénients spécifiques aux immeubles de rapport, voir le chapitre F.11.

Style d'investissement n° 3.

Marie a des revenus confortables de jeune cadre, mais un emploi prenant. Elle investit dans une ville en zone B2 sur de petites (T1 à T2) et grandes (T4 à T5) surfaces. La ville est en légère croissance démographique et héberge beaucoup d'étudiants. Les petits logements sont loués soit à des étudiants soit à de jeunes actifs, et les grands logements sont loués à de jeunes familles avec enfants. Elle se place en meublé pour ses plus petits logements, et en Loc'Avantages pour ses plus grands T2, ainsi que pour ses grands logements. Elle achète en général des logements qui ont des petits travaux (sols, peinture) à prévoir, mais pas de travaux lourds à effectuer. Ses logements étant plutôt situés à de belles adresses de sa ville de Province, ils oscillent entre 7% et 9% de rendement.

Avantages :

- Marie a peu de problèmes de vacances locatives. De plus, son parc immobilier est diversifié. Elle optimise la fiscalité sur chacun de ses biens, tout en n'ayant pas mis tous ses œufs dans le même panier, puisqu'elle utilise à la fois la location nue et meublée. Les travaux qu'elle doit gérer sont peu chronophages, ou sont délégables à un artisan sans devoir effectuer un travail de coordonnateur de chantier comme ce serait le cas avec de lourds travaux.

- En résumé, eu égard au graphique taux de sérénité / coût d'effort de rendement entrepreneurial vu au chapitre B.2, Marie se place dans la zone idéale : la droite de la zone du milieu, avant que le taux de sérénité (resp. le coût d'effort) ne commence à baisser (resp. augmenter) de façon exponentielle. Ainsi, tout en ne se contentant pas d'un rendement nominal et en dégageant du rendement entrepreneurial, le style d'investissement de Marie reste assez peu chronophage.

Inconvénients :

- Même si le rendement est supérieur à ce que pratique une majorité d'investisseurs immobiliers, il n'est pas tout à fait suffisant pour aboutir à un cash-flow positif avec un apport totalement nul. Marie doit donc mettre environ 15 % d'apport à chaque opération (ce qui est néanmoins possible pour elle, car ses revenus de cadre lui procurent une capacité d'épargne).

Style d'investissement n° 4.

Maxime gagne 1 200 €/mois. Il est très bricoleur. Sa capacité d'épargne est faible. Il habite dans un T2 dont le loyer est de 400 €. Ses comptes sont malgré tout propres, sans découvert sur les derniers mois et il a quelques milliers d'euros d'épargne. Son banquier lui a refusé un prêt pour un investissement locatif, lui expliquant que sa situation financière ne lui permet pas d'investir pour autre chose qu'une résidence principale.

Maxime veut rester dans son T2, car il est habitué au confort d'une chambre séparée. Néanmoins, il serait un peu limite pour acheter un T2 eu égard à sa capacité d'emprunt. Il identifie un 1er projet locatif de taille raisonnable (T1) avec travaux, et le présente à sa banque comme si c'était pour être sa propre résidence principale. La banque est cette fois d'accord pour le financer. Maxime va en réalité rester locataire, et obtenir un cash-flow positif sur ce 1er projet grâce au gros rendement entrepreneurial dégagé (prix d'achat fortement négocié grâce aux lourds travaux de reconfiguration à effectuer, travaux effectués avec sa propre sueur et ses propres mains grâce à ses compétences).

Au 2nd projet, si la banque reste frileuse, il pourrait aller voir une banque différente. Et, sans lui cacher avoir préalablement déjà un investissement locatif dans son patrimoine, lui refaire le coup de prétendre que le financement demandé est cette fois pour sa résidence principale. Au bout d'un moment, comme les projets cumulés sont à fort rendement entrepreneurial et dégagent des cash-flows positifs, les revenus de Maxime auront augmenté, sa compétence en matière d'investissement immobilier locatif sera reconnue, et il n'aura peut-être plus besoin de jouer à ce jeu-là avec les banquiers.

Avantages :

- Maxime a trouvé un moyen d'avancer, de surpasser le refus des banques, et de commencer un projet. De plus, il trouve un moyen de valoriser ses compétences de bricolage.

Inconvénients :

- À ce niveau-là de revenus, il n'y a pas le choix, il faut dégager un fort rendement entrepreneurial. Il devra donc y passer du temps.

Observations :

- Avec ses revenus, le Taux Marginal d'Imposition (TMI) de Maxime sera faible. La fiscalité immobilière sera donc moins confiscatoire (mais ce n'est pas une raison pour ne pas regarder malgré tout ce qui est optimisable…)
- Autant, je vous déconseillerais de mentir à votre banque en lui cachant des emprunts en cours que vous auriez précédemment effectués, comme le conseillent certains autres auteurs : en effet, si une banque s'aperçoit en cours de crédit du mensonge, elle serait

en droit de vous demander le remboursement intégral et immédiat du capital restant dû... Un peu trop risqué pour qui apprécie dormir sur ses deux oreilles, non ? Autant, prétendre qu'un prêt est pour votre résidence principale alors qu'il est en réalité pour du locatif ne me parait aucunement gênant : vous pourriez très bien expliquer ensuite avoir eu un changement professionnel ou familial qui vous a obligé à changer vos plans et transformer ce que vous pensiez initialement être votre future résidence principale en investissement locatif... Et même, si vous poussez le vice, vous autoféliciter auprès de votre banquier de votre capacité d'adaptation aux imprévus en matière de gestion de votre patrimoine !

- Si vous êtes dans une situation similaire et êtes en capacité d'acheter un appartement de la dimension de votre résidence principale, vous pouvez alternativement utiliser cette stratégie en achat de résidence principale, suivie d'une revente qui serait alors exonérée de plus-value[66] pour recommencer sur plus-grand, et ainsi de suite.

Style d'investissement n° 5.

Nadia loue des logements en location meublée courte durée dans une petite ville. Cette ville a quelques attraits touristiques : thermes, parc d'attractions secondaire (type Walibi) à proximité, etc. Elle utilise Airbnb pour mettre ses biens en location.

Avantages :

- Le rendement est très intéressant, à 2 chiffres. Il commence néanmoins à baisser légèrement, car alors qu'il y a encore 3 ans Nadia était presque toute seule sur ce créneau dans sa ville, la concurrence s'intensifie.
- Elle profite de la fiscalité avantageuse de la location meublée.

---

[66] Niche d'exonération favorable aux Résidences principales vs. Biens locatifs, d'où l'intérêt d'occuper l'appartement en Résidence Principale si c'est plutôt la revente avec plus-value qui est visée.

Inconvénients :

- L'activité est chronophage : ménage, remise des clés, relation avec les locataires qui ont des problèmes, etc. Elle peut être déléguée, mais avec un coût. Et il faut organiser et gérer cette délégation, ce qui nécessitera toujours d'y consacrer un certain temps.
- Nadia n'a pas de plan B. Le lobby hôtelier s'organise et la fronde s'intensifie contre les locations touristiques Airbnb. Pour le moment, la réglementation s'est surtout durcie dans les grandes villes. Mais si elle devait le louer à l'année, la demande pour le bien type de Nadia serait bien différente et son rendement retomberait à 3 — 4 %. De quoi retomber nettement en zone d'effort d'épargne, et espérer qu'elle soit toujours en capacité de rembourser ses mensualités dans cette situation moins favorable.

Style d'investissement nº 6.

Ludovic applique la stratégie de Nadia, mais dans une ville comme Poitiers. Ses locataires AirBnB sont souvent des visiteurs du Futuroscope qui après une visite de 1 à 2 jours au parc profitent de leur passage dans la région pour effectuer quelques jours supplémentaires de tourisme.

Observations : Les avantages et les inconvénients sont les mêmes que pour Nadia à une exception près. Ludovic a un plan B. S'il ne loue plus ses logements sur AirBnB, ils intéresseront une importante population étudiante, et il pourra continuer à les louer en régime meublé à l'année avec un rendement restant décent aux alentours de 8 %.

Style d'investissement nº 7.

Jean investit dans des petites maisons (T4 de 80 à 90 m²) avec jardin. Son terrain de prédilection est constitué de petites villes de campagne tranquilles, en zone relativement rurale, à une grosse demi-heure par l'autoroute des zones d'activité de Toulouse les plus proches. Le rendement est de l'ordre de 7 à 8 % brut.

Avantages :

-   Contrairement à ce qu'on pourrait penser au premier abord, Jean n'a pas vraiment de problèmes de vacance locative. Même à distance assez élevée d'une grande ville, tant qu'on est à portée de tir de la zone d'emploi, le rêve de la maison avec jardin fera recette. D'autant que le loyer plus raisonnable de la localité rendra ce rêve accessible à des familles qui ne pourraient y accéder plus près de la métropole.
-   Dans une maison, il prend ses décisions lui-même. Contrairement à un appartement en immeuble, il n'a pas à supporter de frais de syndic, ou subir des décisions de travaux qu'il ne cautionnerait pas et qui lui seraient imposées par la copropriété.

Inconvénients :

-   Il est en zone C et la demande n'existe qu'en location nue. Avec un rendement brut pourtant du même ordre, le rendement net-net et le cash-flow seront moins bons qu'au style d'investissement n° 3 vu précédemment, et ce, d'autant plus que le taux marginal d'imposition de Jean sera élevé.
-   On est certes soi-même maître des décisions de travaux pour une maison, mais quand celle-ci commence à vieillir trop, les travaux d'entretien peuvent peser proportionnellement plus lourd que pour un appartement en copropriété. Par exemple, le coût d'entretien du m^2 de toiture n'est pas réparti (et donc divisé) sur 4 étages…

Style d'investissement n° 8.

Martin investit dans des petites surfaces (T1, T2) en banlieue parisienne qu'il loue à l'année en meublé. Pour atteindre des rendements corrects, il cible des villes qu'il estime en devenir.

Avantages :

-   On reste à proximité de Paris, donc proche de la plus grande zone d'emploi française.

Inconvénients :

- S'il s'éloigne trop loin en grande couronne, il n'est pas certain que Martin ait de la demande pour de la location meublée.
- Martin est obligé de faire des « paris » sur une évolution favorable des villes dans lesquelles il investit. Or, ceci a deux inconvénients. D'une part, personne ne peut prédire l'avenir avec certitude. D'autre part, cela signifie qu'au moment où Martin commence à investir, la réputation de la ville peut rester en partie « douteuse », et donc faire fuir les locataires les plus solvables et attirer les moins recommandables.

Style d'investissement n° 9.

Thomas investit dans les parkings. Il vise les lots qui sont vendus à bas prix, et qui sont « boxables » (i.e transformables en garage fermé). Il les loue en majorité pour du stockage (meubles ou véhicules de collection).

Avantages :

- Le fait de « boxer » des places est le seul moyen de dégager du rendement entrepreneurial sur des places de parking.
- Le bail d'un garage n'est pas réglementé, car c'est une location de chose (vous écrivez ce que vous voulez, et donc avez intérêt à le rédiger à l'avantage du bailleur). L'éviction d'un locataire en cas d'impayé est plus simple.
- Le parking, par son prix faible, est l'investissement le plus accessible et permet de se faire la main pour un 1er investissement.

Inconvénients :

- La fiscalité n'est pas optimisable en location de parking, ce qui pose problème quand on a un taux d'imposition élevée.
- Comme on ne récupère qu'une cinquantaine d'euros par locataire, cela impose de gérer une multitude de locataires pour commencer à faire de l'argent. Et potentiellement de gérer de nombreux et fréquents changements de locataires si vous visez le marché du

stockage temporaire. Certes, vous vous déplacerez plus souvent pour mettre en place le locataire mais passerez moins de temps à la gestion : peu de vérification de revenus, pas de travaux...

- Si les parkings sont achetés à l'unité, les frais de notaire pèsent proportionnellement lourd. En effet, les frais de notaire incluent une part fixe, puis une part proportionnelle au prix du bien.

<u>Observations</u> : Même si l'investissement dans les stationnements est conseillé par certains blogueurs, c'est quand même assez gagne-petit. Sauf à entamer une vraie démarche entrepreneuriale, en achetant des lots de parking, les boxant, et en faisant cela à grande échelle.

Si vous achetez un appartement avec garage, qui peut être loué sans celui-ci avec une faible moins-value sur le loyer (de 0 à 20 €) et que vous pouvez louer le garage à un locataire différent pour 60 €, louer l'appartement et le garage séparément sera aussi une possibilité d'optimisation.

N'oubliez pas également que même si cela est plus simple que pour un appartement, un garage ou un parking se visite sérieusement avant achat : facilité des manœuvres, taille des véhicules pouvant y stationner (parkings et garages), sécurité, éclairage, humidité, bétonné ou non (garages), etc. Je vous conseille de toujours essayer d'y garer un véhicule avant achat pour vous rendre compte.

Style d'investissement n° 10.

Damien investit dans des immeubles de rapport (de 2 ou 3 appartements) en centre-ville de Béziers. Il obtient un rendement à 2 chiffres, et place ses appartements en location nue et conventionnement Anah Loc'Avantages.

<u>Avantages</u> :

- Le rendement est à 2 chiffres.
- La fiscalité a pu être optimisée grâce à la location nue en Loc'Avantages, avec des plafonds de ressources acceptables en se plaçant en Loc2.
- Les logements sont en centre-ville.

Inconvénients :

- Béziers fait partie des villes où le centre-ville est à contre-courant de la normale. Les classes sociales aisées l'ont fui et la population du centre-ville s'est paupérisée, Béziers étant d'ailleurs une ville relativement « pauvre ».
- En attendant de voir si son « pari » sera gagnant, et si Béziers saura renaître dans une ou deux décennies grâce à une réhabilitation du centre-ville et sa proximité des plages, la recherche et la mise en place de locataires solvables est une mission dans laquelle Damien doit s'impliquer pleinement pour ne pas faire d'erreurs.

Observations :

- Pour les avantages et inconvénients spécifiques aux immeubles de rapport, se référer au chapitre F.11.
- Il faut maximiser dans ce genre de cas l'aspect « qualité relative de l'offre ». En effet, plus la zone est pauvre, plus l'offre concurrente a de fortes chances d'être « pourrie ». Donc, vous jouez sur le fait d'être le seul à proposer quelque chose d'agréable avec des aménagements modernes. Et vous attirez ainsi des locataires de qualité correcte.

Style d'investissement n°11.

Paul achète un terrain, et y fait construire un immeuble de rapport horizontal (c'est-à-dire que celui-ci a un seul étage, et les logements sont plutôt les uns à côté des autres que les uns au-dessus des autres) par un maître d'œuvre. Il délègue tout ce qui est gros œuvre, mais effectue lui-même toutes les finitions (électricité, plomberie, plâtres, peintures, sols etc.). Il investit dans une commune agréable et en expansion voisine de 10 km d'une ville moyenne dynamique. L'immeuble est divisé en 2 T3 et 2 T4 ayant chacun un petit jardin. Pour serrer les coûts, Paul ne prévoit pas de garages, mais garde une partie de terrain où il envisage de construire ultérieurement un abri de jardin divisé en 4 compartiments distincts.

<u>Avantages</u> :

- Beaucoup de rendement entrepreneurial étant mis en jeu, le projet réussit l'exploit, très rare, de cumuler les avantages de l'immeuble de rapport (gros rendement) avec l'entrée en portefeuille de biens relativement patrimoniaux (petites maisons avec jardin).
- Il ne devrait pas y avoir de problème de vacance locative. Les logements T3 ou T4 avec jardin proches d'une zone d'emploi sont exactement le cœur de cible de la recherche des familles.
- La construction étant neuve, Paul devrait avoir peu de travaux d'entretien les premières années. Il disposera en sus des avantages de l'immeuble de rapport pour sa gestion (cf. chapitre F.11)

<u>Inconvénients</u> :

- C'est un véritable projet entrepreneurial. Il faudra en amont vérifier ce que la mairie autorise ou non sur le terrain constructible visé (possibilité d'ériger plusieurs logements, coefficient d'occupation des sols, hauteur de construction, etc.) et faire appel à un architecte. Puis intégrer tous les paramètres habituels pour une construction neuve, y compris ceux spécifiques quand elle est à visée locative (normes handicapés, etc.)
- Paul a prévu d'effectuer une part importante des travaux lui-même. Ceci va donc être pour lui très chronophage. Si Paul est marié ou a des enfants, c'est un projet qu'il devra prendre soin de faire accepter en amont par sa famille.
- L'optimisation de la fiscalité peut être à la fois nécessaire pour obtenir un cash-flow positif et néanmoins difficile : la demande en meublé pour ce type de biens à cet endroit-là devrait être famélique, et il est possible (dans certaines villes) que le Loc'Avantages (surtout en Loc2) dégrade trop le montant du loyer par rapport au niveau du marché pour être intéressant.

<u>Observations</u> : Paul avait initialement envisagé de bâtir son projet en construisant simplement une maison individuelle unique. Cependant, si on ne profite pas d'un bonus fiscal supplémentaire (cf. style Pinel en mode « non-pigeon » décrit au chapitre B.2), il est très difficile d'obtenir un

cash-flow positif après fiscalité avec peu d'apport pour la construction d'une maison neuve. Cependant, Paul n'étant pas en zone éligible Pinel, il a ainsi choisi de réduire au maximum son coût de construction au mètre carré pour passer cette barrière du cash-flow positif. Il y parvient grâce au « prix de gros » obtenu en construisant cet immeuble de rapport de maisons mitoyennes (un seul terrain acheté, coût de construction moins élevé) et en intégrant du rendement entrepreneurial issu de sa sueur (il effectue lui-même tous les travaux des lots de finitions).

Style d'investissement n° 12.

Marc s'est spécialisé dans les ventes aux enchères. Il fait ainsi des affaires.

<u>Observations</u> : Il ne faut pas en rester à l'image de l'affaire facile. Les ventes aux enchères au tribunal présentent de nombreuses contraintes qui n'existent pas dans une vente classique. On rentre ici dans une professionnalisation de l'investissement immobilier locatif (absence de clause suspensive d'obtention de prêt, expulsion à mettre en œuvre si le bien est vendu occupé, etc.), et je ne vous conseillerais pas d'adopter un tel style pour vos premiers investissements. Vous y repenserez plutôt quand vous en aurez déjà effectué une petite dizaine d'une manière classique…

En résumé.

Il serait vain de chercher à dresser une liste exhaustive de tous les styles d'investissement possibles en immobilier locatif. D'autant qu'un style d'investissement donné n'est pas adapté à toute zone géographique. Au contraire, un style doit savoir cerner l'essence d'une zone géographique donnée et trouver la meilleure façon d'en faire ressortir les fruits.

Un style doit aussi également s'adapter aux revenus de l'investisseur :

- Plus ils sont élevés, et plus celui-ci cherchera à atténuer la fiscalité.
- Plus ils sont faibles, et plus la faible capacité de l'emprunt de l'investisseur devra être compensée par du rendement entrepreneurial qu'il créera. Que ce soit par de la créativité avec de bonnes idées de reconfiguration d'un bien, ou par des travaux effectués par lui-même pour gagner sur leur coût.

Les quelques exemples de styles d'investissement dressés précédemment devraient néanmoins vous permettre d'avoir un premier aperçu de quelques styles possibles, et de leurs avantages et inconvénients respectifs. J'espère qu'ils contribueront ainsi à vous donner quelques premières idées pour trouver votre propre voie, et ainsi dessiner une première esquisse de votre propre style d'investissement en immobilier locatif.

Pour ma part, si je devais décrire le barycentre de mon style d'investissement immobilier locatif, je l'exposerais de la façon suivante. Mon style a consisté à investir dans une zone en ville B2, car j'en avais une à proximité de mon domicile, non sinistrée, et en légère croissance démographique. Avec mon salaire de cadre, j'avais un taux marginal d'imposition de 30 %, l'optimisation de la fiscalité était donc l'une de mes préoccupations majeures : j'ai donc investi en meublé LMNP sur les biens de petite surface, et ai effectué du déficit foncier et conventionné auprès de l'Anah[67] sur les plus grands biens, ce qui me permet en outre de diversifier mon risque entre locations nues et meublées. Je me contente d'un rendement autour de 8 à 9 % (sur mes T2 à T4, sur les T1 je suis plutôt à 10%), car l'immobilier n'est pas la seule composante de mon patrimoine, je ne veux pas y consacrer plus de temps que nécessaire : la zone idéale de la courbe de taux de sérénité est quelque chose qui me convient bien. Ceci m'oblige à mettre environ 10 % d'apport sur mes opérations pour avoir un cash-flow positif sur la durée des 20 ans. Cela dit, au vu de ma capacité d'épargne, il n'y a rien de dramatique à cela, et de surcroît mes biens en portefeuille sont ainsi plus « patrimoniaux » que si j'avais choisi d'adopter une stratégie plus agressive sur les rendements visés.

Ne soyez donc pas dogmatique pour trouver votre propre style. Si j'avais juste retenu « cash-flow positif obligatoire sans aucun apport » comme certains le prônent, j'aurais commencé moins tôt, effectué beaucoup moins d'opérations immobilières, et le regretterais aujourd'hui[68].Construisez-le et choisissez-le en tenant compte tout autant de vos atouts que de vos lacunes, aussi bien personnels que ceux de votre environnement géographique.

---

[67] En pratique en Borloo/Cosse, aujourd'hui c'est le Loc'Avantages qui s'applique.
[68] Mais ne me faites pas dire ce que je n'ai pas dit : si vous aviez besoin de mettre 50 % d'apport pour avoir un cash-flow positif, ce serait une mauvaise opération...

Partie F

Bonus : Sujets transverses d'application des principes précédents

Avant de conclure ce livre, j'ai souhaité insérer en bonus une partie où je partage un best-of des articles de la section « immobilier » de mon blog[69].

Selon les articles, vous pourrez trouver quelques redondances avec les parties précédentes, mais cela ne fait pas de mal de réviser, non ?

Il y aura également des articles qui focalisent sur un point déjà abordé rapidement dans le livre, mais qui prennent le temps d'approfondir plus en détail la question. D'autres où des notions déjà abordées s'entremêlent à l'occasion de l'étude d'un cas particulier.

Mais, vous trouverez aussi des articles sur des sujets qui n'avaient pas vraiment été abordés dans les parties précédentes : l'appartement vendu loué, l'immeuble de rapport, la SCI, etc.

Le style d'écriture de cette partie F est moins formel, puisque les articles ont parfois eu une première vie sur le blog, dans un format allégé. L'enchaînement des articles entre eux suit une logique moins élaborée et suit moins un fil conducteur que l'organisation des chapitres que vous avez lus jusque-là

Pour schématiser, je dirais que si les parties A à E se lisaient comme un livre, qui plus est un livre de méthode qui se veut structuré, la partie F se lira quant à elle plus comme un magazine financier.

J'ai précisé les dates et les chapitres auxquels ils peuvent se rapporter au début de chaque article. Notez bien que les chapitres suivants n'ont pas tous été écrits à la même période, et que donc l'humeur peut influer...

Néanmoins, si j'ai choisi de les inclure dans ce livre, c'est que je considère qu'ils peuvent vous apporter une vraie valeur ajoutée, un vrai plus. Surtout si vous les lisez immédiatement après la lecture des chapitres précédents. Et ils traduisent par ailleurs mon expérience terrain d'investisseur immobilier. J'espère donc que vous apprécierez ce bonus !

Les (rares) esprits chagrins qui me lisent se diront peut-être qu'une partie de ces pages, qui pèsent effectivement un quart du livre, sont accessibles

---

[69] http://blog.mes-investissements.net

par ailleurs gratuitement. Mais le confort de lecture est quand même meilleur sur papier, ou liseuse que sur le blog. Et puis, vous achetez bien de l'eau en bouteille alors que l'eau du robinet est gratuite, non ? De plus, j'ai « fignolé » un peu certains articles en ajustant quelques nouvelles astuces qui n'apparaissent pas dans la version initiale publiée sur le blog.

Plus sérieusement, j'ai sélectionné dans ce best-of les articles qui avaient une logique à être lus en aval des chapitres précédents, et permettaient parfois d'éclairer ces derniers d'un jour nouveau.

Complément 2ⁿᵈᵉ édition

Puisque j'ai constaté par le passé que ces quelques phrases avaient effectivement parfois mis en émoi quelques esprits chagrins, cette 2ⁿᵈᵉ édition ajoute au sein de cette partie F une proportion plus importante de contenu inédit ou « retravaillé », et elle ne se limite donc désormais plus à la reprise telle quelle d'articles parus précédemment sur le blog.

Zoom sur le marché 2026.

Le Marché

La question que m'a le plus posé ces trois dernières années : « Cela vaut-il encore le coup d'investir et d'emprunter avec des taux d'emprunts aussi élevés ?». Les taux sont en effet montés jusqu'à plus de 4% en 2024 avant de se stabiliser à un peu plus de 3% aujourd'hui. On va répondre d'emblée : des taux autour de 3 à 4 % ne sont pas historiquement si élevés et beaucoup d'investisseurs immobiliers se sont enrichis dans les années 1970-1980 avec des taux beaucoup plus hauts. En outre, l'exception française sur l'emprunt immobilier existe toujours. D'une part, si les taux montent après la souscription de votre emprunt, votre taux restera fixe et vous bénéficierez de l'inflation (en augmentant votre loyer avec les indexations). D'autre part, si les taux rebaissent, vous pourrez renégocier votre crédit sans véritable pénalité financière.

En fait, en France, les taux fixes sont en pratique des taux semi-variables, cette variabilité n'étant que dans le sens qui vous arrange. Connaissez-vous d'autres situations où *pile vous gagnez* et *face c'est la banque qui perd* ? Moi non… Le seul cas où un particulier est perdant avec un emprunt immobilier à taux fixe en France est lorsqu'il omet de renégocier son crédit en cas de baisse des taux. Peu en ont conscience, mais dans aucun autre pays au monde les choses se passent comme ça : renégocier un crédit à taux fixe à la baisse ne s'y fait pas sans pénalité financière dissuasive…

Le problème ne vient donc pas nécessairement les taux. Plutôt du prix des actifs immobiliers à mettre en face qui ne s'ajustait pas en 2024. Cependant, la relation du prix des biens immobiliers avec les taux n'est pas si directe que certains veulent bien le dire. Oui, comme on l'a vu avec le DCF, une hausse des taux doit en théorie faire augmenter le rendement des biens immobiliers (et donc baisser leur prix) pour conserver une prime de risque. Mais souvent, une hausse des taux se produit en contexte inflationniste… Contexte dans lequel les gens sont friands (ou a minima ne se séparent pas facilement) de leurs bien tangibles comme l'immobilier. On a ainsi donc deux forces antagonistes qui peuvent s'opposer sur l'évolution des prix.

Dans la pratique, on s'est retrouvé en 2024 avec un marché relativement bloqué. Seuls les biens parfaits avez zéro défaut se vendaient. Les biens avec défauts (des travaux à effectuer étant considérés comme tels) se vendaient peu : les vendeurs restant ancrés sur les prix élevés auxquels les biens se vendaient l'année précédente, et les acheteurs n'étant eux prêts à acheter qu'après une vraie négociation. J'écrivais ici même l'an dernier « Soyez rassuré : ce n'est pas la première fois qu'un blocage du marché immobilier se produit. Cela peut durer plusieurs mois, mais en général cela ne dure jamais des années. Tôt ou tard des gens seront obligés de vendre, et le marché fera son œuvre ». On voit d'ailleurs en cette fin 2025 que le marché s'est sensiblement débloqué. La légère baisse des taux a entraîné un début de solvabilisation des acheteurs d'une part, et certains vendeurs qui avaient patienté (seulement un temps) dans l'espoir de retrouver des conditions plus favorables ne pouvaient plus attendre et ont commencé à mettre leurs biens sur le marché.

Des stratégies comme effectuer des propositions en négociant, ou savoir traiter par des travaux les défauts corrigeables et non rédhibitoires comme la configuration du bien, redeviennent donc payantes. Enfin, il y a autant de marché que de villes, tout n'est pas homogène, et une prospection fine devrait toujours permettre de trouver des affaires intéressantes.

Voilà ce que j'écrivais fin 2024 pour mes prévisions d'évolution des prix.

Même si je n'aime pas jouer à Mme Irma, car je peux me tromper, j'ai un scénario sur les prix. D'abord, une petite correction en valeur nominale dans les prochains mois (surtout dans les villes où le marché avait eu les plus forts excès comme Bordeaux ou Lyon) mais sans vrai krach. Et ensuite, dans les prochaines années, je pense que la baisse ne se poursuivra pas en valeur nominale, mais peut-être en valeur réelle : le réajustement des prix immobiliers avec le pouvoir d'achat des français se faisant alors par une évolution des prix immobiliers inférieure à l'inflation.

L'année 2025 a plutôt suivi mon scénario. On verra pour la suite si j'ai vu juste jusqu'au bout…

Le Crédit

La difficulté d'emprunter est un autre phénomène qui remonte. L'assouplissement des critères HCSF (dérogation investisseurs passant de 4% à 6%) survenue en juin 2023 n'ayant pas eu les effets escomptés.

Les banques ne distribuent plus en effet aussi facilement le crédit que dans la fin des années 2010, notamment pour les serial-investisseur qui ont parfois l'impression de se retrouver bloqués après quelques biens. En sus de ce qui a déjà été évoqué chapitre C.3 et qui reste globalement pertinent, j'insisterais sur deux choses si on m'interrogeait sur le sujet à fin 2025 :

1. N'oubliez pas que la banque prête avant tout à un profil plutôt que de prêter pour un bien.

Ce qui coule de source est de soigner votre solvabilité et qu'avoir de l'épargne ou un peu de patrimoine financier aidera.

Ce qui est un peu moins intuitif est de soigner le potentiel commercial que la banque voit en vous. Lui prendre son assurance PNO comme dans les années 2010 n'est plus toujours suffisant. Si le reste échoue, renoncer à la délégation d'assurance fera par exemple partie de la stratégie à adopter.

Exemple (qui peut paraître contre-intuitif) :

Imaginez que vous avez 200 k€ de patrimoine financier réparti de la façon suivante : 100 k€ placés chez votre banque, 80 k€ sur un PEA chez un courtier en ligne et 20 k€ sur une assurance-vie ou un PER en ligne à bas frais. La meilleure stratégie sera d'exposer à la banque un patrimoine de 180 k€. Pourquoi ?

- Si vous montrez tout (200 k€), la banque va vous étiqueter comme « autonome / multi-bancarisé / chasseur de bas frais ».
- Si vous ne montrez aucun placement hors banque, votre patrimoine ressort à 100 k€ au lieu de 200 k€, et cela change trop le scoring de solvabilité de la banque.
- Si vous montrez en sus des 100 k€ dans votre banque, les 80 k€ de PEA en ligne, mais pas les 20 k€ de l'assurance-vie/PER en ligne, c'est la meilleure stratégie. Retenez bien que la banque note votre profil en solvabilité et potentiel commercial pour décider de vous octroyer un crédit. Et c'est là que vous serez le mieux placé (180 k€ de patrimoine financier officiel, pas loin des 200 k€ officieux) et pas de PER et assurance-vie en ligne (la banque pensera pouvoir vous vendre le sien).

Autres exemples contre-intuitifs, voir vidéo : youtu.be/ye4Tp9LmIVg

2. Ayez conscience du moment où la banque vous considère comme un professionnel de l'immobilier.

C'est aussi contre-intuitif mais en 2026 dès lors que vos loyers encaissés dépassent vos revenus d'activité, il se peut que les banques vous refusent systématiquement les crédits. Au lieu de vous considérer comme mieux solvable, elles vous classent alors comme *professionnel de l'immobilier*. Leur logique est de se dire que vous allez les moyens de quitter votre emploi dès le lendemain, et que vous pouvez donc à votre guise décocher leur sacro-sainte case du CDI avec laquelle vous vous présentez à elle aujourd'hui… Rassurez-vous, il existe alors une parade pour continuer à investir : passer en société / demander des crédits professionnels.

La Réglementation

Une nouvelle fois, avec les valses des gouvernements, le PLF 2026 n'a pas été voté à l'heure où j'écris ces lignes. Ceci dit, peu de changements fondamentaux étaient en discussion sur l'immobilier pour 2026. Un éventuel statut du bailleur privé a été évoqué, mais ça reste un serpent de mer, et je vois la probabilité qu'il sorte en 2026 comme assez faible.

Je vous propose donc plutôt de partager mon avis sur le changement majeur qui a eu lieu en 2025, la réforme du LMNP.

LMNP

On peut voir le verre à moitié plein : cette réforme n'a pas été (comme envisagé un temps) jusqu'à l'alignement du régime meublé sur le régime foncier. Elle a porté uniquement sur la réintégration des amortissements dans le calcul de la plus-value, ce qui est un moindre mal En fait, tant qu'on ne vend pas, la niche fiscale du LMNP est toujours là pour l'exploitation locative. De plus, on pourrait encore éviter les effets de la réforme si on vend assez tard après l'achat pour que les abattements pour durée de détention du particulier effacent l'impôt sur la plus-value. Et si on veut arbitrer plus tôt, viser l'atteinte du statut de LMP sera une solution à envisager pour profiter de l'exonération de la plus-value long-terme spécifique à ce régime. Car cet avantage du LMP, ajouté à celui qu'il ne limite pas vite votre nombre de lots en meublé contrairement au LMNP, pourrait redonner un certain éclat à ce régime, et tenter des investisseurs après qu'ils auront commencé en LMNP pour leurs premiers biens.

Ou on peut voir le verre à moitié vide : complexité pour faire des arbitrages de moyen terme en vendant des biens. Et que la clause du grand père n'ayant pas été retenue, on aura eu un changement des règles en cours de partie typiquement français…Des éléments à garder en tête. C'est arrivé une fois, ça arrivera d'autres. De quoi renoncer à investir ? Non ce serait une erreur. Mais être conscient qu'il faudra à coup sûr s'adapter : Oui !

Chapitre F.2

Les meilleures affaires se font-elles en achetant à un particulier ou à une agence ?

C'est une question qu'on m'a posée plusieurs fois, et je dois avouer que la **réponse n'est pas aussi triviale** que ce que les gens imaginent.

La **1ère réponse qui vient à l'esprit**, c'est qu'en achetant à un particulier, on **économise les frais d'agence**. Si vous m'aviez demandé il y une douzaine d'années, c'est-à-dire bien avant que le terme « uberiser » n'existe, *« Quelle profession va disparaître en premier en se faisant uberiser par Internet ? »*, je vous aurais d'ailleurs répondu d'emblée « agent immobilier ». Le travail des agents immobiliers consiste en effet principalement à mettre en relation un acheteur et un vendeur, et leurs commissions sont loin d'être données. Mais si cette remarque suffisait à répondre à la question initialement posée, ce serait bien **trop simple** !

En effet, les annonces provenant de **particuliers** vont en **majorité** avoir un **prix surestimé**. Quand un **particulier** met une annonce en ligne, il n'y a en effet pas eu **d'agent immobilier** présent **pour lui recadrer** ses désirs avec la réalité du marché : rappelez-vous que l'**agence immobilière** a aussi un intérêt à ce que le bien soit vendu assez vite et sans trop de difficultés. Or, beaucoup de particuliers pensent en effet que leur bien vaut très cher, beaucoup plus cher que sa véritable valeur !

Si l'on parle en **termes de fréquence**, les annonces de **particuliers** vont donc le plus souvent avoir **un prix surestimé** par rapport à ceux de **biens similaires** provenant des **agences immobilières**, même si ces derniers intègrent des frais d'agence. Éviter les biens d'**agences** immobilières sous prétexte d'éviter les frais d'agence n'est donc pas toujours une bonne idée.

Mais arrêter le raisonnement là serait encore trop simple. En effet, nous cherchons à acheter u**n seul bien, et non l'ensemble du panel** de biens proposés par les **particuliers**. Or, même si en moyenne, ceux-ci ont tendance à être surévalués, il se peut qu'**un particulier donné** propose son bien à **un prix sensiblement sous-évalué**, qu'une agence aurait quoiqu'il arrive estimé plus haut (dans ce sens, c'est la peur que le mandat de vente aille au voisin si l'estimation est trop basse qui freine les agents immobiliers à faire des estimations trop basses). Et quelques-uns de ces particuliers vont par inexpérience faire cette sous-estimation significative.

Comment alors les repérer ? C'est justement leur **inexpérience** qui permet de les **repérer**. Ces **particuliers** vont donner un indice traduisant leur inexpérience, souvent un indice qui montre qu'ils ont vraiment besoin de vendre (et donc, qui sous-entend – *trop besoin de vendre* – ce qui laisse supposer que le prix est négociable). L'annonce intégrera alors des mots ou expressions comme :

➤ Urgent / Prix à négocier / Cause mutation / déménagement / départ à l'étranger / divorce. Vous pouvez même pousser le vice jusqu'à faire votre recherche sur *le Boncoin* avec ces mots clés…

➤ Agence s'abstenir (= le particulier n'a peut-être pas procédé à une évaluation du bien, et peut *potentiellement* mal connaître le marché)

➤ Une annonce présente depuis longtemps (4 mois) et qui subit récemment une ou plusieurs petites baisses successives de prix de mise en vente, repérées sur *seloger* grâce au plugin Castorus.

➤ Enfin, quand vous trouvez sur un site en ligne un **bien** proposé par une **agence**, faites systématiquement une recherche pour voir si un **particulier** ne propose pas le même bien : parfois certains le font à un prix inférieur, d'autres au même prix (mais vous connaissez alors déjà un potentiel de négociation minimal à hauteur des frais d'agence).

Pour résumer, à la question initiale, *les meilleures affaires se font-elles en achetant à un particulier ou à une agence ?*, la réponse n'est ainsi **pas manichéenne.** Les **offres émanant de particuliers** vont avoir en **majorité un prix surévalué** par rapport à des biens équivalents proposés par des agences. Mais **quelques inexpérimentés particuliers pressés** proposeront leur bien à un prix inférieur au marché dans des circonstances particulières.

L'**agent immobilier**, lorsque vous aurez su constituer un réseau et qu'il vous reconnaîtra comme un acheteur sérieux, pourra vous proposer des **offres intéressantes** avant même qu'elles atteignent le stade de la **vitrine de l'agence** ou de l'**annonce internet**. Et là aussi, il peut y avoir quelques affaires qui se présentent ! Vous serez reconnu comme un acteur sérieux et de confiance par l'agent immobilier si vous faites effectivement une proposition lorsque vous lui avez annoncé lors de la visite que vous alliez en faire une, et si vous allez bien au bout de l'achat (en obtenant le financement) quand vos propositions sont acceptées.

Faire un investissement locatif avant l'achat de sa résidence principale : aberrant ou judicieux ?

Certains se posent parfois la question de l'intérêt d'effectuer un investissement locatif avant d'être propriétaire de leur résidence principale (R.P). Souvent, la réponse unanime des personnes sondées sur cette idée, que ce soit celle du banquier ou de la famille en passant par les amis, ne se fait pas attendre : « Mais non, quelle idée farfelue : ce n'est pas dans cet ordre-là qu'il faut procéder ! ». Mais ici, nous ne considérons jamais le discours issu de la sagesse populaire comme valable, et lui préférons toujours un examen minutieux des faits. Qu'en est-il vraiment en réalité lorsqu'on prend le temps d'effectuer une analyse sérieuse ?

Le match investissement locatif vs. R.P.

Imaginons un cas fictif. Un **même bien, au même endroit vendu au même prix. Toutes choses égales par ailleurs**, si on hésitait d'un strict point de vue purement financier à placer celui-ci en résidence principale ou en investissement locatif, le match se résume de la façon suivante :

Avantages Investissement locatif vs. Résidence principale :

> ➢ L'emprunt revient moins cher pour l'investissement locatif grâce à la déduction fiscale des intérêts d'emprunts[70].
> ➢ Vous pouvez éventuellement déduire fiscalement certains travaux de rénovation de vos revenus (mais on ne fait pas de gros travaux tous les ans…).

---

[70] Voir fin de chapitre C.3.

Inconvénients Investissement locatif vs. Résidence Principale :

➢ La part des loyers encaissée sur laquelle des charges n'ont pu être abattues est fortement fiscalisée (taux marginal d'imposition + prélèvements sociaux). Si vous n'êtes pas convaincu, essayez de comparer une situation en régime locatif réel et une situation en régime non imposable avec un outil tel que l'outil de calcul de rendement automatique et vous verrez qu'en général à la fin il ne reste pas tout à fait le même cash-flow…

➢ Vous assumez un risque de vacance locative.

➢ Vous assumez un risque de dégradation du bien, et le relationnel avec le locataire (temps de gestion).

Le **rapport avantages-inconvénients est donc en faveur de la résidence principale**. Si l'on y ajoute l'aspect psychologique (aspect rassurant d'avoir un toit à soi, être bien chez soi, etc.), on explique donc aisément le « *Mais non ce n'est pas dans cet ordre-là qu'il faut procéder* » que reçoivent ceux qui se risquent à imaginer effectuer un investissement locatif avant leur résidence principale.

Mais ce raisonnement serait en **réalité trop simpliste**, car **l'hypothèse** fixée au départ de ce paragraphe « *toutes choses égales par ailleurs* » **ne correspond** en fait **pas à la vraie vie**…

Quelles situations amènent à s'interroger sur l'intérêt d'un investissement locatif avant la R.P. ?

Pour répondre à cette question, on peut en fait commencer par prendre le **problème à l'envers** en se remémorant **dans quelle situation** l'achat d'une **résidence principale** est **favorable**.

Ainsi, on peut considérer en général qu'un achat de **résidence principale** est **opportun** quand :

➢ On vit dans une **région** où l'on arrive à cumuler **des quartiers agréables et une rentabilité locative correcte**. En effet, même si le but initial n'est pas de louer le bien, il est toujours utile de calculer un rendement locatif fictif (en prenant le loyer auquel on imagine qu'on pourrait louer le bien) quand on achète sa résidence principale, ainsi que de **comparer sa mensualité d'emprunt à ce**

loyer fictif. Ceci fixe des points de repère vis-à-vis du prix demandé par le vendeur pour le bien que l'on vise.

➢ On pense **conserver cette résidence principale assez longtemps** pour que les frais d'achat (notaires, et agence si présente) aient eu le temps d'être amortis. Pour remplir ce critère, il faut donc imaginer au mieux les potentielles évolutions futures : possibilité de mutation géographique pour raisons professionnelles, adéquation du bien achetée avec les possibles évolutions de composition du ménage, etc.

Si les **critères ci-dessus** sont **remplis**, le choix de la **résidence principale prend la main**, eu égard à ce que nous avions remarqué précédemment.

La question de l'**investissement locatif** avant la résidence principale se pose donc légitimement comme **alternative**, si l'on est dans une situation où les **critères ci-dessus ne sont pas remplis**.

Si le choix de la R.P. n'est pas favorable, dans quel(s) cas est-il judicieux d'effectuer un investissement locatif en substitution ?

De mon observation des choses, j'ai croisé des cas bien différents. D'une part, des investisseurs qui avaient cumulé plusieurs biens locatifs avant d'acheter leur résidence principale et s'étaient ainsi construit un patrimoine intéressant. D'autre part, des personnes se retrouvant à l'inverse bloquées pour l'achat de leur résidence principale (capacité d'emprunt restante insuffisante) à cause d'un mauvais conseil d'un banquier qui leur avait fait souscrire des SCPI avec un emprunt obturant grandement leur capacité d'endettement.

Pour déterminer s'il est judicieux d'effectuer un investissement locatif en substitution d'un achat de résidence principale peu favorable, il faut en pratique principalement être capable de **répondre à une question** et une seule, qui est la suivante : **Cet investissement locatif pourrait-il être conservé en cas d'achat de résidence principale ultérieur ?**

Les **circonstances** pour l'achat d'une **résidence principale** peuvent en effet **changer au fil des années**. On peut trouver un emploi dans une région à la pression immobilière moins forte, le nombre de membres du foyer peut être stabilisé, etc. Ainsi, cet achat pour lequel les circonstances n'étaient pas favorables à un instant *t* peut devenir intéressant ultérieurement. Et si cet investissement locatif qui l'aurait précédé venait à bloquer ce nouveau projet, on pourrait finir par le regretter.

Situation n° 1 : Si un **achat de résidence principale ultérieur peut être envisagé sans vendre l'investissement locatif initia**l, et ce, grâce à un patrimoine et/ou des revenus confortables faisant qu'il restera une capacité d'endettement suffisante : faire un **investissement locatif avant** l'achat de sa **Résidence Principale** peut être **judicieux**. L'investisseur ne sera alors pas bloqué pour son achat ultérieur de résidence principale. Si en sus celui-ci cible des investissements locatifs qui sont à cash-flows positifs, il pourra même en effectuer plusieurs avant de passer à sa résidence principale. Cela peut avoir un réel intérêt dans divers cas, par exemple quelqu'un qui habite provisoirement à Paris et investit dans sa ville natale de Province à rendements plus élevés.

Situation n° 2 : Sinon, dans le cas où l'**emprunt** qui serait effectué pour l'**investissement locatif tirerait trop les ratios d'endettement** (mensualité d'emprunt vs. revenus, cash-flow négatif, etc.) pour **envisager sereinement** l'achat **ultérieur d'une résidence principale** sans avoir à revendre le bien, il y a **alors 2 alternatives** :

Alternative 2.1 : **Ne rien faire** pour l'instant et attendre le moment favorable pour l'achat de sa résidence principale.

Alternative 2.2 : Acheter un **bien choisi** sur des **critères de type investissement locatif** permettant de dégager **un rendement élevé** (typiquement avec **travaux**), en faire sa résidence principale en l'occupant soi-même, le **rénover**, et le **revendre**. Facile pour un célibataire, bricoleur, prêt à faire des efforts. Mais pas possible pour tout le monde. Ce cas-là n'est en fait pas du pur investissement de type « financier », car il s'agit en réalité de dégager du **rendement entrepreneurial** grâce à un bien immobilier (en profitant de l'avantage que les banques prêtent plus facilement à un particulier pour un bien immobilier que pour toute autre nature de projet entrepreneurial), et il y a une dimension d'**efforts chronophages** à intégrer dans l'équation. Cet effort, s'il est effectué, permettra néanmoins de faire grossir le patrimoine, car la plus-value sur une résidence principale est exonérée d'impôts !

Chapitre **F.4**

7 Principes à suivre pour ne pas faire d'erreurs en achetant un bien immobilier

Date de l'article :04/05/2017, Liens avec le ou les chapitre(s) : Tous

Franchir le pas d'un premier achat immobilier (résidence principale ou locatif) est souvent difficile, car c'est souvent « le plus gros chèque de sa vie ». Même si ça ne garantit pas tout, éviter les plus grosses erreurs sera un bon point de départ, car une fois que l'on a évité les erreurs, les scénarios restants sont souvent positifs — certes plus ou moins –, mais positifs. Vous trouverez donc ici les conseils élémentaires à appliquer lorsque vous voulez acheter un appartement ou une maison.

Une fois n'est pas coutume, le but de cet article n'est pas d'expliquer comment devenir à terme un bailleur multipropriétaire (la règle de base est alors celle des cash-flows positifs). Mais il intéressera les gens qui ne veulent pas s'intéresser plus que ça à l'immobilier et cherchent à **acquérir leur résidence principale**, ou un **investissement locatif sans intention de multiplier ensuite les biens**. À partir de cette hypothèse, les **exigences de rendement seront moindres que d'habitude sur le blog**, car il s'agit d'inclure des gens (à moindres moyens ou non) qui cherchent à acquérir une résidence principale « coup de cœur » : toutefois, comme on **cherche à éviter les grosses erreurs**, même si **moins sévère**, on ne pourra totalement se passer d'un **critère sur le prix à payer**.

A. La préparation de l'achat immobilier.

1. Connaître son marché.

Connaître en amont son marché est très important.

Il y a en effet **2 types de bonnes affaires :**

> ➢ Celles qui ne restent pas longtemps.
> ➢ Et celles qui sont restées tellement longtemps que le vendeur est tellement lassé qu'il est prêt à accepter un rabais indécent.

Les secondes sont un cas un peu particulier, mais pour les premières cela permet d'être réactif si une bonne affaire se présente sans avoir à trop tergiverser (sinon c'est quelqu'un d'autre qui en profitera).

Connaître son marché veut dire non seulement connaître quels sont les bons quartiers, les mauvais, ceux qui montent, les projets de développement urbain. Mais aussi **avoir une idée précise de la valeur à laquelle se vendent les biens du type convoité dans chaque quartier.** Sinon comment savoir si tel ou tel bien visité est une bonne, moyenne, ou mauvaise affaire au prix proposé ?

Les services tels que Patrim[71] peut vous aider, mais il vous faudra surtout consulter les annonces, les prospectus immobiliers locaux, et visiter des biens… On fait en effet rarement un bon achat en achetant le 1er bien qu'on visite. Essayez donc de visiter des biens proches de votre cible, même s'ils ne sont pas parfaits (il leur manque un petit détail, ou ont tout, mais sont un poil trop cher, etc.)

2. Connaître ses moyens financiers avant d'avoir à faire une offre pour l'appartement ou la maison convoité.

Pour la même raison de réactivité, lorsque le bon bien au bon prix sera trouvé, allez voir **votre banquier dès le début de vos démarches**.

Les serials-bailleurs immobiliers utilisent parfois l'astuce de faire sauter la clause bancaire (achat sous réserve de l'obtention d'un prêt) pour obtenir des affaires au détriment d'un autre acheteur (qui a parfois pourtant proposé un prix plus élevé). S'il ne faut pas utiliser cet artifice à moins de disposer par ailleurs de la somme comptant « au cas où », cela montre bien que le vendeur est sensible à cet argument et a besoin d'être rassuré sur le fait que la vente aille jusqu'au bout. **Pouvoir présenter une simulation de prêt de sa banque,** correspondant au montant nécessaire pour financer le bien convoité, pourrait donc être particulièrement utile le moment venu.

---

[71] Cf. Chapitre C.2.

Ayez conscience qu'avec les taux contemporains des deux dernières décennies (entre 1% et 5,5%), **la durée idéale d'emprunts est de 20 ans** :

➢ Sur plus, 25 ans par exemple, vous remboursez beaucoup d'intérêts au départ. N'oubliez pas que pour diverses raisons (professionnelles, familiales), il arrive souvent que les résidences principales soient revendues au bout de 7 à 10 ans.

➢ Sur une durée trop courte, vous vous enlevez la potentielle chance de rembourser vos dernières mensualités en « monnaie de singe », ce qui surviendrait dans le cas où les taux viendraient à remonter significativement à long terme.

Si vous êtes juste sur une durée, n'oubliez pas que certaines banques (caisse d'épargne, etc.) offrent **parfois la faculté de prolonger le prêt de 2 ans** (et de facto de réduire le montant des mensualités) en cours de prêt. Cela peut être intéressant pour prendre un prêt sur 18 ans (souvent avec un taux sensiblement plus bas que celui du 20 ans) et l'étendre ensuite à 20 ans. Ou de partir sur 20 ans, et de savoir que l'on pourra ultérieurement étendre à 22 ans si l'on a peur d'être trop « ric-rac ». Attention, cette faculté n'est toutefois pas toujours systématique, elle peut par exemple être prévue « *sous réserve d'accord de la banque au moment de la demande* ». Bref, faites-vous bien préciser les conditions.

B. Le choix de la maison ou de l'appartement.

3. Évaluer les charges qu'aura à payer le propriétaire, TOUTES les charges.

Si c'est un appartement, veillez à bien évaluer les **charges de copropriété**. Certains appartements vendus à bas prix sont des pièges, car les charges sont exorbitantes. À éviter en général : les résidences avec concierge (son salaire augmente avec son ancienneté, et vous pouvez même à avoir à lui payer une prime conséquente l'année de son départ en retraite !), avec espaces verts, celles des années 1970 à chauffage collectif, les ascenseurs desservant un faible nombre d'appartements (quand il y en a plusieurs pour une même résidence par exemple) etc. Procurez-vous également les P.V des 2 ou 3 dernières A.G pour vérifier quels sont les travaux qui ont été votés mais non encore effectués et payés, ou ceux qui risquent d'arriver dans les prochaines années.

Ensuite que ce soit en copropriété ou pour l'achat d'une maison, **prenez bien en compte dans votre équation financière les charges que vous paierez en tant que propriétaire et que ne payiez pas en tant que locataires** :

> ➤ La **taxe foncière**.
> ➤ L'**entretien courant du bâtiment**. On dit qu'il faut en général consacrer annuellement **entre 0.5 % (bien récent) et 1 % (bien ancien) du prix du bien pour le maintenir en état**.

4. L'emplacement, l'emplacement, l'emplacement.

Je reviendrai peu sur le critère de l'**emplacement, car en général on y a pensé**. La ville, le quartier, la position dans le quartier (exposition, voisinage) sont bien sûr de première importance.

2 mises en gardes supplémentaires néanmoins sur ce point :

> ➤ On peut essayer de miser sur un quartier en devenir pour payer moins cher son bien plutôt que sur le centre-ville ou un quartier déjà cossu. Mais attention, un quartier qui a aujourd'hui une réputation douteuse aura, malgré toutes les annonces de réhabilitation de la mairie, bien du mal à se défaire de sa réputation même après cette rénovation. Donc **si vous misez sur l'avenir, ne partez pas de trop bas**…
> ➤ Essayez d'**anticiper toutes les nuisances possibles** à proximité du bien, **actuelles et futures**. En ville notamment, visitez l'environnement de votre bien à plusieurs heures du jour et de la nuit. On pense naturellement aux bars installés ou qui pourraient s'installer. Mais quand on s'installe au-dessus ou en face d'un Monoprix (donc en général à un emplacement premium, puisque Monoprix cible stratégique les centres-villes et *l'emplacement, l'emplacement, l'emplacement* est également la règle de base dans la distribution), tout le monde pense-t-il aussi instinctivement au balai quotidien des livraisons qui interviendront bruyamment à 5 h du matin ?

5. L'élément différenciant.

Avoir un **élément différenciant**, un **élément rare pour son bien est un gage de conservation de valeur patrimoniale**. Par exemple, on dit en général d'éviter les rez-de-chaussée. Mais un rez-de-chaussée sur cour avec **petit jardin, bien orienté et assez lumineux, en centre-ville** (même d'une ville moyenne) sera pourtant un havre de paix très recherché.

Outre le jardin, on peut citer comme éléments différenciant : la **vue sur un monument historique (ou sur la mer), la proximité d'un parc en ville, terrasse** (surtout si c'est quelque chose de rare, ex. : centre-ville d'une ville médiévale)**, la mitoyenneté d'une forêt en zone périurbaine, etc.**

À l'opposé bien sûr (mais c'est encore une fois plus instinctif), personne ne veut d'un élément différenciant dans le mauvais sens : une mauvaise qualité de construction, un aspect esthétique clivant. En outre, le diagnostic énergétique commence à jouer : jusqu'à E, ça va encore (surtout s'il est améliorable avec quelques travaux d'isolation), à partir de F inclus ça se complique dangereusement.

C. Le prix et la finalisation de la transaction immobilière

6. Ne pas payer trop cher.

Il y a quelques astuces pour bien négocier un bien immobilier. Acheter un **bien avec travaux pour le payer moins cher** grâce au rendement entrepreneurial dégagé est également une méthode. Mais il faut veiller à ne pas avoir été trop optimiste sur l'**estimation des travaux. Qui dit travaux à effectuer dit risques supplémentaires** de l'investissement. S'ils représentent une part importante de votre investissement, une estimation à la louche sans devis est trop hasardeuse. Et il **faut que le prix d'achat+travaux revienne nettement moins cher** que pour le même bien livré clé en main (vous avez du boulot, des délais supplémentaires avant la jouissance du bien, et des risques de dérive des coûts en plus, c'est logique…)

Même si les rendements fictifs dépendent de la ville (ce sera moins à Paris qu'à Châteauroux), un raisonnement de bon sens paysan sur le risque me conduit à dire qu'on prend en général un **risque raisonnable si le loyer**

annuel auquel le bien pourrait être loué représente au moins 5 % du prix du bien. Dit autrement, imaginez le loyer hors charge auquel pourrait se louer le bien que vous convoitez, **multipliez par 12 mois puis par 20 ans : vous avez obtenu le prix à ne pas dépasser** pour que le **risque reste raisonnable** sur votre investissement.

Si vous ne deviez retenir qu'un élément de cet article, retenez les 2 phrases ci-dessus. Savoir raisonner de cette façon est à mon sens l'une des principales façons d'éviter une erreur lors d'un achat immobilier. Les investisseurs locatifs experts le font systématiquement, les investisseurs en Résidence Principale n'y pensent pas toujours.

Ensuite, pour ne pas trouver que des biens hors budget, une phase de préparation mentale en amont est nécessaire. Il s'agit de faire le tri dans votre esprit avant de visiter entre ce qui est **impératif** d'une part, et ce qui serait « seulement » **souhaitable** d'autre part.

Enfin, **optimisez l'emprunt.** Allez d'abord voir votre banque. Faites une **simulation non engageante sur un site de comparaison de taux** pour mettre la pression au banquier en la lui montrant et essayer de négocier à la baisse sa première proposition. Si vous êtes jeune, non-fumeur, utilisez la **délégation d'assurance.**

7. Prendre votre propre notaire et passer par lui pour signer le compromis.

Si l'investissement représente beaucoup par rapport à votre patrimoine net, ne signez pas le compromis à l'agence et ne prenez pas le notaire du vendeur par facilité pour finaliser la transaction. Prenez **votre propre notaire qui vous représentera** (pour les frais de notaires, cela ne vous reviendra pas plus cher, car ils se partageront les honoraires entre eux). Et pour le compromis, cela peut vous coûter 200 € supplémentaire (mais vous aurez économisé beaucoup plus en achetant au bon prix, et en optimisant l'emprunt).

Votre propre notaire défendra vos intérêts, il consultera le cadastre, regardera les servitudes, etc. Si vous prenez celui proposé par le vendeur comme notaire unique, parfois il sera impartial, parfois moins... Sur un achat de cette importance, mieux vaut éviter le risque.

Chapitre **F.5**

L'achat immobilier pour… la protection offerte par l'assurance emprunteur

Date de l'article :21/01/2016

Liens avec le ou les chapitre(s) : C.3

Et si l'intérêt d'investir dans l'immobilier passait par la protection qu'offre l'assurance emprunteur ? Rarement un critère de choix lorsqu'on décide d'acheter un appartement ou une maison, elle rentre néanmoins en compte dans l'équation quand on observe les choses de près.

Même si je suis partiellement investi en immobilier, j'ai souvent dit que l'immobilier en soi n'était pas intrinsèquement un très bon business comme peut l'être une entreprise de croissance (achetée à prix raisonnable bien sûr) qui possède des avantages concurrentiels.

L'immobilier, après tout, c'est une commodité (le voisin peut aussi facilement avoir un appartement similaire à louer 100 mètres plus loin, et se mettre à faire du dumping sur le prix du loyer), la fiscalité n'est pas vraiment attrayante (et ne va pas en s'arrangeant), c'est « capex heavy » (autrement dit, ça nécessite des investissements capitalistiques importants, y compris en maintenance du parc).

Bien qu'ayant sélectionné attentivement le bien, **l'emprunt associé a été une composante importante de ma décision quand j'ai commencé à investir dans l'immobilier**. Pas seulement pour l'effet de levier cher à certains (mais qui peut jouer dans les 2 sens…), mais surtout pour la possibilité de **vendre à découvert une obligation à taux fixe sur 20 ans à un taux historiquement bas**. Voici la retranscription à quelques mots près d'une conversation que j'ai eue avec un ami, investisseur compétent, il y a quelques mois :

Un ami : « Tu prêterais ton pognon à 2 % sur 20 ans, toi ? »

Julien : « Non, sûrement pas ! »

L'ami « Put***, moi non plus ! »

Julien : « D'ailleurs, c'est bien pour ça que j'ai sacrément envie d'être plutôt dans la peau de celui à qui l'on prête. »

L'assurance emprunteur comme protection de la famille.

Mais un aspect que l'on oublie souvent sur l'achat immobilier, c'est que **l'emprunt peut également être vu comme important pour l'assurance décès qui y est associée.** Et donc comme une **protection de sa famille.**

Prenons l'exemple d'un jeune cadre en début de carrière. Il a 2 enfants, et sa femme gagne sensiblement moins que lui. Après 5 ans de carrière, son salaire est confortable, mais son patrimoine reste encore relativement faible. En cas de décès accidentel, la situation de sa famille pourrait devenir précaire, puisqu'elle n'aurait que le patrimoine accumulé sur ces 5 années comme matelas de sécurité pour faire face à ce drame.

Sauf si un (ou plusieurs) achat(s) immobilier(s) a (ont) été effectué(s) auparavant... Par exemple, comparons de façon simple les 2 situations suivantes :

> ➢ Situation n° 1. Patrimoine financier de 50 k€, pas d'immobilier. Son épouse et ses 2 enfants se retrouvent avec ces 50 k€ après le drame.

> ➢ Situation n° 2. Patrimoine financier de 35 k€ (il est un peu moins élevé que dans le cas n° 1, car une partie est passée en apport et/ou

remboursement d'emprunt des biens immobiliers). Une résidence principale de 120 k€ (dont 110 k€ d'emprunt restant) et un investissement locatif de 60 k€ (dont 55 k€ d'emprunt restant). Ici, son épouse et des 2 enfants se retrouvent avec 120 + 60 + 35 = 215 k€, puisque l'assurance décès a payé l'emprunt restant à rembourser*.

* J'ai retenu ici l'hypothèse d'une assurance à 100 % sur chaque tête, qui rembourse le capital restant dû plutôt que ne prend en charge les mensualités, cf. chapitre F.1.

La **différence est significative** surtout si l'événement dramatique survient au **début du prêt, et que le patrimoine est encore modeste**. Après 20 ans de carrière, on peut imaginer que notre cadre aurait mis de côté un patrimoine, immobilier ou non, que ce patrimoine servirait de protection à sa famille.

Ainsi, **on l'oublie souvent, mais acheter de l'immobilier à crédit, cela peut donc être aussi vu comme une possibilité de prendre une assurance sur nos futurs revenus** (puisque c'est sur cette base que la banque nous accorde un emprunt) **pour protéger financièrement ses proches en cas d'événement dramatique.**

La question de la quotité pour la protection adéquate.

Que signifie s'assurer à **x % sur telle tête** ? Un emprunt peut en pratique être assuré avec une quotité totale comprise entre un minimum de 100 % (ex. : « 100 % sur une tête », ou « 50 % sur 2 têtes ») et un maximum de 200 % (ex. : « 100 % sur 2 têtes »). En fait, tout dépend des cas :

➢ 1. Vous **achetez seul(e)**. Cette question ne se posera pas. Vous vous assurerez à 100 % sur une tête.

➢ 2. Vous achetez **en couple marié.**

    ○ 2.1 Vous voulez utiliser les **pleins pouvoirs de protection** de l'assurance tels qu'exposés dans cet article. Vous vous assurez à 100 % sur chaque tête. Et vous vous retrouvez dans le cas de l'exemple que j'ai exposé dans la 1ère partie de l'article.

- o 2.2. Vous voulez juste sécuriser le remboursement d'emprunt en cas de malheur.

  - ▪ 2.2.1 Si les 2 personnes du couple ont des revenus similaires, vous pouvez prendre une assurance 50 % sur chaque tête (ou 55 % pour couvrir les autres frais annexes qui étaient partagés comme la taxe foncière).

  - ▪ 2.2.2 Si les 2 personnes du couple ont des revenus relativement différents. Vous assurez à due proportion de la contribution de chacun au remboursement d'emprunt. Exemple : Monsieur gagne 70 % des revenus du couple et Madame 30 %, ils remboursent l'emprunt proportionnellement à leurs ressources. Vous pouvez assurer l'emprunt à 70 % sur la tête de Monsieur et 30 % sur la tête de Madame.

- ➢ 3. Vous achetez en **indivision**, cas du couple non marié sans enfants. On pourrait de prime abord penser que ce cas est similaire au cas du couple marié, et que ceux qui veulent la **protection maximale** doivent s'orienter vers une solution de type 2.1. En réalité, c'est un peu moins simple que cela : la différence est que cette fois-ci, c'est la famille du défunt qui sera héritière de sa part du bien immobilier. Les couples qui cherchent la protection maximale devront donc plutôt utiliser par exemple un schéma d'assurances en cascade. Ils pourront d'abord souscrire une assurance emprunteur au profit de la banque avec une solution de type 2.2.1 ou 2.2.2, puis une assurance décès au profit du conjoint avec les mêmes quotités (cette dernière servant alors le moment venu à racheter la part du défunt à sa famille qui en est légalement héritière).

Chapitre **F.6**

Négocier un bien immobilier : les conditions nécessaires à une forte baisse du prix

Date de l'article : 29/11/2015, Liens avec le ou les chapitre(s) : D.3

Comment négocier le prix d'un achat immobilier ? Quand une négociation immobilière importante est-elle possible permettant l'achat d'un appartement ou d'une maison à un très bas prix ? Au-delà des méthodes, certaines conditions doivent être réunies pour que vous puissiez négocier le prix avec une grosse marge de négociation.

On entend souvent dire que ceux qui investissent le mieux en **immobilier locatif** sont ceux qui parviennent à **acheter en dessous du prix du marché**. **Négocier** le **bon bien immobilier** en dessous du prix du marché est d'ailleurs un des meilleurs moyens d'obtenir la condition vitale de **cash-flow positif** tout en minimisant l'apport.

Comme nous l'expliquions dans l'article sur le **rendement entrepreneurial**, ça ne se fait pas tout seul comme par enchantement. Il faut a minima avoir fourni du temps de travail en amont (connaissance du marché), et probablement en fournir en aval (organisation de travaux d'amélioration ou de réhabilitation par exemple).

Néanmoins, en préambule à cet effort, il est bon d'avoir en tête **quelques conditions nécessaires pour la négociation immobilière**, sans lesquelles cette possibilité de faire **une bonne affaire** n'aurait souvent **aucune chance** d'exister, faute de **marge de négociation suffisante**. Cela permet d'avoir un filtre intellectuel pour **déterminer a priori quand la marge de négociation est élevée** ou non.

1. Pour négocier fort, le vendeur doit être pressé ou gagné de lassitude.

Si le vendeur n'est pas pressé, ou vient juste de mettre en vente son bien, vous pourrez toujours essayer de **négocier le prix de sa maison (ou de son appartement)**, mais il a **peu de chances** d'être disposé à baisser fortement son prix.

Le **vendeur pressé**, c'est celui qui vient de subir une séparation, un divorce, ou une mutation. Même si l'on n'y pense pas toujours au 1er abord, ces mots sont autant de mots qui peuvent servir de mots clés lors d'une recherche sur le bon coin dans votre région.

Le **vendeur gagné de lassitude**, c'est soit celui qui a mis son bien en vente sans succès depuis trop longtemps sans arriver à le vendre (mais dans ce cas, ça peut malheureusement souvent être parce que le bien a un défaut rédhibitoire). Mais, cela peut aussi être dans une situation plus intéressante l'héritier qui veut récupérer rapidement de l'argent liquide suite à une succession. Ou encore celui qui croyait avoir vendu une première fois, mais dont l'acheteur n'a finalement pu obtenir son prêt (dans ce cas, si vous avez la certitude d'obtenir votre prêt – ou que vous avez l'équivalent cash de côté, faire une offre sans condition suspensive de financement peut être une astuce déterminante pour le convaincre).

Comment savoir si vous pouvez négocier le prix de l'appartement du vendeur significativement ?

Il y a donc des **questions cruciales** à poser au vendeur ou à l'agent immobilier lors de la **négociation immobilière** pour savoir si cette première condition nécessaire à la **bonne affaire** est bien remplie :

- Pourquoi vendez-vous ?
- Depuis combien de temps le bien est-il à vendre ?
- Avez-vous déjà eu beaucoup de visites (ou de propositions) ?

À noter que pour un premier tri/aperçu, l'utilisation d'outils tels que Castorus[72] peut vous donner une partie de ces réponses dès l'annonce. En effet, avec ce petit plug-in gratuit à ajouter à *Firefox* ou *Chrome*, vous avez

---

[72] Voir chapitre D.1

un graphique vous montrant l'historique de l'annonce. Une annonce présente depuis 4 mois et qui commence à baisser son prix par petits pas est un bon indice de lassitude du vendeur…

2. Pour que votre négociation aboutisse, le vendeur du bien immobilier doit pouvoir baisser son prix.

Comment négocier le prix ?

On pourrait penser que c'est la question essentielle à vous poser. Mais en fait il y a auparavant une question plus importante à poser au vendeur et qui vous permettra de savoir si une marge de négociation existe ou non. Cette **question cruciale** est :

« Quand avez-vous acheté votre bien immobilier ? »

Il peut y avoir **plusieurs types de réponses** du vendeur avec des conséquences sur l'opportunité <u>éventuelle</u> ou non pour vous de faire une affaire en achetant en dessous du prix de marché :

> ### ➢ Réponse a) : Il y a deux ans.

Là, c'est mauvais signe. Le vendeur avait probablement emprunté pour acheter son bien. Si son bien valait 120 000 €, qu'il avait emprunté 110 000 € pour l'acheter, il lui reste encore plus de 100 000 € à rembourser. Il est coincé financièrement, il a peu de marge de manœuvre pour baisser son prix, et vous avez peu de chance de négocier l'appartement avec un fort rabais.

> ### ➢ Réponse b) : Il y a sept ans.

Le cas est un peu différent. L'emprunt a dû cette fois être remboursé en partie, laissant supposer une marge de manœuvre plus importante.

Oui, mais les Français ne sont pas les Américains. Là où ces derniers ont un peu de culture économique et ont intégré que le prix des biens varie dans le temps en fonction d'éléments conjoncturels, le Français a sa fierté et a beaucoup de mal à accepter de vendre sa maison ou son appartement à un prix inférieur à celui auquel il a acheté.

Donc pour **négocier**, c'est déjà **mieux** que dans le 1er cas, notamment si on trouve un vendeur pressé, mais ce n'est **pas** encore l'**optimal**.

> **Réponse c) : Il y a quinze ans.**

Là ça commence à être très intéressant. Non seulement l'emprunt est grandement voire totalement remboursé, laissant la possibilité au vendeur de baisser son prix. Mais, le bien a été acheté à un bas de cycle immobilier, vraisemblablement à un prix sensiblement inférieur à celui d'aujourd'hui.

Vous pouvez ainsi essayer de proposer une offre avec un rabais conséquent sans que celle-ci ne corresponde à un prix inférieur à celui auquel le vendeur a acheté : certes, votre offre ne sera pas acceptée à chaque fois, mais les **probabilités de réussite de votre négociation** ont augmenté du fait de l'absence du blocage psychologique mentionné en b).

> **Réponse d) : ce n'est pas moi qui l'avais acheté. Je viens d'en hériter avec ma sœur et mes 2 cousins.**

Voilà la **réponse idéale en négociation immobilière.** Pas de référence de prix d'achat comme comparaison. Un prix de vente qui va être à partager entre 4 personnes, et donc un rabais demandé dans votre proposition qui n'affecte qu'à hauteur de 25 % chaque personne concernée. Et enfin, la possibilité qu'un ou plusieurs des vendeurs veuillent rapidement récupérer cet argent inattendu.

Remarque : quand vous achetez non pas à un particulier mais à un marchand de biens (qui revend par exemple un immeuble à la découpe), contrairement à la croyance populaire, vous n'êtes pas nécessairement dans la position du pot de terre contre le pot de fer. Le marchand de biens effectue en effet sa marge sur les derniers appartements vendus d'un immeuble et il a pour contrainte de devoir rembourser sa banque au plus vite. Il est donc possible qu'un marchand de biens soit prêt (et ait intérêt) à vendre légèrement en-dessous du marché pour gagner du temps et finaliser au plus vite son opération d'achat-revente. Certes, en tant que professionnel de l'immobilier, il connaît la valeur des biens et le marché : il est donc en revanche peu probable que la décote qu'il vous accorde aille jusqu'à un niveau très élevé ou complètement irrationnel.

Quel mode de chauffage dans un bien locatif ?

Date de l'article : 11/08/2017, Liens avec le ou les chapitre(s) : D.1, D.2

Éviter le chauffage collectif.

Le plus intuitif est qu'il faut évidemment éviter les appartements équipés d'un chauffage collectif. En effet, en investissement on cherche toujours pour maximiser son rendement locatif à minimiser les charges de copropriété. Avec le chauffage collectif, c'est la double sanction. D'une part, les logements à chauffage collectif ont souvent des charges importantes (et même si vous les récupérez sur les locataires, ceux-ci raisonnent en général en termes de loyers charges comprises, donc au final cela fait moins de loyers hors charges à encaisser pour vous). D'autre part, quand vous avez une vacance locative, c'est la double peine. Comparativement à un logement à chauffage individuel, où vous encaissez zéro pendant la vacance locative, mais ne dépensez pas sur le poste chauffage, là vous serez en sus déficitaire des charges de copropriétés dues au chauffage (sans locataire sur qui les récupérer) puisqu'elles sont mutualisées sur l'ensemble de la copropriété (en tout cas avant l'installation de compteurs individuels).

La chaudière gaz, le meilleur ? Oui et non.

Le chauffage gaz reviendra moins cher à l'utilisation des locataires. Cela devrait donc être pour eux un choix meilleur que l'électricité, et ils devraient donc rationnellement préférer un logement chauffé au gaz.

En pratique, ceci est d'autant plus vrai que le logement loué est grand. Ainsi, pour un T4, les candidats locataires trouveront appréciable un chauffage au gaz plutôt qu'un chauffage électrique. Mais à l'autre bout du spectre, un étudiant qui cherche un T1 préférera l'électricité au gaz. En effet, ce dernier voit comme une contrainte de souscrire un double abonnement (gaz + électricité), et l'argument de consommations d'énergie moins chères porte d'autant moins que sa surface à chauffer est petite (et que potentiellement il n'est pas là pendant les vacances).

De votre côté, une chaudière gaz entraîne en tant que propriétaire une complexité supplémentaire : c'est potentiellement plus de frais (remplacement des pièces, et de la chaudière), et de suivi (vérifier que le locataire a pris un contrat d'entretien avec visite annuelle obligatoire, ou le prendre soi-même et le récupérer dans les charges locatives).

À noter que l'interdiction des chaudières basse température, au profit des chaudières à condensation, est dans les tuyaux pour 2018. Ce qui pourrait rehausser légèrement les coûts d'équipement en chauffage gaz naturel.

L'électricité, envisageable ? Oui, mais.

Évidemment, si vous avez des radiateurs grille-pain dans l'appartement que vous avez acheté…ls risquent de faire fuir vos candidats locataires. Mieux vaut les changer pour des radiateurs électriques à accumulation ou à inertie qui, outre sa réelle moindre consommation énergétique, présentera beaucoup mieux lors des visites ! Avec ce type de radiateurs, on arrive à des performances honorables, sauf si votre logement est vraiment mal isolé auquel cas le mode de calcul défavorable à l'électricité des diagnostics de performance énergétique pourrait faire fuir les candidats locataires si celui était vraiment trop défavorable (G par exemple). Mais notez qu'avec un chauffage électrique, le propriétaire bailleur a en général un job plus tranquille et simple qu'avec un chauffage au gaz naturel sur le poste chauffage.

Conclusion.

Pour un T1, je privilégierais le chauffage électrique (tranquillité pour le propriétaire, locataire réticent à souscrire 2 abonnements). Ce qui veut aussi dire que si la chaudière d'un T1 initialement équipé en gaz naturel tombait en panne, j'envisagerais de passer l'appartement en chauffage électrique plutôt que de remplacer la chaudière.

À partir du T3, où les locataires commencent à faire attention à leurs consommations énergétiques, le chauffage au gaz naturel dispose à mon sens d'un avantage. Les locataires restant plus longtemps, la souscription d'un double abonnement n'est plus vue ici comme un frein… D'autant qu'au final ce second abonnement (gaz) est bien souscrit dans l'intérêt de leur porte-monnaie, le kWh consommé en gaz naturel revenant moins cher que le kWh consommé en électricité. Le point de bascule se situe donc au niveau du T2, sur lequel il est plus difficile d'avoir un avis tranché…

Le nouveau diagnostic DPE

Liens avec le ou les chapitre(s) : B.3 / D.1 / D.2

Je vais tempérer un peu le discours daté du chapitre F.7 dans cette seconde édition, puisqu'il me faut présenter le nouveau diagnostic de performance énergétique (DPE). Le DPE, doit être obligatoirement établi quand vous achetez un bien immobilier, et vous devez obligatoirement remettre un exemplaire en annexe à votre locataire lors de la signature du bail. Il est établi par un professionnel avec des certifications de diagnostiqueur : ce n'est pas quelque chose que vous pourriez décider d'effectuer vous-même.

Les changements du nouveau DPE au 1er juillet 2021

Des changements pour le DPE sont intervenus au 1er juillet 2021. Vous avez sûrement commencé à entendre parler d'évolutions à long terme, avec des interdictions potentielles de louer les logements les plus énergivores… Mais il se passe en fait quelque chose dès le 01/07/2021 avec un changement de calcul du DPE, qui peut avoir des conséquences immédiates sur le classement de vos logements ou sur l'attitude des banquiers pour vous attribuer un crédit suite à un achat immobilier.

1. Standardisation dans le mode de calcul.

Intéressons-nous d'abord à ce qui change dans le mode de calcul. Le but de la réforme au 1er juillet 2021 est d'effectuer une uniformisation de ces DPE. Jusqu'alors, on pouvait effectuer soit un DPE sur facture, soit un DPE sur « calcul de consommation conventionnel des logements ».

Le DPE sur facture, c'était l'occupant qui fournissait des factures. À partir de là, on estimait une consommation énergétique et on attribuait la lettre du

DPE. Evidemment, entre celui qui chauffe à 24 degrés et celui qui chauffe à 18 degrés qui n'est pas frileux, le résultat n'était pas le même ! Entre un grand logement occupé par une famille ou par un couple qui a juste des pièces pour de la décoration, des bureaux, une bibliothèque, cela ne fait pas la même consommation. Donc, ce n'était forcément pas très juste…

Depuis le 01/07/2021, il est désormais obligatoire d'établir uniquement des DPE sur consommation conventionnelles des logements. Ceci dit, il y avait quand même beaucoup de DPE qui étaient calculés comme cela jusqu'à maintenant. Donc, ce n'est pas ce qui change le plus.

Quand on dit standardisation, il y a également une obligation au diagnostiqueur d'être sur place. Ça ne peut pas être sur factures de travaux, ça ne peut pas être sur déclaration du propriétaire. Il a désormais l'obligation de se rendre sur place.

2. Chauffage au gaz vs. électricité : un gagnant et un perdant dans le mode de calcul des nouveaux DPE.

Il y a deux choses importantes qui changent dans le calcul.

1er changement important.

C'est d'abord le coefficient de l'électricité. Vous savez que l'on raisonne en énergie primaire dans les DPE. En fait, il faut garder en tête que ce ne sont pas les kilowattheures que vous payez en chauffage qui sont comptabilisés dans un DPE, mais les kWh d'énergie primaire utilisés pour produire cette énergie :

➢ Quand on est en chauffage gaz, on est quasiment sur la même chose entre le kilowattheure primaire et celui que vous payez sur votre facture. Le coefficient pour passer de l'un à l'autre est proche de 1.

➢ Quand on est en chauffage électrique en revanche, c'est différent. On considère en effet que l'électricité n'est pas un produit final, elle doit être transformée à partir potentiellement de combustibles fossiles, etc. Donc, on a un coefficient de conversion entre kWh consommées et kWh d'énergie primaires élevé. On était jusqu'à maintenant à un facteur de 2,58, c'est à dire que si vous consommiez 100 kilowattheures d'électricité dans votre logement (ceux que vous voyez sur votre facture), votre DPE vous attribuait 258 kilowattheures d'énergie primaire.

Avec le nouveau DPE du 01/07/2021, ce coefficient a été un peu rabaissé et est passé à 2,30. C'est le premier changement important dans le calcul, qui est donc plutôt favorable aux logements à l'électricité par rapport à avant. En effet, puisque leur cas qui était jusque-là défavorablement multiplié par 2,58, ne sera plus que multiplié par 2,30. Donc, potentiellement, vous allez pouvoir avoir des logements chauffés à l'électricité autrefois classés en E avec l'ancienne méthode qui vont monter en catégorie D.

2nd changement dimensionnant.

Un deuxième changement important intervient dans le calcul. Dans les anciens DPE, vous aviez :

- Une première lettre qui représentait la pure performance énergétique et qui faisait référence.
- Et une seconde lettre qui évaluait les émissions de gaz à effet de serre, le CO_2 rejeté, là à titre d'information plus anecdotique.

Désormais, on aura comme résultat des nouveaux DPE une seule lettre qui va retenir le pire des 2 résultats sur ces deux critères. Ceci est clairement défavorable au chauffage au gaz et encore plus au chauffage au fioul.

Exemple vécu 2nde édition :

J'ai par exemple ressorti l'un de mes DPE au gaz qui était en E, même plutôt bien placé dans la lettre E (i.e pas très loin du D), mais qui avait des gaz à émissions à effet de serre classées en F. Le jour où je devrais refaire le DPE de ce logement, il passera donc à priori en lettre F.

Or, comme nous le verrons après, ce sont surtout les DPE en F et G qui à court terme, vont poser des problèmes. Avant le changement de méthode de calcul, je pensais donc qu'avec son classement en lettre E, je n'aurais pas de problème à court terme. Et pourtant, désormais, avec la nouvelle méthode de calcul de DPE, si je ne fais pas de travaux, cet appartement va passer en lettre F juste à cause de la deuxième colonne puisqu'on retient la pire des deux lettres obtenues.

Les conséquences immédiates du nouveau DPE : Des lettres qui changent par rapport aux résultats des anciens DPE.

Cette méthode de calcul a donc des conséquences dès maintenant plutôt favorables aux logements chauffés à l'électricité, et plutôt défavorables aux logements chauffés au gaz.

Un nouveau DPE opposable.

Un élément supplémentaire sur ces nouveaux DPE qui n'est pas technique, mais qui est plus juridique, est qu'ils vont devenir opposables. C'est à dire que si votre acquéreur (si vous vendez un bien) ou votre locataire (si vous êtes bailleur) considère que vous lui avez fourni un DPE louche, il pourra faire établir un DPE de contrôle, et se retourner contre vous si vous êtes fautif.

Des diagnostiqueurs plus fiables ?

Alors, vous allez me dire que cela met encore plus de responsabilités sur le diagnostiqueur. Mais peut être que ce sera juste leur tarif de responsabilité civile qui augmenteront et par répercussion le coût pour faire un DPE qui augmentera. Je ne sais pas si ce sera plus *clean* que maintenant. Ce que j'ai pour ma part constaté dans le passé, c'est que pour un même logement chauffé à l'électricité isolé en RT 2005, entre deux diagnostiqueurs, j'ai eu un diagnostic en C et un diagnostic en F. Deux diagnostics très différents, la même méthode (celle sur calcul conventionnel des consommations pré 1er juillet 2021), cela fait quand même le grand écart ! Ce qui n'est par ailleurs un secret pour personne dans le milieu, c'est qu'un petit coup de fil au diagnostiqueur si le diagnostic ne vous convenait pas suffisait souvent à faire remonter votre DPE d'une lettre. Donc, est ce que cela va changer ? À voir. D'après l'État, oui, c'est son but… Mais il y a d'une part, ce que les énarques décident dans leurs bureaux parisiens. Et d'autre part, le vrai monde, celui du terrain. Ce n'est souvent pas la même chose.

Le sort des anciens DPE établis avant le 1er juillet 2021.

Certains DPE établis avant le 01/07/2021 avaient une validité transitoire jusqu'au 31/12/2024. Depuis le 01/01/2025, ils n'ont plus aucune validité.

Les contraintes à long terme de location en immobilier en fonction de la performance énergétique des nouveaux DPE.

Évidemment, tout cela n'est pas drôle parce qu'on ne fait pas tout ça pour rien. C'est à dire qu'au-delà de cette nouvelle méthode, il y a des critères pour **interdire** ou, a minima, **rendre plus difficile** la mise en location des passoires énergétiques et donc **des logements les plus énergivores** quand ils sont **loués au locataire à titre de résidence principale**.

Je sais que j'en parlais déjà il y a deux ans dans *77 Exercices Pratiques pour l'Investisseur Immobilier Intelligent* où je disais *"si vous prenez de l'ancien même bien placé en centre-ville, attention aux logements qui sont classés à partir de la lettre F qui pourraient être difficiles à isoler parce que vous risquez d'avoir des problèmes à terme pour les louer"*.

Je n'avais pas forcément anticipé le changement de mode de calcul du DPE, mais j'avais bien senti le sens du vent en conseillant par exemple de diversifier un patrimoine immobilier en achetant du relativement récent, comme des fins de défiscalisation avec des logements qui sont au moins en RT2005. Donc, les évolutions tendent à déjà confirmer ce que l'on prévoyait dans ce livre de 2019.

➢ Première étape 2021.

Dès maintenant, vous avez pour les logements qui sont classés en F et G, interdiction d'augmenter le loyer librement entre deux locataires sans envisager des travaux.

➢ Deuxième étape qui va s'étaler entre 2023 et 2025.

Les logements qui ont un DPE supérieur à 450 kWh vont être jugés indécents et donc interdits à la location. Ce n'est pas un nombre énorme. Cela concerne 90.000 logements en France.

➢ Troisième étape : 1er janvier 2028.

La plus grosse étape qui est prévue, c'est le 1er janvier 2028. Là, les logements qui sont classés en F et en G devront pour être remis en location (c'est-à-dire au changement de locataire), avoir subi des travaux les emmenant au moins en lettre E .Cette fois-ci, nous parlons à l'échelle de la France de 1,8 million de logements, donc de déjà beaucoup plus !

> ## ➢ **Quatrième étape : 2034 ?**

Et dernière étape qui actuellement n'est pas encore totalement actée, mais qui est une proposition du rapporteur de la commission à ce sujet, c'est la date du 1er janvier 2034, où est envisagée l'interdiction de louer des logements à partir de la lettre E, donc les logements classés en E, F et G.

Cela concernerait 60% du parc locatif !

Alors bien sûr, c'est toujours pareil. Il n'y a aucun problème pour nos énarques dans les bureaux à Paris à mettre 60% des locataires dehors si les bailleurs ne font pas ces travaux… Et ils ne les feront pas tous, c'est sûr. Car même s'ils veulent le faire, parfois ce ne sera tout simplement techniquement pas possible de passer en D tous les logements qui sont entre E et G.

Il faut donc regarder à long terme et potentiellement anticiper que vous aurez des travaux à faire dans certains biens et qu'il faudra s'adapter.

Comme je le dis souvent, un investisseur immobilier est un entrepreneur, et donc il doit s'adapter en permanence, y compris sur ses 20 ans de crédits sur ses biens locatifs.

Le nouveau DPE et l'accès au crédit immobilier auprès des banques.

Dernière conséquence pour l'investisseur, c'est l'attitude de nos amis les banquiers. Les banquiers sont en effet de plus en plus attentifs aux DPE.

C'est assez logique puisque si vous achetez aujourd'hui un logement qui est classé en F, le banquier va se dire : "Mais s'il est interdit de louer le logement en 2028 et que moi je lui prête sur 20 ans, il va y avoir problème."

Exemple vécu 2ⁿᵈᵉ édition :

Personnellement, je l'ai déjà constaté sur mon dernier emprunt souscrit, rien qu'à la lecture de la liste des documents demandés.

Avant, on me demandait dans la liste des documents à mettre à disposition : 3 dernières fiches de paye, avis d'imposition, déclaration 2044, compromis. J'en oublie peut-être, mais vous voyez l'idée.

Là, quand j'ai reçu la liste pour mon dernier emprunt, il y avait la même chose, à un détail près. En effet, dans la liste des pièces à joindre au dossier, était stipulé explicitement « compromis incluant impérativement un DPE ».

De ce que j'ai compris de la discussion que j'ai alors initiée à ce sujet, cette banque commence à être réticente à vous financer à partir d'un DPE F.

On peut donc supposer que l'on aura à l'avenir de plus en plus de mal à financer des biens qui ont potentiellement un DPE F et a fortiori G, surtout s'il n'y a pas de travaux faciles à effectuer pour faire remonter leur DPE.

Conclusion sur le nouveau DPE

Voilà donc ce qui est prévu. Alors, qu'est ce qui pourrait être fait concrètement ?

J'avoue que 2034, même si c'est loin, avec une limite placée à la lettre E j'ai un peu de mal... Comme je le disais, j'ai déjà vu des logements qui sont en Règlementation Thermique 2005, donc correctement isolés, ressortir en DPE avec une lettre F. C'était avec l'ancien système certes, mais quand même : si on doit mettre tous les locataires dehors, y compris les logements qui sont en norme RT 2005, on ne va pas s'en sortir !

Zoom 2026 : Pour ne pas se dédire tout en assouplissant les critères, les pouvoirs publics ont revu courant 2024 la méthode de calcul pour les appartements de petites superficies (< 40 m^2), pour lesquelles la méthode était défavorable puisqu'elle répartissait l'énergie de l'eau chaude sanitaire sur moins de m^2. En pratique, la méthode de calcul est conservée à l'identique mais un coefficient correcteur est appliqué en aval du calcul. De plus, après le 01/01/2026, le coefficient de l'électricité passe de 2.3 à 1.9, ce qui atténue la pénalisation du chauffage électrique.

Certains appartements sont encore défavorisés par le calcul : ceux aux angles des façades d'immeuble car ils ont plus de murs donnant sur l'extérieur, ceux au dernier étage car même avec des combles isolés les pertes thermiques par le plafond seront plus élevées que pour un appartement d'étage intermédiaire où elles sont considérées nulles, etc. Ces cas-là auront-ils aussi droit un jour à un allègement de méthode spécifique ?

Notons par ailleurs que les DPE passoires thermiques des propriétaires occupants ne semblent poser aucun problème aux pouvoirs publics. Ils pourront continuer à chauffer les petits oiseaux ! Un peu comme s'il fallait surtout s'attaquer aux méchants bailleurs qui, comme on le sait, exploitent tous et logent mal leurs locataires...

Mais les investisseurs en immobiliers locatifs ne s'occupent pas de réflexions politiques.

Donc, il est important que vous sachiez ce qu'implique ce nouveau DPE pour entre autres :

> ➤ Savoir où vous mettez les biens si vous achetez un bien avec un mauvais DPE, comme une lettre F ou G.

> ➤ Être attentif si vous achetez un bien et que l'on vous montre dans un 1ᵉʳ temps un DPE établi avec l'ancienne méthode de calcul.

> ➤ Anticiper d'éventuels travaux dans votre parc locatif actuel, ou arbitrer certains choix. Par exemple, si vous avez une vieille chaudière qui est en train de rendre l'âme ou vous faites des travaux dans un appartement. Est ce qu'il faut remplacer la chaudière ? Ou est ce qu'il faut en profiter pour convertir cet appartement à l'électricité ? Ou encore, un ballon d'eau chaude un peu plus cher, pourrait, s'il consomme moins, être un investissement rentable à terme, pour le bailleur.

> ➤ Pour les plus motivés, comprendre en profondeur la méthode de calcul. Celle-ci étant publique, des logiciels gratuits apparaissent sur le web pour simuler votre DPE. Même si leur prise en main peut être un peu fastidieuse au premier abord, le jeu peut en avoir la chandelle. En effet, comprendre les dessous de la méthode de calcul permet d'optimiser, et notamment d'être capable de commencer par aller chercher les kWh de gains sur votre note DPE qui vous coûteront financièrement le moins cher. Par exemple, voici pêle-mêle des exemples de ce que j'ai appris en jouant avec ces logiciels : une VMC hygro B va avoir un très bon ratio kWh DPE gagnés par euro investi, la puissance des radiateurs n'est pas prise en compte contrairement à leur étiquette NF/NFC et le fait qu'ils aient un programmateur ou un détecteur d'ouverture des fenêtres, un ballon d'eau chaude sera mieux noté s'il est installé verticalement qu'horizontalement, etc.

Chapitre **F.9**

Rédiger une annonce de location immobilière : les clés pour générer des contacts

Date de l'article : 12/11/2015

Liens avec le ou les chapitre(s) : D.5

Rédiger l'annonce de location d'un appartement est l'étape finale quand vous avez investi. Mais toutes les annonces de location immobilière ne se valent pas. Vous trouvez ici quelques astuces pour que la vôtre génère des contacts et se distingue du lot.

Le locataire d'un bien que vous gérez en direct vous a envoyé son préavis. Il est temps de passer l'annonce sur le bon coin et consorts. À moins que votre bien soit dans une zone particulièrement tendue, vous vous demandez **comment rédiger l'annonce de location immobilière** qui génèrera **de nombreux contacts**. Pour cela, il y a **quelques astuces simples**.

1. Les photos de l'annonce immobilière.

- **La photo de la pièce principale.**

J'ai récemment voulu prendre rapidement la photo d'un T1 que je loue. Elle a donné ça…

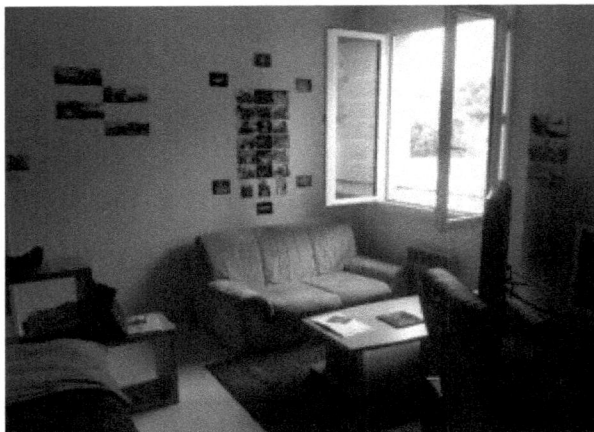

Comme j'avais acheté cet **appartement** il n'y a pas si longtemps, j'ai recherché en parallèle la photo que l'agence avait utilisée dans l'**annonce** de vente, au cas où celle-ci aurait un meilleur rendu. La voici :

Ah ça c'est sûr que cette dernière donne mieux ! Et pourtant, il s'agit bien du même appartement...

Il y a ainsi quelques astuces à mettre en application pour avoir une photo qui attire l'œil, et qui se rapproche du rendu qu'obtiennent les professionnels de l'immobilier :

- La prendre impérativement en **milieu de journée**, au maximum de la luminosité (et avec une ouverture dans le champ de vision).
- La prendre avec un peu de **hauteur**, par exemple en **montant sur un tabouret**, pour renforcer l'impression d'espace.
- Le mieux c'est avec **quelques meubles épars**, ni vide où cela manque de repères, ni totalement meublé où l'on a une impression de manque d'espace. Par exemple, la photo du bas avec le meilleur rendu a bien des meubles, mais tout meuble au centre de la pièce a été enlevé !

Si l'on peut vous prêter un grand-angle pour prendre les photos (notamment celles des petites pièces), c'est encore mieux. Mais respecter les quelques astuces ci-dessus devrait déjà contribuer au succès.

Complément 2ⁿᵈᵉ édition

Astuce : il existe désormais des objectifs grand angle que l'on peut adapter sur smartphone et que l'on peut se procurer pour une vingtaine d'euros. J'en ai testé un sur ma chaîne Youtube. Pour vous en faire une idée, rendez-vous sur la chaîne youtube « Julien Delagrandanne – Blog Mes Investissements », puis tapez le titre de la vidéo « photo annonce immobilière : test d'un objectif grand angle pour smartphone ».

Fin Complément 2ⁿᵈᵉ édition

- **<u>Les photos des autres pièces.</u>**

Les mêmes principes s'appliquent. Mais comme votre nombre de photos est limité, il faudra **choisir les éléments différenciant par rapport à la concurrence**. Imaginons par exemple que vous preniez l'annonce de base du *Bon Coin* avec 3 photos. Pour la 1re photo, vous avez choisi la pièce principale, pour la seconde vous avez montré le bâtiment de l'extérieur (histoire de montrer qu'il n'est ni décrépi, ni insalubre, ni prêt à s'effondrer...).

Il vous reste une 3e photo, qui doit marquer la différenciation de votre bien, i.e pour quoi il est préférable à la concurrence :

- Si c'est un T1, que vous avez une salle de bains moderne avec meuble sous vasque, et que la concurrence présente en général un lavabo sur colonne des années 1970, c'est la salle de bains que vous choisirez.

- Si c'est un pavillon, que la concurrence réside aussi dans des pavillons modernes, mais que le vôtre a la particularité d'avoir une cuisine équipée, c'est elle que vous ferez ressortir sur la 3e photo (car dans ce cas, toutes les salles de bains seront quant à elles modernes).

Astuce donnée par un lecteur en commentaire : utilisez un logiciel gratuit type Photoshop ou une application sur votre smartphone pour faire un collage de 4 photos, cela évite de payer 8 € de supplément photos et cela fait jusqu'à 9 photos disponibles. Car bien sûr, il ne faut pas mettre le collage avec les 4 photos en première photo principale d'accroche...

2. La rédaction du titre de l'annonce de location.

Le **maître mot**, c'est **encore la différenciation**. Pour **rédiger le titre de l'annonce**, vous devez faire ressortir l'élément de votre description qui est le plus différenciant par rapport à la concurrence.

Pour prendre un exemple marquant, dans une ville où les **logements étudiants sont nombreux et souvent gérés par les agences**, le simple ajout de la mention « **sans frais d'agence** » dans le titre de mon annonce a triplé les contacts ! Et pourtant, cette mention semblait a priori inutile puisque les annonces sont déjà différenciées entre « professionnels » et « particuliers » sur *Le Bon Coin*, et cette possibilité de recherche ciblée était donc ainsi offerte nativement par le site au potentiel locataire...

Pour une **maison**, des mots comme « **plain-pied** », « **grand jardin** », « **sans vis-à-vis** » peuvent être différenciant vis-à-vis des autres annonces de location immobilière. C'est à vous de trouver le plus pertinent, en évaluant correctement les atouts et **spécificités** de votre bien par rapport à la concurrence, et ainsi de **rédiger le titre parfait pour votre annonce**.

3. Le prix de location mentionné dans l'annonce : attention aux effets de seuil.

C'est vous qui connaissez le prix de marché de votre bien. Mais **attention** aux **effets de seuil** !

Sur le **bon coin**, les **prix des loyers vont de 50 € en 50 €**. Et c'est un **filtre** qu'utilisent en principe quasi systématiquement **les locataires en recherche**.

Ainsi, il n'est pas rare qu'entre une maison proposée à 760 € et la même à 750 € (de même entre un T1 à 310 € et un T1 à 300 €), **le nombre de contacts soit divisé par 3** !

Et comme les **loyers d'un type de bien donné dans une zone donnée** sont souvent **peu dispersés autour de la valeur moyenne de marché**, mon exemple à 10 € près est contrairement aux apparences beaucoup plus proche de la réalité que de la caricature…

Pensez-y et adaptez votre loyer en conséquence si vous avez du mal à trouver des candidats locataires. Vouloir **gagner 10 €/mois** avant impôts pour se retrouver avec 2 mois de **vacance locative** supplémentaires est **rarement un calcul rentable**.

4. Quand vous rédigez le texte de l'annonce immobilière, donnez TOUTES les précisions utiles.

Ce n'est **pas la peine de cacher des choses aux candidats, y compris celles qui fâchent**. Ils les découvriront de toute façon à un moment donné.

Donc si le chauffage est individuel électrique, précisez-le. Cela vous évitera d'avoir à répondre à des questions inutiles comme « le chauffage est-il compris dans les charges ? » et vous fera gagner du temps. Vous voulez des contacts certes, **mais vous ne voulez** pas cumuler les contacts de **touristes**. En deux mots, il faut **rédiger votre annonce immobilière honnêtement**.

Ce que vous désirez obtenir, **ce sont des contacts sérieux, de gens prêts à visiter**. Et qui idéalement sont déjà un peu séduits par le bien vu au travers de l'annonce, et commencent ainsi **de leur propre initiative à montrer patte blanche** dès la première prise de contact. Si l'on prend le temps de soigner les détails susmentionnés, cela arrive plus souvent qu'on ne le croit…

5. Faire un premier tri sur la façon dont vous répondent les candidats

Personnellement, je n'aime pas être dérangé à tout moment sur mon téléphone, je demande donc sur l'annonce « 1er contact par e-mail en précisant votre situation ». Cela me permet de prioriser les candidats qui prennent le temps de se présenter, sont polis et écrivent sans une faute à chaque mot au détriment des autres. Vous pourrez récupérer par ce biais leur nom et/ou email et ainsi les googliser au cas où… J'avais ainsi découvert à l'occasion qu'un candidat, qui avait par ailleurs un profil financier parfait, était quelqu'un de très procédurier dans d'autres circonstances. Bref, le style « chieur, enc*** de mouches », que je préférais éviter comme locataire…

D'autres procèdent autrement en préférant effectuer leur tri en « cuisinant » un peu les candidats lors d'un contact téléphonique. Ils estiment mieux ressentir les choses de cette façon. Question de personnalité probablement.

Pour ma part, je m'arrête là. Mais si vous êtes sûr d'avoir plus de demandes que nécessaire, vous pouvez ajouter bien en évidence (en caractères gras) la mention « Garanties exigées » pour refroidir les candidats inintéressants.

Choisissez vos locataires comme vous choisissez vos amis, ne choisissez pas vos amis comme locataires

---

Date de l'article :12/05/2016

Liens avec le ou les chapitre(s) : D.7

Louer à des proches ou à des amis, est-ce un avantage ou un inconvénient ? Plus généralement, comment choisir ses locataires ?

Ce magnifique titre d'article, « *Choisissez vos locataires comme vous choisissez vos amis, Ne choisissez pas vos amis comme locataires* », qui a germé dans mon (grand) esprit éclairé (oui, je m'enflamme...) est certes un peu provocateur. Mais puisque son côté « *slogan* » a l'avantage de lui donner un côté « *facile à mémoriser* », tout bailleur immobilier aurait à mon sens intérêt à le conserver précieusement en mémoire. Venons-en donc à étudier ses 2 parties.

Choisissez vos locataires comme vous choisissez vos amis.

Que se passe-t-il quand, après avoir effectué un investissement immobilier, vous avez **plusieurs candidats locataires** qui veulent votre bien ? Comment **choisissez-vous ?** Vous contentez-vous de choisir celui qui justifiera de **plus forts revenus** ou de la caution la plus solide ?

Dans la pratique, mon expérience m'encourage à dire que **ce n'est pas le critère fondamental**. Vous allez pouvoir observer beaucoup d'autres choses si vous faites visiter vous-même votre appartement :

> ➢ Par l'**attitude et le comportement général**. Par exemple, sont-ils à l'heure et respectueux ? Ou sont-ils arrivés 20 minutes en retard sans vous prévenir ?

> ➢ Par **les questions qu'ils posent**. Par exemple, certains vous demanderont l'autorisation pour faire des choses très banales pour lesquelles ils n'auraient pas besoin de votre accord (Aurais-je le droit de stocker mon vélo dans la cave / l'entrée ?), tandis que d'autres en discutant devant vous avec leur conjoint évoqueront déjà leurs projets pour le mur que vous veniez justement de repeindre à neuf (l'armoire suspendue à fixer, le repeindre dans une autre couleur), et ce, bien sûr sans vous demander votre avis.

Il est donc primordial d'**installer un climat de dialogue, pas trop formel**, pour encourager le locataire à se sentir en confiance et apparaître sous son vrai jour. Quelques traits d'humour sont même bienvenus.

Au final, à partir du moment où le locataire a raisonnablement les moyens de vous payer votre loyer, vous **constaterez que vous ne choisirez pas systématiquement celui qui a le meilleur dossier papier et les meilleurs revenus**. Au contraire, vous choisirez celui qui vous a inspiré confiance, et qui vous semble **avoir des principes**. Et finalement, c'est un **peu comme cela que je choisis mes amis**, d'où la première partie du titre de l'article.

Ne choisissez pas vos amis comme locataires.

Je ne me suis jamais personnellement heurté à cette situation, mais comme on a toujours à apprendre des sages, je discute souvent avec plusieurs serial-bailleurs expérimentés. Plusieurs d'entre eux m'ont raconté avoir eu une **expérience délicate en louant à des proches**, et que c'est quelque chose qu'ils ne recommenceraient sous aucun prétexte. D'autres n'ont pas encore été directement confrontés à de telles mauvaises expériences, mais sont convaincus que c'est quelque chose à proscrire totalement dans le cas où le choix du proche implique une concession par rapport aux critères de sélection des locataires qu'ils choisissent habituellement.

Quand on **parle de proches, on parle d'amis, de cousins, etc. Au contraire d'une simple connaissance** que vous avez déjà croisée (par exemple professionnellement, ou comme ancien voisin) qui peut être quant à elle être un bon choix, car vous en connaissez finalement plus sur celle-ci que n'en sauriez sur un parfait inconnu.

Quand on évoque des proches, c'est donc qu'il y a un **aspect émotionnel** dans la relation. Aspect émotionnel qui va devenir problématique en cas de conflit. En fait, le problème fondamental est que **louer à des proches est une vraie galère en cas de conflit**. Et cette probabilité de conflit se trouve renforcée, car le proche, du fait de l'affect particulier qu'il pense avoir avec vous (amical, famille), peut avoir du mal à considérer votre relation bailleur-locataire comme une simple relation commerciale, c'est-à-dire comme celle qu'il aurait eue avec un bailleur inconnu.

Bonus Gestion locative.

Comme bonus du livre pour la gestion locative, j'ai une **version « en images » de la liste des réparations incombant au locataire**. Celle-ci est beaucoup plus compréhensible que la traditionnelle et rébarbative liste annexée au bail, et qu'ils ne lisent en pratique jamais.

Depuis que je la donne à mes locataires **systématiquement** au moment de l'état des lieux d'entrée, mes **dérangements intempestifs ont drastiquement été réduits**. Vous pouvez la télécharger au lien suivant :

https://blog.mes-investissements.net/bonus-immo/

Chapitre **F.11**

L'immeuble de rapport : avantages et inconvénients

Liens avec le ou les partie(s) : C et D.

*L'**immeuble de rapport** est souvent cité comme l'exemple d'**investissement immobilier** ultime. Il peut en effet permettre de louer avec des **rendements locatifs** élevés, mais la situation n'est pas totalement manichéenne : l'immobilier de rapport a ses avantages, mais aussi ses inconvénients qu'il est sage d'appréhender avant d'acquérir votre immeuble.*

L'**immeuble de rapport** est parfois, voire souvent, cité comme l'**investissement de premier choix**. De plus, comme on en trouve certains en zone rurale ou d'autres avec travaux, l'immeuble de rapport peut être un moyen de générer du **rendement immobilier entrepreneurial**, le fameux phénomène qui permet de passer du rendement de 5 % (la moyenne du marché) à des rendements avoisinant les 10 % et permettant l'atteinte de cash-flows positifs y compris avec un montant d'apport faible.

Mais quels sont les **avantages** et les **inconvénients** (oui, on parlera aussi de ces derniers, car la plupart des articles ont tendance à ne se focaliser que sur leurs atouts) de l'achat d'un **immeuble de rapport** ?

Les Avantages de l'immeuble de rapport.

1. Des économies d'argent.

En achetant un **immeuble de rapport**, vous achetez en gros. Vous pouvez donc vous attendre à **avoir un prix par unité et par mètre carré inférieur** à celui que vous obtiendriez en achetant chaque appartement séparément. Et donc à en tirer un rendement sensiblement supérieur.

La première raison à ce prix d'achat inférieur est la moindre concurrence : vos concurrents-acheteurs ne sont ici que des **investisseurs** qui raisonnent « **rendement** ». Vous n'aurez pas en face de vous le jeune couple qui vient d'avoir un coup de cœur sur un T2 et raisonne non rationnellement, car ils veulent absolument habiter là.

La 2nde raison est que **vos frais** d'achats (notaire, éventuellement agence, frais de dossier d'emprunt) seront **moins importants** sur un seul lot d'un montant de X euros que sur plusieurs lots ayant X euros comme prix total : dégressivité des frais, un seul dossier d'emprunt, etc.

2. Le pouvoir de décision et l'indépendance.

C'est **vous qui décidez** des travaux d'amélioration, et gérez la copropriété indépendamment. Vous n'avez **pas à composer dans des AG** avec des propriétaires occupants qui auraient des désirs coûteux en opposition avec vos objectifs de bailleurs.

3. Des économies de temps.

Vous allez acheter plusieurs lots en une seule fois, et la progression de votre patrimoine immobilier vous coûte ainsi moins de temps et d'efforts. Le fait que tous les lots soient au même endroit peut également vous faciliter la gestion.

4. Un foisonnement des risques de vacance locative.

Comparativement à un grand appartement ou une maison du même prix que votre immeuble de rapport, vous **diluez le risque d'impayés et de vacances locatives sur plusieurs locataires**. Ce dernier avantage n'existe cependant pas si vous comparez à l'alternative consistant en l'achat de plusieurs appartements dans des endroits différents.

Les Inconvénients de l'immeuble de rapport :

1. L'économie liée à l'achat en gros n'existe en réalité que quand on a déjà une certaine assise financière.

Quand je regarde dans ma région, il y a un certain nombre d'**immeubles de rapport** dont le prix est compris entre 150 k€ et 200 k€. Sur ceux-là, l'économie liée à l'**effet d'échelle** (comparativement à un lot d'appartements diffus équivalents) est **loin de sauter aux yeux**, et le rendement n'est ainsi pas mirobolant.

Par contre, quand vous passez à la tranche 300 k€ — 400 k€, là l'économie liée à l'effet d'échelle de l'immeuble de rapport devient nette. Mais pour acheter un immeuble de ce prix, il faut **déjà avoir une certaine assise financière** : d'une part, celle qui permet de financer une telle somme, d'autre part celle qui permet d'être en mesure de faire face aux risques listés dans l'inconvénient n° 2.

2. Les risques liés à l'emplacement unique et à la concentration.

Acheter un immeuble de rapport, c'est mettre tous ses œufs dans le même panier, et donc faire le choix de la concentration contre la diversification. Il s'ensuit alors plusieurs risques.

2.1 Risques liés à l'emplacement

Si la ville vient à décliner, ou si le quartier se dégrade (ou que vous aviez fait une erreur d'analyse sur l'emplacement au départ), ou encore qu'un bar de nuit se crée en face de l'immeuble, ça peut faire mal… En gros, êtes-vous en mesure d'acheter l'immeuble sans mettre à l'excès vos œufs dans le même panier ? Par ailleurs, dans le cas particulier où on a un commerce en pied d'immeuble, les restaurants sont à éviter (risque de faillite élevé, bruit et odeurs). Une rue très passante avec possibilité de stationnement sera alors le cas le plus sécurisant (possibilité de substituer plus aisément un commerce qui serait en difficulté par un autre).

2.2 Risques liés aux locataires.

Le **foisonnement des risques** permis par la **multiplicité des locataires** (avantage 4) est **en fait moins bon** que si vous aviez des appartements répartis géographiquement. En effet, un seul locataire particulièrement difficile pourrait rendre l'immeuble invivable et faire fuir tous les autres.

2.3 Des travaux qui peuvent entraîner un besoin de fonds de roulement important.

Le jour **où la toiture lâche**, vous ne partagez pas la facture avec les autres copropriétaires. Au final, sur la durée, cela ne changera pas grand-chose avec celle que vous auriez acquittée en copropriété (elle sera même peut-être en moyenne inférieure, car vous aurez géré en direct avec les entrepreneurs). Mais ce **genre d'événement arrivant trop tôt** après l'investissement peut « tuer » celui **qui a vu un peu trop gros** dans l'achat de son immeuble **par rapport aux moyens financiers « de réserve »** dont il dispose…

Les points de vigilance lors de la visite d'un immeuble sont liés à ce qui pourrait à terme vous coûter le plus cher : la qualité du bâti, les planchers et les escaliers, la présence de fissures sur les murs porteurs (cause ? date de survenue ? Sont-elles évolutives ?), ainsi que la toiture.

Pensez également lorsque vous envisagez des travaux pour l'immeuble visé aux contraintes que vous pourriez avoir, par exemple ceux qui nécessitent des permis de construire ou une autorisation administrative. De même un immeuble qui est classé en monument historique va vous annihiler une partie des avantages d'un immeuble de rapport : au lieu de composer avec un syndic de copropriété, vous devrez composer avec des services administratifs (bâtiments de France) vous imposant des contraintes de liberté de choix, et qui induiront des délais et complications.

3. Pensez aux vérifications spécifiques avant d'acheter.

Enfin, il faudra noter que l'achat d'un immeuble de rapport **nécessite quelques vérifications spécifiques**. L'immeuble est-il bien connu des administrations comme étant **divisé en plusieurs lots** ? (Une ancienne maison a par exemple pu être divisée en lots et avoir très bien fonctionné comme cela pendant une dizaine d'années sans que cela soit déclaré…). Pour cela, la matrice cadastrale, un relevé de propriété obtenu aux impôts, ou le titre de propriété en lui-même seront à examiner de près. De même, si vous envisagez de profiter des travaux dans l'immeuble pour changer sa configuration, par exemple en créant un appartement supplémentaire, la problématique de l'obligation réglementaire de créer des places de stationnement peut se poser. En outre, avez-vous des sous-compteurs individuels pour l'eau et l'électricité ? Par ailleurs, un immeuble vendu en bloc n'est en général pas vendu en copropriété, ce qui fait que la loi Carrez ne s'applique pas… Le mesurage doit alors être soigneusement vérifié. Et ce, en sus bien sûr de tous les éléments auxquels vous prêteriez déjà attention pour l'achat d'un simple appartement (état du bâti, humidité, état de la couverture, du second œuvre, types de menuiserie, etc.).

Chapitre **F.12**

Appartement vendu loué : bon ou mauvais plan ?

Date de l'article : 30/10/2017

Liens avec le ou les chapitre(s) : D.1, D.2, D.4

Quand on cherche à effectuer un investissement locatif, on se retrouve parfois face à un cas un peu spécial : celui de l'appartement vendu avec locataire en place. Quels sont les avantages et inconvénients d'acheter un appartement vendu loué ?

L'avantage principal de l'appartement vendu loué : une décote à l'achat.

C'est en général le principal avantage d'**acheter un bien loué**. En effet, lorsque vous achetez un studio, T1, ou immeuble de rapport, vous n'avez en général en face de vous que des investisseurs. Mais pour des appartements plus grands, un T2 par exemple, vous aurez également en face de vous la concurrence de personnes qui veulent acheter le bien pour y habiter eux-mêmes : de quoi compliquer la recherche de biens achetables à prix d'ami…

Lorsqu'un bailleur vend un **logement occupé**, vous n'aurez en revanche pas cette concurrence en face de vous. En effet, il n'est pas facile de donner congé à un locataire en place pour récupérer le bien occupé, et cela est encadré par des procédures assez strictes. Comme de surcroît, les propriétaires bailleurs ont tendance à bien aimer choisir eux-mêmes leurs locataires, vous avez en général moyen d'acheter un appartement occupé sensiblement moins cher que son équivalent vendu libre. À noter que la décote sera proportionnelle à l'utilisation habituelle du bien : Très faible pour un T1 où les acheteurs sont principalement des bailleurs, et plus forte pour un T4 que pour un T2…

Les autres avantages d'acheter un logement occupé : plutôt secondaires.

Les autres avantages habituellement évoqués quand on **achète un bien vendu loué**, notamment le fait de rassurer le banquier, me semblent secondaires. En effet, si vous investissez sérieusement en connaissant et analysant bien votre marché, vous saurez trouver un locataire et éviter les vacances locatives. D'autant qu'il peut aussi y avoir un piège sur ce point : il faut veiller à ce que l'appartement ne soit pas surloué (c.-à-d. à un prix au-dessus du marché), auquel cas le rendement que vous auriez calculé au moment de la vente serait supérieur à celui que vous pourrez réellement avoir une fois votre locataire parti et votre appartement reloué par vos soins…

Un inconvénient éventuel, mais pas systématique : la qualité du locataire en place.

Vous n'avez pas pu appliquer vous-mêmes votre méthode pour choisir un locataire[73], il faudra donc être vigilant sur la qualité de celui-ci :

- Vous avez néanmoins pu lors de vos visites, sinon le rencontrer, du moins juger s'il était plutôt soigneux ou non avec l'appartement.

- Vous devez vérifier s'il est solvable (le paiement de son loyer dépend-il de la CAF, et donc du bon vouloir du gouvernement concernant ces aides ou non ?), et à jour de ses loyers.

- Vous devez veiller à ce que le notaire prenne en compte la caution lors de son décompte de vente. Celle-ci a en effet été encaissée par le précédent propriétaire, mais c'est vous qui devrez la rendre. Elle doit donc être déduite du montant de la vente.

---

[73] Voir chapitre D.7

- Vous devez vérifier que le logement à vendre n'est pas grevé en étant loué avec des conditions particulières, type conventions qui vous empêcheraient d'augmenter le loyer alors que cela vous semblait faisable (cas du bien loué à un prix apparemment inférieur au prix du marché), ou pire bail loi 1948. Une lecture attentive de bail, avec une attention particulière portée à la présence de clauses d'indexation des loyers, est fortement conseillée.

- Enfin, l'âge du locataire peut avoir son importance. Si vous voulez un jour récupérer l'appartement en mettant fin au bail (dans les règles bien sûr), ce sera plus compliqué avec un locataire de plus de 65 ans, car ceux-ci ont des droits privilégiés face à cela (je ne vais pas détailler tous les cas de figure ici, mais c'est à garder en tête, et c'est encore plus contraignant qu'avec un locataire classique).

L'inconvénient majeur quand on achète un logement occupé par un locataire.

L'**inconvénient principal** lié à l'**achat d'un appartement occupé**, c'est que vous ne pourrez en **rien optimiser tout de suite cet appartement**, et plus particulièrement **du point de vue fiscal** :

- Par des travaux déductibles en déficit foncier, permettant l'augmentation du loyer. Ou en signant une convention Anah si le bien est adapté à cela, mais que votre locataire ne rentre pas dans les critères de ressources[74]. Quand vous louez en nu, vous pourrez le faire plus tard, et la désoptimisation se résume à un simple décalage dans le temps des opportunités d'améliorer la façon dont le précédent bailleur exploitait son bien (et en général il y a du potentiel d'optimisation...).

---

[74] Dans les règles actuelles de l'Anah, il est possible de proposer un nouveau bail à un locataire en place en conventionnement Loc2 (que celui-ci peut accepter ou non), mais pas en Loc1 où il faut donc attendre un changement de locataire ou renouvellement de bail. Comme déjà évoqué, rapprochez-vous au préalable de votre Anah départementale pour prévenir tout loupé lié à ces subtilités.

- Là où c'est **le plus problématique,** c'est si vous **achetez le bien immobilier vendu loué en nu**, et que vous **avez l'intention de faire du meublé pour des raisons fiscales**. En effet, dans ce cas, lorsqu'on loue immédiatement après un achat en meublé, on peut passer les frais de notaire et les éventuels frais d'agence en charges ou amortissement dans la comptabilité LMNP. Si en revanche, vous achetez, louez d'abord en nu, puis passez-en meublé quelque temps après, vous amortirez la valeur vénale du bien à partir de ce moment-là, mais vous aurez perdu la possibilité de déduire les frais d'achat (notaire/agence). Cela peut avoir un réel impact sur le résultat fiscal, et par conséquent sur votre rentabilité locative nette après impôts.

Chapitre **F.13**

Futur rentier immobilier : les difficultés de serial bailleur à appréhender

---

Liens avec le ou les chapitre(s) : Tous

À cette époque de l'année où, comme chaque été, les dossiers « *Vivre sans travailler* » ornent les couvertures des magazines type *Mieux Vivre Votre Argent*, la voie du *serial-bailleur* ou *rentier immobilier* est souvent citée au 1er chef. Il s'agit en quelque sorte d'acheter un à deux appartements tous les ans pendant plusieurs années consécutives. Les modalités (acheter 2 appartements/an pendant 5 ans, ou acheter un appartement/an pendant 10 ans pour en obtenir 10, etc.) ne sont ensuite que détails. Le but est au final de vivre des loyers : un peu au début grâce à d'éventuels cash-flows positifshttp://blog.mes-investissements.net/immobilier-locatif-les-cash-flows-positifs/, puis de plus en plus une fois que les emprunts seront intégralement remboursés.

Sans **vouloir tuer le rêve (qui est certes possible), le serial-bailleur va se trouver confronté à plusieurs obstacles**. Puisque sur ce blog, on ne parle pas que du côté conte de fées (peut-être parce que je n'ai pas un séminaire basé là-dessus à vendre, et à promouvoir par des publicités « tape à l'œil »…), essayons de passer en revue les difficultés potentielles auxquelles notre serial-bailleur va se trouver confronté.

1. L'effet ciseau du prêt à échéance constante, au milieu du chemin du futur rentier immobilier.

Dans un prêt à échéances constantes, les parts respectives d'intérêts et de capital à rembourser varient au fur et à mesure de la durée de l'emprunt. La part d'intérêts va diminuer alors que la part de capital va augmenter inversement, de sorte que leur somme donnera chaque mois le même montant total en euros.

Or, les intérêts ne sont pas fiscalisés alors que le capital remboursé l'est quant à lui pleinement. Ce qu'on appelle **l'effet ciseau**, c'est l'augmentation de la fiscalité au fur et à mesure de l'amortissement de l'emprunt à échéance constante, du simple fait du principe de construction inhérent à celui-ci (et donc indépendamment de toute variation de votre taux marginal d'imposition). Cette fiscalité croissante engendre de facto un besoin de trésorerie croissant pour rembourser les échéances.

Ainsi, un investissement calé en cash-flow positif au départ ne l'est plus forcément en fin d'emprunt !

Exemple :

- Revenus des loyers (nets de charges, taxes foncières, etc.) = 780 €
- Échéance du prêt = 500 € (dont 200 € d'intérêts en année 1)
- Taux Marginal d'Imposition (TMI) : 30 %,
- Prélèvements sociaux (PS): 17.2 %. Appartement loué en bail classique nu loi 1989.

$$Cash-flow\ mensuel\ \text{1ère année}$$

$$= 780 - 500 - (780 - 200) \times (30\% + 17.2\%) = 6\ € \ (positif\ !)$$

$$Cash-flow\ mensuel\ dernière\ année$$

$$= 780 - 500 - (780 - 0) \times (30\% + 17.2\%) = -88\ € \ (négatif\ !)$$

N.B : Dans un emprunt à échéance constante, la part d'intérêt décroit tandis que la part remboursement de capital augmente au fil des années. La dernière année, la part d'intérêts est donc très faible ; pour la facilité de la démonstration on l'a simplifiée en la mettant à zéro.

On voit ici que l'on passe d'un cash-flow mensuel qui était de + 6 € en première année à un cash-flow mensuel qui devient sensiblement négatif à - 88 €en dernière année.

Ce phénomène est d'autant plus intense que les taux d'intérêt sont élevés. Et que l'on a acheté beaucoup d'appartements à des moments rapprochés comme notre serial-bailleur. Cet effet ciseau peut être limité en choisissant un régime avantageux (LMNP etc.), en échelonnant les achats, ou en achetant de nouveaux biens avec déficit foncier au moment opportun, mais il faudra bien que les achats s'arrêtent un jour. Et donc, ce phénomène ne sera que retardé. Sauf à réduire/arrêter son activité principale au moment où l'effet ciseau prend de l'ampleur pour baisser son TMI.

Pour ceux qui auraient besoin d'aller plus loin avec des calculs détaillés année par année, vous pouvez visualiser cet effet à l'échelle d'un bien immobilier avec le cash-flow exposé année par année dans l'onglet « rendements » de la page de résultats du simulateur rendement locatif[75].

2. Le risque de sinistre immobilier.

Les risques potentiels de sinistre sont nombreux en immobilier. Le locataire qui ne paie pas son loyer et que l'on met 2 ans à expulser, celui qui saccage l'appartement, les gros travaux de copropriété « surprise » (toiture, ravalement de façade, etc.) qui interviennent dès la 2e année après un début d'investissement, ou encore des investissements qui avaient initialement été concentrés à proximité de sa zone géographique (car c'est effectivement plus facile de faire des affaires quand on peut se déplacer pour visiter et signer dans la journée) avant que cette zone ne subisse ensuite un gros aléa économique (départ d'un gros employeur régional par exemple).

Ce risque-là est **amplifié** dans le cas d'un serial-bailleur. Il a en effet **plus de biens, donc plus de risques** de se retrouver confronté à un tel cas à un moment ou un autre de son parcours. Vous allez me dire que c'est moins grave pour lui, car comme il est **diversifié**, cela arrivera sur un bien sur 10 pendant que les autres **compenseront**, et que ce n'est donc pas si grave : certes, mais seulement s'il est **déjà en régime établi** et a déjà remboursé une partie de ses dettes.

Si cela lui arrive en pleine phase de constitution de son patrimoine, ce sera en revanche **beaucoup moins drôle**. Selon leurs moyens, et si cela

---

[75] Cf. chapitre D2. et http://blog.mes-investissements.net/outils-utiles/

leur arrive trop tôt dans leur parcours, tous les serial-bailleurs ne seront pas en mesure de faire face sans dégâts au trou de trésorerie qui s'ensuivra.

Ce sont souvent les problèmes de fonds de roulement qui asphyxient nombre de jeunes entreprises prometteuses en croissance, au point que certaines d'entre elles ne survivent pas. Le serial-bailleur, en tant qu'investisseur immobilier à grande échelle, n'est ni plus ni moins qu'un entrepreneur. Il doit être conscient qu'il est exposé à ce risque-là et donc rester vigilant en la matière.

3. Le projet trop gros ou trop compliqué qui éloigne de la phase rentier immobilier.

Le serial-bailleur a en effet tendance à vouloir arriver le plus **rapidement possible à son but ultime**. En effet, une fois qu'il a enclenché le mécanisme et compris les rouages de l'investissement immobilier, autant arriver au bout du chemin le plus vite possible ! Il cherche ainsi souvent à le reproduire en allant au maximum de ses possibilités en termes d'étendue des investissements et de rythme de ceux-ci. Mais la vie est hélas parfois plus pessimiste qu'un tableau Excel ! Et lorsque la machine commence à s'enrayer, elle peut très vite se gripper, parfois de façon irréversible.

Cet écueil peut avoir deux visages :

➢ Viser **trop gros pour aller plus vite**, un projet pour lequel l'investisseur n'a pas assez de marge de sécurité en cas de sinistre.

➢ Ou **chercher à aller plus vite en cherchant trop de rendement.** Eh oui, on peut viser trop de rendement : vous ne pourrez en effet pas espérer un rendement de 15 % sans chercher à dégager du rendement entrepreneurial... Or, pour cela il faut viser complexe, par exemple un immeuble à restaurer et reconfigurer complètement en redécoupant les appartements. Et c'est autre chose de s'improviser chef de chantier dans un tel projet que quand il s'agit de donner quelques touches de rafraichissement à un T2...

4. La nécessité de se passer à un moment donné de son banquier préféré si vous voulez être rentier immobilier.

Même si vous avez une très bonne relation avec votre banquier historique, et qu'il vous a suivi dans vos premiers achats, à un moment donné il ne pourra plus vous suivre dans votre voie de serial-bailleur.

En effet, il y a un **montant d'endettement** qui arrivera plus ou moins tôt, mais qui v**ous bloquera à un moment donné.** Toutefois, il y a un autre **montant d'endettement, plus faible, qui vous bloquera avant** : il s'agit de l'**encours dans une même banque**. Une banque n'est prête à prendre un risque que jusqu'à un certain point avec un individu donné.

Quand votre banquier historique vous dira « stop », il faudra donc en trouver en autre pour acquérir un nombre de biens **suffisant** pour devenir **rentier immobilier**. Si vous aviez une relation privilégiée avec votre banquier et aviez réussi à établir une relation de confiance, cela compliquerait donc un peu les choses. Mais reconnaissons que ce n'est pas l'obstacle le plus difficile à contourner parmi ceux cités dans cet article.

Si vous êtes conscient de ces difficultés potentielles, vous pouvez désormais foncer en prenant le maximum de précautions pour éviter les impacts de ces difficultés potentielles : un homme averti en vaut deux...

5. Être assez riche pour se permettre de quitter son emploi salarié mais avoir envie de continuer à investir en immobilier, et donc besoin d'emprunter...

On ne peut que souhaiter à notre serial-bailleur d'être un jour confronté à cette difficulté n°5, plutôt que d'avoir été fauché trop tôt par l'une des difficultés exposées aux points n°2 et n°3. Mais cela peut être un défi que le serial-bailleur aura un jour à affronter, et pour lequel il devra s'efforcer de trouver des solutions.

Même si à ce moment-là, vous serez certainement en réalité un emprunteur plus solvable que certains de ceux à qui les banques accordent un crédit, le problème sera que vous ne rentrerez plus dans « leurs cases ». En effet, les banques ont tendance à adopter un raisonnement bête et méchant : elles considèrent que pour minimiser leurs risques leurs crédits doivent en priorité être accordés aux salariés en CDI. Déjà, si vous êtes à votre compte, votre note baisse dans leur « scoring ». Alors, imaginez ce qu'il en est si votre unique activité officielle ne peut plus qu'être décrite comme quelque chose ressemblant à « *investisseur particulier et rentier en immobilier* ».

6. La question des arbitrages de patrimoine.

Viendra alors également le temps de la question des arbitrages de patrimoine. Faut-il revendre ? Quel bien ? Quand ?

Quand l'un de vos biens a pris une certaine plus-value latente, il peut être sur le papier judicieux de le revendre. Prenons un exemple concret pour fixer les idées : imaginons que vous ayez acheté un bien 100 k€ sur la base d'un rendement brut de 10 % (soit 10 k€ de loyers par an). Il vaut quelques années plus tard 165 k€, et intègre donc une plus-value latente de 65 k€. Son rendement courant (i.e. sur le prix actuel) n'est ainsi plus que de 6 % (10 k€/165 k€). Si vous êtes en mesure de refaire travailler ces 165 k€ à votre rendement initial de 10%, en trouvant des biens dans la situation de votre achat initial, la revente paraîtra alors judicieuse.

Mais quelques obstacles peuvent venir se glisser et perturber cette belle théorie :

➢ Êtes-vous en capacité de retrouver des biens avec le rendement initial ?

➢ Il y aura une plus-value à payer. Pour un bien locatif, l'exonération d'imposition et de prélèvements sociaux sur la plus-value ne commence qu'à partir de la 6ème année de détention et n'est totale qu'à la 30ème année. Ainsi, dans notre exemple, ce n'est donc pas 165 k€ que vous récupérerez et aurez à réinvestir mais une somme moindre.

➢ Serez-vous en capacité de réemprunter ? Dans la somme récupérée de la revente, vous aurez potentiellement du capital restant dû sur un crédit à rembourser. Sauf si vous parvenez à faire accepter à la banque un transfert du crédit sur le nouveau bien, il faudra réemprunter pour celui-ci. Or, votre situation personnelle, ou les conditions d'accès au crédit eu égard à votre taux d'endettement ont pu changer entre temps.

➢ Ou toute autre raison annexe. Ainsi, je dois par exemple confesser que je n'ai aujourd'hui pas revendu (ni prévu de revendre) mon premier bien locatif, celui par lequel tout ce beau parcours a commencé, principalement pour des raisons sentimentales et émotionnelles. Alors que d'un pur point de vue rationnel (qui devrait être celui de l'investisseur), il serait logique et pertinent de le revendre.

La SCI : vraiment utile, ou juste pour briller en société ?

Liens avec le ou les chapitre(s) : D.3, D.5

Vous êtes investisseur immobilier et vous entendez d'autres investisseurs, qui semblent avertis, parler d'une gestion de leurs biens immobiliers à travers une SCI (Société Civile Immobilière). Est-ce vraiment intéressant ou est-il coutume de créer des SCI uniquement pour briller dans les dîners mondains ? Il faut déjà savoir qu'il y a SCI et SCI : en effet, vous pouvez opter pour une SCI soumise à l'Impôt sur le Revenu (IR), ou pour une SCI soumise à l'impôt sur les Sociétés (IS), et les choses sont bien différentes entre les 2 voies.

La SCI à l'impôt sur le Revenu (IR).

La SCI à l'impôt sur le revenu est la forme la plus courante de SCI. Elle présente les caractéristiques suivantes :

> 1. La SCI à l'IR ne permet justement pas, contrairement à la croyance populaire, de réduire son impôt sur le revenu. En effet, une SCI à l'IR est caractérisée par ce que l'on appelle la transparence fiscale, c'est-à-dire que les associés de la SCI sont imposés au titre des revenus fonciers, exactement de la même manière qu'ils le seraient s'ils avaient investi en direct.

> 2. Le principal intérêt d'une SCI est l'optimisation de la transmission des parts :

- 2.a. Facilité de séparation des biens et de distribution homogène des biens (entre les enfants par exemple). Par exemple, si vous avez 2 biens immobiliers dont l'un a plus de valeur que l'autre, plutôt que d'en donner un à chaque enfant avec une soulte, vous placez les 2 dans une SCI dont chacun des enfants aura la moitié des parts. Ou encore, cela facilite la possibilité d'acheter des biens en commun sans être mariés et sans avoir recours à l'indivision, etc.

- 2.b. Possibilité d'optimisation fiscale des droits de succession.

- 2.c. Possibilité de démembrer les parts (entre nu-propriétaire et usufruitier) et de l'utiliser pour établir des montages intéressants (participations croisées, etc.)

- 2.d. Distinguer d'une part le pouvoir de gestion de la SCI, attribué selon les statuts que vous écrivez à un gérant, et d'autre part la propriété des parts.

➢ 3. La SCI à l'IR n'est pas compatible avec la location meublée.

➢ 4. Pour être utilisée au mieux, une SCI à l'IR nécessitera de passer par un conseiller de type expert-comptable. Ce qui engendrera des frais.

La SCI à l'impôt sur les Sociétés (IS).

Les aspects patrimoniaux et de succession sont identiques à ceux de la SCI à l'IR. C'est sur le plan fiscal que la SCI à l'IS présente des spécificités. À noter que l'option à l'IS est irréversible.

1. Les caractéristiques principales de la SCI à l'IS.

➢ Une SCI à l'Impôt sur les Sociétés (IS) est une société opaque fiscalement : elle paye ses impôts de son côté sans impacter votre fiscalité personnelle. Si vous ne percevez aucun dividende de la SCI, vous ne paierez aucune fiscalité locative personnelle relative aux loyers que la SCI a encaissés (La Société peut donc en encaisser pendant 20 ans sans que votre impôt sur le revenu personnel ne soit affecté).

➢ La SCI à l'IS est imposée à l'impôt sur les sociétés au taux de 15 % jusqu'à 38 120 € et au-delà à 25 %. C'est ce taux de 15 % qui plait aux investisseurs. Et c'est aussi ce qui explique pourquoi ils créent parfois plusieurs SCI à l'IS afin que chacun d'entre elles, prise individuellement ne dépasse pas ce seuil.

➢ La SCI à l'IS amortit comptablement les biens qu'elle achète (nus ou meublés). Une SCI à l'IS peut également acheter de l'usufruit de SCPI et l'amortir.

2. Percevoir les revenus de la SCI à l'IS.

Pour percevoir les revenus de votre SCI à l'IS, il faut les rediriger vers votre patrimoine personnel en vous versant des dividendes. Ceux-ci seront au choix taxés à hauteur des prélèvements sociaux (17.2 % en 2025) puis intégrés dans vos revenus imposables après un abattement de 40 % pour tenir la fiscalité propre de la SCI, ou alors ils seront soumis à la flat tax de 30%.

Si vous avez un TMI supérieur à 11%, vous avez intérêt à opter pour la flat tax. Par exemple, sur 10 000 € de dividendes bruts, vous en récupérez seulement 10 000 * (1 – 30%) = 7 000 €.

3. La SCI à l'IS est fiscalement la solution parfaite pour se constituer un patrimoine, mais une galère fiscale à la sortie.

La SCI est assujettie à la plus-value professionnelle, ce qui signifie que lors de la revente d'un immeuble :

➢ Vous n'aurez pas d'exonération pour durée de détention.

➢ La valeur de l'amortissement de votre immeuble sera déduite de la valeur d'achat de votre bien et ensuite la plus-value sera calculée sur la différence entre le prix de vente et la valeur nette comptable (prix d'achat – amortissement). L'avantage important qu'a représenté l'amortissement de l'immeuble pendant toute la durée de l'exploitation se retrouve ainsi imposable en une seule fois lors de la vente de ce dernier.

Votre résultat tenant compte de cette plus-value va être imposé à l'I.S (15 % jusqu'à 42 500 € puis environ 25 % ensuite). Et pour récupérer ce qu'il reste, et vous le verser, vous devez repasser par l'étape 2 et être à nouveau taxé sous le régime des dividendes. Oui, il en reste beaucoup moins au final quand on veut revendre un bien et/ou sortir l'argent de la SCI à l'IS !

4. L'intérêt de la SCI à l'IS et les solutions permettant d'atténuer le problème à la sortie.

La SCI à l'impôt sur les sociétés est une excellente stratégie pour l'investisseur :

➢ Qui souhaite investir à très long terme.

➢ Qui n'a pas besoin de percevoir les revenus de son investissement immobilier et qui souhaite les conserver dans la SCI afin de faire un effet boule de neige en finançant d'autres projets immobiliers.

➢ Qui n'a pas l'intention de revendre ses biens ou qui souhaite capitaliser pour transmettre.

➢ En effet, pour éviter de passer par les douloureuses cases 2 et 3 exposées ci-dessous, les stratégies suivantes peuvent également être envisagées :

o Ne pas vendre l'immeuble, mais vendre les parts ou faire une donation aux enfants.

o Sous réserve des risques d'abus de droit à faire vérifier dans votre cas précis, faire un montage avec démembrement temporaire, la SCI IS détient l'usufruit et une autre SCI IR détient la nue-propriété. Après la fin du démembrement, la SCI IR récupère la pleine propriété et peut revendre le bien sous le régime de la plus-value des particuliers (qui est plus avantageux grâce aux abattements progressifs dans le temps).

Cas particuliers applicables aux SCI (à l'IR ou à l'IS) dont il faut avoir conscience.

Une SCI étant considérée comme un acheteur professionnel, elle ne bénéficie pas du délai de renonciation de 10 jours après signature de l'avant-contrat, contrairement à un particulier.

Les SCI constituées entre personnes non-apparentées (par exemple, avec un ami associé plutôt que quelqu'un de votre famille) se voient imposées des conditions plus restrictives que les SCI familiales dans divers domaines : restrictions sur les possibilités de signer une caution solidaire[76], durée du bail, possibilité de reprendre le logement par un associé, etc.

Et ces exemples de spécificités ne sont pas nécessairement exhaustifs, c'est pourquoi il est utile de bien vous documenter et/ou de consulter un professionnel si vous souhaitez monter une SCI. En effet, votre projet aura des caractéristiques qui vous sont propres, que ce soit en termes d'associés ou d'objectifs, et tout n'est pas généralisable : une SCI peut être un bon choix pour l'un, quand elle ne sera pas une bonne solution pour l'autre.

Conclusion : choisissez le régime (IR ou IS) en fonction de vos objectifs, et tant qu'à faire créez une SCP plutôt qu'une SCI !

L'option fiscale dépendra de vos objectifs principaux listés ci-dessus. La SCI à l'IR n'a pas d'intérêt fiscal immédiat, mais permet une répartition, distribution et transmission du patrimoine plus aisée. La SCI à l'IS présente un véritable avantage fiscal immédiat, mais nécessite d'être intégrée dans une stratégie complète à long terme et mûrement réfléchie.

Faites-le seulement si vous en avez un réel intérêt, car la gestion d'une SCI nécessite un certain formalisme (tenue d'assemblée générale) et l'expert-comptable à qui vous devrez faire appel ne travaillera pas gratuitement…

---

[76] Article 55 loi du 25 mars 2009 modifiant l'article 22-1 loi du 6 juillet 1989.

Notez enfin qu'une SCI constituée initialement à l'IR peut ensuite opter pour l'IS, et ce sera alors de façon irrévocable. En cas de gros travaux initiaux permettant de générer du déficit foncier, commencer d'abord avec une SCI à l'IR qui prévoirait d'opter plus tard pour l'IS, peut être une solution à examiner avec votre expert-comptable. L'inverse n'est pas vrai, et une SCI constituée initialement à l'IS ne pourra quant à elle pas se transformer ultérieurement en SCI à l'IR.

Mais si vous vous décidez à franchir le pas, savez-vous que tant qu'à faire, plutôt que de réduire l'objet social de votre Société Civile aux activités immobilières, comme M. Tout le Monde, vous pourriez l'étendre aux produits financiers ? Il s'agit plutôt que de créer une SCI de créer une Société Civile Patrimoniale (SCP), qui outre les possibilités des SCI pourra prendre des participations dans d'autres sociétés, réaliser des opérations financières (placement en actions ou foncières cotées tous types d'investissement, etc.). Pourquoi s'en priver ? Cela peut vous ouvrir des possibilités supplémentaires pour optimiser votre patrimoine, et en sus vous pourrez en rabattre lors des dîners mondains face à ceux qui se vantent d'avoir créé une SCI, en leur expliquant que ce que vous détenez quant à vous c'est mieux qu'une SCI, c'est une SCP… Et, face à leur air médusé, prendre un malin plaisir à leur expliquer de quoi il s'agit !

La SCI fait partie des sujets, parmi beaucoup d'autres, développés plus en détails dans le nouveau livre de Julien Delagrandanne, intitulé :

77 Exercices Pratiques pour l'Investisseur Immobilier Intelligent

Un complément idéal à ce livre pour continuer à vous exercer et parfaire votre formation en immobilier locatif !

Les investissements en Sociétés hors SCI : SAS, SARL de famille.

Maintenant que vous maîtrisez comment fonctionne une SCI à l'IS, le mieux pour appréhender les subtilités des alternatives pour investir en Sociétés (SAS, ou SARL) est de consulter un tableau synthétique. Trop grand pour être lisible au format livre, il est téléchargeable avec les bonus :

https://blog.mes-investissements.net/bonus-immo/

Chapitre F.15

Comprendre la CSG déductible.

La CSG est une sous-partie des prélèvements sociaux : parmi les 17.2% de prélèvements sociaux que nous payons sur nos bénéfices (fonciers ou BIC), son taux est de 9,2%. Les 8 % supplémentaires correspondent quant à eux à la CRDS et aux prélèvements de solidarité.

Là où cela se complique, c'est que le fisc va considérer qu'une partie de la CSG payée sur ces bénéfices immobiliers peut venir en déduction de vos autres revenus lors de l'établissement de votre déclaration d'impôt.

De plus, ce n'est pas l'intégralité de la CSG qui sera déductible mais seulement une partie : 6,8% et non 9,2%.

Et pour encore corser le tout, deux éléments viennent s'ajouter :

- 1. C'est une déduction et non une réduction d'impôt : les 6,8% payés viennent donc se déduire de vos revenus et non pas de votre impôt. Par conséquent, le gain fiscal dépendra de votre tranche marginale d'imposition.
- 2. Il y a un décalage dans le temps. La déduction de la CSG sur vos loyers va en effet s'appliquer un an plus tard. Ainsi, le gain fiscal ne va pas être immédiat mais intervenir sur la déclaration d'impôt de l'année suivante.

  Et c'est là que vous allez enfin pouvoir pousser un « ouf » de soulagement, car il y a une bonne nouvelle dans tout cela : le fisc va prendre en compte tout cela automatiquement, sans besoin d'intervention de votre part.

En pratique, vous déclarez vos loyers l'année n comme revenus locatifs. S'ils donnent lieu à un bénéfice, vous paierez l'impôt sur le revenu et les prélèvements sociaux correspondants.

L'année $n+1$, le fisc va alors remplir la case 6DD avec le montant de cette CSG déductible. Elle viendra alors diminuer vos revenus avant calcul de l'impôt.

Exemple de calcul : Célibataire, TMI : 30% revenus imposables après abattement de 10% de 36 000 € (en année n comme $n+1$).

Année n :

Bénéfice foncier année n après abattements et déduction *année n* : 1000 €
Impôts <u>sur les revenus immobiliers</u> année n = 30% x 1 000 = 300 €.
Prélèvements sociaux année n = 17.2% x 1 000 = 172 €.

Impôts + P.S. année n = 472 € (soit un taux total de 47,2%).

Année n +1 :

CSG déductible année n+1 = 6.8% x 1 000 = 68 € *(case 6DD)*
En année n+1, la CSG viendra se déduire du revenu : imposable et l'impôt sur le revenu sera alors calculé sur :
36 000 – 68 € = 35 932 €.

Le gain d'impôt sera celui de la tranche marginale, soit ici :
30% x 68 = 20,4 €

Bilan :

L'imposition + prélèvements sociaux sur les revenus immobiliers sera donc sur les 2 années de :
300 + 172 – 20,4 = 451.6 €, soit 45.16% (impôts 30% + P.S. 15.16%).

La différence n'est pas énorme, mais cela vous permet de comprendre que vous êtes en réalité imposé au titre des prélèvements sociaux un peu moins qu'au taux facial de 17,2%. La proportion de ce « un peu moins » dépendant de votre TMI. Toujours utile à savoir quand on effectue des calculs rapides de tête.

Chapitre **F.16**

Mon tableau de bord immobilier.

Si vous travaillez dans une entreprise d'une certaine taille, vous devez être habitué à ses tableaux de démarche qualité, avec des indicateurs de performance. J'adopte la même démarche avec mon parc immobilier, mais en veillant à ne pas construire une usine à gaz. Ainsi, je me limite à trois indicateurs clés. Comme je trouve cela assez formateur, essayons de voir ensemble quels sont-ils et quelles leçons nous pouvons en tirer. Notez préalablement que ce tableau de bord est appliqué à des biens placés en location longue durée, en nu ou meublé. Vous pourrez vous en inspirer pour construire ensuite votre propre tableau de bord.

1er indicateur : Le taux de vacance locative, un indicateur de la qualité de votre patrimoine.

Le taux de vacance locative pris en compte dans les simulations.

Lorsque j'effectue mes simulations pour de la location classique sur un outil de calcul de rendement locatif, j'ai une certaine routine :

➢ Pour un studio T1, je retiens comme hypothèse 1 mois de vacance locative tous les ans.

➢ Pour un T2, je retiens comme hypothèse 2 mois de vacance locative tous les 3 ans.

➢ Pour une maison T4, je retiens 2 mois tous les 4 ans.

Chacun va retenir des hypothèses. La façon de caler ces hypothèses va dépendre de 2 choses :

1. Du caractère plus ou moins conservateur de l'investisseur dans ses hypothèses. Veut-il se garder une marge de sécurité et part-il

sur des hypothèses un peu plus défavorables que ce qu'il pense réaliser. Est-il conforme à la réalité envisageable ? Est-il trop optimiste pour que son calcul de rentabilité lui affiche sur le papier le rendement et le cash-flow qu'il attend mais avec un réel risque que la réalité le déçoive ensuite ?

2. De la réalité de son marché, et de la situation de son bien. Une métropole entraînera moins de vacance locative qu'un village dans l'Ariège. De même, dans une même ville, un quartier premium entraînera moins de vacance locative qu'un quartier moins couru, un appartement bien agencé et lumineux en entraînera moins qu'un appartement sombre et peu pratique ou dans une rue bruyante, etc.

Le taux de vacance locatif effectif constaté a posteriori.

Ainsi, une fois que l'on a plusieurs appartements locatifs, et quelques années de retour d'expérience (ce qui est nécessaire pour pouvoir faire une moyenne statistiquement significative), il est doublement intéressant de calculer son taux de vacance locatif a posteriori :

> ➢ D'une part, pour vérifier que les hypothèses que vous prenez dans vos simulations sont bien assez conservatrices.
> ➢ D'autre part, pour évaluer la qualité du patrimoine que vous êtes en train de constituer. Car si on relit les éléments du point 2 du paragraphe précédent, il s'agit bien de cela…

Tenir un calcul de son taux de vacance locatif effectif une fois l'an, un peu comme un indicateur qualité est à mon sens pertinent, car c'est justement l'un de meilleurs indicateurs de la qualité de votre patrimoine immobilier.

On a vu au paragraphe récurrent que je retenais de mon côté comme hypothèse dans mes simulations 30 jours/an pour les T1, 20 jours (2 mois tous les 3 ans, soit 60/3), et 15 jours pour les T4.

Et, roulement de tambours avant le verdict : le taux de vacance locatif réel moyen de mon parc immobilier constaté sur les quatre dernières années est de… 5 jours par an ! Je peux conclure que je suis conservateur dans mes hypothèses, et que mon parc immobilier est plutôt de bonne qualité, car ce taux de vacance locative est relativement faible.

Le petit écueil de l'indicateur.

Je trouve donc cet indicateur très intéressant à calculer et il reflète selon moi en partie la qualité de parc. Il y a néanmoins un petit écueil : si vous relâchez vos critères pour trouver des locataires parce que vous n'arrivez pas à louer, vous allez abaisser votre taux de vacance locative.

Or, votre patrimoine immobilier n'en sera pas de meilleure qualité, car c'est son manque de qualité qui vous a obligé à relâcher vos critères pour louer. Il y aurait donc une petite correction à appliquer sur le résultat brut donné par le calcul de l'indicateur si un choix de locataire à contre-coeur a du être effectué, ou si un incident de paiement a été constaté.

Un schéma d'évolution récurrent dans la vie d'un investisseur.

Je trouve qu'il y a un parallèle intéressant entre investisseurs en bourse et investisseurs immobiliers.

J'ai l'impression qu'en général, aussi bien en bourse qu'en immobilier, plus un investisseur évolue (ou vieillit, ça va de pair…), plus il va se tourner vers la qualité.

En bourse :

En bourse, au début, on recherche les décotes les plus fortes. Des entreprises dont on pense que les actifs sont bradés dans de grandes proportions avec de fortes décotes, qui ont un business rentable mais pas forcément exceptionnel. Puis on s'aperçoit qu'un business, s'il n'est pas intrinsèquement de qualité supérieure, peut être rentable à un instant t (celui où on achète), puis déficitaire à l'instant t+1. Et la décote finit parfois par se justifier, et ce qu'on avait acheté n'était en réalité pas si bradé que ça, avec au final une moins-value réalisée lors de la revente de l'action…

Puis, plus tard dans sa vie d'investisseur, on vise des entreprises au business de qualité supérieure, et on essaie de profiter de circonstances (marché pessimiste, problèmes temporaires dans l'entreprise, etc.) pour les acheter à un prix *légèremen*t inférieur à leur valeur. C'est l'évolution qu'a eue Warren Buffett dans sa carrière. C'est également celle que confesse le gérant espagnol Francisco Garcia Parames aux performances exceptionnelles dans les années 2000. Et avant de reparler immobilier, si vous voulez vous mettre à la bourse, je ne peux que vous conseiller mon livre aux enseignements intemporels *Investir en Bourse : styles gagnants, styles perdants.*

En immobilier :

En immobilier, un jeune investisseur va souvent chercher les rendements les plus élevés. C'est son critère numéro 1. J'en vois d'ailleurs certains qui affirment fièrement sur le groupe facebook réservé aux lecteurs du livre que vous tenez entre les mains, "en dessous de 10% de rendement brut, je ne regarde pas" lorsqu'un autre investisseur leur présente une étude de cas sur un bien à 8% de rendement brut. Mais peut-être qu'ils sous-estiment la vacance locative, la difficulté des travaux prévus, ou surestiment la qualité des locataires qu'ils vont trouver dans le quartier… Ou oublient-ils qu'à quartier identique, logeront en général dans un immeuble de rapport des locataires d'un profil de moindre qualité que ceux qui se tourneront vers un logement en copropriété.

Les investisseurs les plus expérimentés (qui font de l'investissement version gestion de patrimoine, à titre non professionnel, c'est-à dire que j'exclus par exemple ceux qui entreprennent une démarche de marchands de bien) qui ont déjà constitué un certain patrimoine, vont en général chercher à se tourner vers plus de qualité. Ils sont prêts à concéder 2 points de rendement pour la qualité et la tranquillité de locataires solvables, du peu de vacance locative associée. Ils ne cherchent pas l'énorme décote. Ils cherchent l'occasion d'acheter un bien de bonne qualité (situation, qualité intrinsèque), et ils essaient de l'acheter en-dessous de son prix de marché (en-dessous mais dans des proportions raisonnables, ce ne sera pas 30% de décote), en profitant de circonstances favorables. Exemple parmi d'autres : vendeur pressé ou ne connaissant pas son marché ou acheteur étant au courant de la vente par des sources off-market.

Une logique sous-jacente à cette évolution ?

Il y a à mon sens une certaine logique à cette évolution. Quand on est jeune, on a moins d'argent, on espère aller vite, et on vise le "gros coup". La sagesse et la maturité d'investisseur aidant (et souvent quelques déconvenues apportées par ces expériences de jeunesse) font ensuite quelque peu changer son fusil d'épaule et placer la qualité comme critère numéro 1 plutôt que la décote sur actif en bourse ou le pur rendement immobilier…

2nd indicateur : Le pareto des problèmes locatifs.

Le 2nd indicateur de mon tableau de bord immobilier traite des occurrences des problèmes techniques locatifs et de leur origine. Dans ma propre expérience, une règle de Pareto semble apparaître…

En traçant les raisons pour lesquels vous pouvez être sollicité par un locataire et leurs occurrences, vous allez obtenir une information précieuse qui vous permettra :

> ➢ Ou de cibler votre maintenance préventive pour prévenir les occurrences de dérangement.
> ➢ Ou de savoir quel type d'artisan vous devez absolument avoir dans votre poche, et nouer une sorte de partenariat pour qu'il vous dépanne en tant que de besoin tout en étant réactif.

En effet, quand on gère ses biens en direct et qu'un locataire nous sollicite un peu à l'improviste pour un problème dans l'appartement, ce n'est pas forcément ce qui nous plaît le plus. Parce que finalement, c'est cela qui enlève une partie du côté passif de l'investissement immobilier locatif.

La règle de Pareto

J'ai justement voulu voir si une règle de Pareto ne se dessinait pas sur ce sujet. Pour ceux qui ne connaissent pas Pareto, c'est la règle des 80/20. Elle stipule par exemple que 20% des causes vont produire 80% des effets, ou 20% des efforts vont produire 80% du résultat. On peut utiliser le Pareto dans l'industrie par exemple quand il y a des blocages de machines ou des problèmes de production, d'arrêt de chaîne : souvent seulement 20% des causes correspondent à 80% des problèmes qui surviennent.

La règle de Pareto constatée sur mon expérience des problèmes locatifs.

Regardons donc mon indicateur. Même si je ne suis pas tout à fait à 80%, une loi de Pareto n'est pas loin de se dessiner. On constate en effet sur le graphique ci-dessous que j'ai à peu près 60% des problèmes techniques locatifs qui viennent d'une même cause… De plus, comme ces 60% des problèmes viennent des chaudières à gaz, et que je n'ai pas de chaudières à gaz dans tous mes biens, on n'est en pratique pas loin de 80% des problèmes qui me viennent d'une seule cause, ou groupe de causes, en l'occurrence la chaudière !

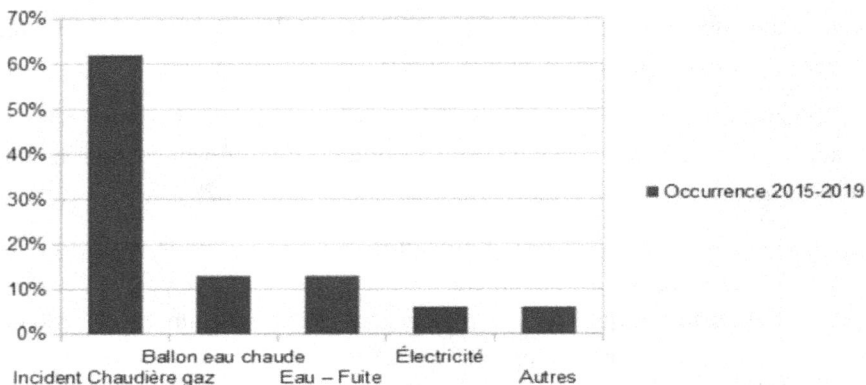

Si on regarde la suite de l'indicateur, on a sur les autres causes principales : le ballon chauffe-eau électrique, des fuites d'eau ou problèmes d'infiltrations, et des problèmes électriques. Mieux, cet indicateur m'a permis de constater que plus de 80% des causes de problèmes et de dérangement étaient liés à une chaudière, un ballon électrique d'eau chaude, ou une fuite d'eau. Qu'en concluez-vous ?

Personnellement, j'en ai conclu que pour la gestion locative, il faut créer une relation de confiance avant tout avec un plombier chauffagiste. Pour ma part, je choisis des entreprises qui font à la fois plomberie et chauffagiste. Ni des trop grosses : il est difficile d'établir une relation personnalisée avec l'agence locale d'une entreprise nationale. Ni des trop petites : un entrepreneur individuel seul peut être en vacances ou débordé. Mon cœur de cible concerne ainsi des entreprises de plombier-chauffagiste qui ont entre 5 et 15 salariés. Dans la ville où j'ai le plus d'appartements, j'en ai même deux par sécurité :

- Une entreprise « chauffagiste 1ère langue », mais qui a aussi un plombier pour les petits dépannages.
- Une entreprise de « plomberie 1ère langue » mais qui a aussi des chauffagistes.

3ème indicateur : Le taux de rotation des locataires.

Le 3ème et dernier indicateur de suivi du tableau de bord est le taux de rotation des locataires. C'est la durée pendant laquelle un locataire reste avant qu'il ne souhaite quitter votre appartement.

Minimiser le taux de rotation des locataires – Maximiser la durée avant qu'ils ne changent d'appartement.

Le départ d'un ancien locataire (état des lieux de sortie), et la mise en place d'un nouveau (annonce, visite, EDL d'entrée) est un aspect non-passif de la gestion immobilière. Certes, contrairement aux problèmes fortuits étudiés dans l'indicateur précédent, cela peut cette fois être anticipé de plusieurs semaines. Néanmoins si vous assurez vous-même la gestion de vos biens, il faudra que vous soyez "dans le coin" à ce moment-là. Si vous déléguez la gestion, chaque changement de locataire vous engendra un coût de mise en place d'un nouveau locataire et établissement de bail, qui vous sera facturé par l'agence… D'où l'intérêt de minimiser ce taux de rotation afin que vos locataires restent la durée maximale possible dans vos biens. Avant d'agir (minimiser), il faut surveiller, et comprendre les causes, d'où l'intérêt de ce 3ème indicateur du tableau de bord.

Le graphique du taux de rotation des locataires distingué entre nu et meublé dans mon parc.

Temps de rotation des locataires (années)

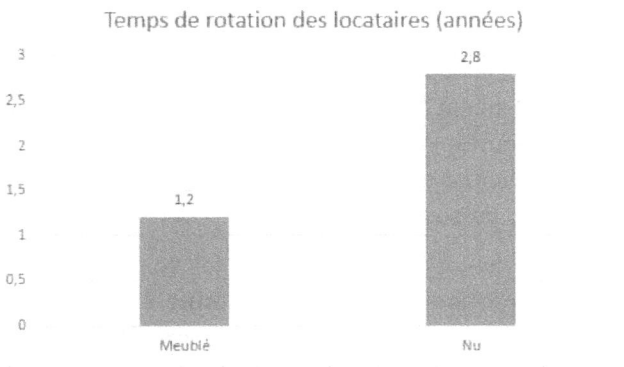

Ici, le constat rejoint l'intuition : le taux de rotation est plus élevé dans les logements meublés que dans les logements nus.

Le graphique du taux de rotation locative distingué par taille de biens dans mon parc immobilier.

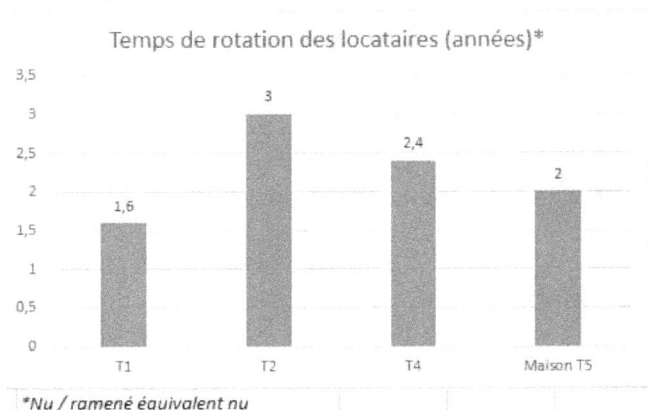

Temps de rotation des locataires (années)*

	T1	T2	T4	Maison T5
	1,6	3	2,4	2

Nu / ramené équivalent nu

Ici, l'intuition est contrecarrée : la maison T5 a un taux de rotation plus élevé (avec 10 ans de retour d'expérience) que mes T2. En comparant les populations intéressées d'une part par la maison T5, et par les T2 d'autre part, on arrive néanmoins à trouver une explication rationnelle :

- La maison est surtout occupée par des familles qui cherchent à faire construire "en attendant". Le temps de trouver un terrain, et de faire aboutir leur projet, il s'écoule en général deux années. Je privilégie ce type de profils d'une part car il est particulièrement solvable, d'autre part car cela me permet de jeter un œil à la maison régulièrement intérieur comme extérieur. N'oubliez pas que dans une maison individuelle, vous n'avez pas de syndic de copropriété pour vous alerter de tel ou tel problème, et il y a plus d'éléments à surveiller dans une maison que dans un appartement.
- Les T2 sont quant à eux majoritairement occupés par de jeunes actifs célibataires, souvent en tout début de carrière. Il s'écoule 3 ans en moyenne avant que leur situation n'évolue : changement de ville, mise en couple, etc.

Enfin, au-delà de ces trois indicateurs, je vous suggère de suivre **mensuellement l'évolution de votre patrimoine net** : à prix immobiliers constants, il augmentera chaque mois du remboursement de la part capital de vos mensualités. Lors des inévitables baisses de motivation quand les problèmes immobiliers surviennent par loi des séries et qu'il faut gérer en parallèle le travail et la famille, il faudra y jeter un œil pour votre mindset.

Copropriété : les documents à étudier avant un achat immobilier.

Listons les documents liés à la copropriété qu'il faut récupérer lors d'un achat immobilier. Et surtout, nous allons étudier comment analyser ces documents de copropriété pour que votre investissement immobilier soit serein.

Les procès-verbaux d'assemblée générale de copropriété.

Le premier document à récupérer va être le Procès-Verbal (P.V.) d'A.G. de copropriété. Vous pouvez le demander sur les 3 dernières années.

Étudiez d'abord les travaux votés.

Travaux votés en copropriété : qui paye, vendeur ou acheteur ?

La règle générale est que celui qui était propriétaire au moment du vote des travaux est celui qui les paye. Ce qui veut dire que si des travaux ont été votés aux précédentes assemblées générales de copropriété, ce sera au vendeur de les payer.

Mais n'allons pas si vite, car c'est quand on oublie les cas particuliers d'une règle générale que l'on peut avoir des mauvaises surprises. Il y a en effet 2 cas spécifiques sur lesquels il est pertinent de s'arrêter ici.

---

1. Les travaux qui ont été votés, mais dont l'appel est sur plusieurs exercices.

Exemple : travaux votés en 2021, et appelés par tiers dont un tiers en 2022 et un dernier tiers en 2023.

Cela peut être une pratique des syndics de copropriété pour des travaux importants comme un ravalement de façade, et ce, afin de ne pas appeler les copropriétaires d'un montant trop élevé d'un seul coup.

En 2022 et 2023, vous ne serez plus que le seul copropriétaire connu par le syndic de copropriété. Si rien n'a été prévu au compromis puis à l'acte authentique, les travaux votés avant l'achat immobilier mais non encore appelés seront dus par l'acheteur. Cela peut donc rentrer dans une négociation avec le vendeur (d'où encore une fois l'importance de vous être fait accompagner par votre propre notaire qui pourra être un allié éventuel).

2. Les travaux votés à l'assemblée générale ayant eu lieu entre la date de signature du compromis et la date de signature de l'acte authentique.

Concernant ceux-ci, il y a deux cas :

- Soit le vendeur vous a informé par lettre recommandé A/R 10 jours avant l'A.G. de la tenue de celle-ci. Vous pourrez donc vous y présenter et faire entendre votre voix. Que vous choisissiez d'être présent ou non, les travaux votés à cette assemblée générale de copropriété seront à votre charge en tant qu'acheteur.
- Soit le vendeur n'a pas effectué la démarche ci-dessus. Les travaux votés à l'A.G. concernée seront alors imputables au vendeur.

Le 2nd niveau de lecture des P.V d'assemblée générale de copropriété.

Dans un second niveau de lecture, vous allez essayer de ressentir "l'ambiance" de la copropriété. Les questions à vous poser sont alors les suivantes.

Y-a-t-il consensus sur les décisions votées ou passent-elles systématiquement « ric-rac » ? S'il y a consensus, est-il intelligent :

- Les travaux qui maintiennent la valeur de copropriété sont-ils votés ? J'entends par ici des dépenses de travaux que l'on pourrait considérer comme de l'achat d'actifs.
- Les travaux superflus sont-ils rejetés ? J'entends par là les travaux qui ne donnent aucune valeur à votre bien immobilier, ou ne participent pas au maintien de la valeur de celui-ci. On pourrait considérer ces dépenses de travaux de copropriété comme de l'achat de passifs.

Le président du conseil syndical est-il actif dans les débats ou avez-vous l'impression que c'est juste un homme de paille qui a été désigné car personne ne voulait s'y coller ? S'il est actif, va-t-il dans le sens qui sera celui de vos intérêts ? Si ce n'est pas le cas, et que ça fait 15 ans qu'il emmène derrière lui les copropriétaires, ce sera difficile de faire opérer un virage à 180° une fois que vous serez présent à l'A.G. après votre achat immobilier.

Analysez ensuite les travaux qui ont été refusés. Ont-ils été refusés à une faible majorité ? Notez-vous la présence de mentions précisant que ces travaux seront remis à l'ordre du jour d'une prochaine assemblée générale de copropriété ? Si oui, c'est une épée de Damoclès au-dessus de votre tête en termes de futures dépenses.

La rubrique questions diverses est à lire absolument. C'est là que les copropriétaires qui n'osent pas s'exprimer avant vont le faire. Et s'il y a des problèmes dans la copropriété, des sinistres techniques non signalés jusque-là, des problèmes liés aux occupants ou à la fréquentation, c'est là que vous allez pouvoir être mis au courant.

Le carnet d'entretien de l'immeuble : un document de copropriété avec un intérêt secondaire.

Ce document va vous montrer comment est entretenu l'immeuble en général, par exemple si les ascenseurs ont été mis aux normes. Ou encore s'il y a des travaux récurrents effectués tous les 2 ans alors qu'une réparation devrait tenir 10 ans, ce qui permet d'identifier un désordre technique anormal dans la copropriété, et d'analyser sa gravité ou non.

Le règlement de copropriété : pas grand-chose d'intéressant pour l'achat, mais à récupérer pour plus tard.

Le dernier élément lié à la copropriété, en sus des éléments obligatoires comme les états datés, que vous pouvez obtenir au moment de votre achat immobilier, c'est le règlement de copropriété.

En dehors d'une exploitation spécifique comme la location courte durée, où vous serez attentif à certaines clauses qui pourraient compliquer vos desseins, le règlement de copropriété n'a que peu d'intérêt au moment de l'achat d'un bien destiné à être exploité en longue durée. En effet, il est rarement remis à jour, et date souvent de la construction de la copropriété ou de plusieurs décennies : il ne vous apprendra donc rien sur d'éventuels problèmes contemporains dans la copropriété.

Par contre, gardez-le précieusement et faites-le signer à vos locataires comme annexe au bail lorsque vous mettrez le bien en location. Si à un moment donné, votre locataire ne respecte pas le règlement de copropriété (tapage nocturne, poubelles dans le couloir, etc.), le syndic de copropriété remontera jusqu'à vous. Vous aurez alors a minima entre les mains ce document signé comme moyen de pression sur votre locataire.

Les Sociétés d'investissement clés en main dans l'ancien : intéressantes ? Pour qui ?

Les sociétés d'investissement clés en main dans l'ancien font le « sale boulot » pour vous : recherche du bien, gestion des travaux, mise en location. Cet accompagnement étant réalisé en échange d'une commission, il faut donc que l'investisseur ait intérêt à profiter de cette valeur ajoutée.

Dressons le profil-type de l'investisseur qui a intérêt à faire appel à leurs services :

1. Notre investisseur **a peu de temps**. Exemple : emploi chronophage.

2. Second item : le patrimoine immobilier de notre investisseur, que nous allons décliner en 2 et 2 bis.

- *Soit 2*. notre investisseur a déjà un **patrimoine immobilier** qui est déjà **constitué et consistant.**
- *Soit 2 bis,* **c'est l'inverse**, il n'a **aucun patrimoine immobilier** aujourd'hui. Mais par contre, il a soit une **épargne financière** assez importante déjà constituée, soit **une forte capacité d'épargne** qui lui vient de ses revenus salariaux par exemple.

3. Troisième item : son objectif ? Diversification ou coup d'essai ?

- *Soit 3.* il souhaite **se diversifier géographiquement** : par exemple, le cas d'un investisseur qui a investi dans une ville moyenne et qui souhaite prendre un ou deux biens dans une ville plus grande comme une métropole, ou veut se diversifier dans une autre région.
- *Soit 3 bis*, au contraire, il **n'a encore jamais investi dans l'immobilier** et il a un peu peur d'effectuer tout seul son premier investissement. Il peut avoir un intérêt à ce que quelqu'un lui montre ce qui est faisable et lui livre du « clés en main » sur un premier bien, ce qui lui permettra éventuellement de reproduire le schéma tout seul plus tard.

Si vous êtes concerné par au moins 2 de ces 3 items et mieux 3 sur 3, c'est dans ce cas-là que l'investissement clés en main peut être recommandé.

Je vais prendre deux exemples d'investisseurs pour qui l'investissement locatif clés en main dans l'ancien serait une solution adaptée pour investir dans l'immobilier avec un accompagnement.

Exemple n°1 : vous répondez aux critères 1, 2 bis et 3 bis. Vous n'avez fait aucun investissement immobilier jusqu'à présent, vous avez peut-être « un emploi de cadre surmené » avec des semaines chargées et donc peu de temps. Et peut-être de surcroît trois enfants à gérer. Le problème est alors que vous n'arrivez pas à effectuer un investissement immobilier de façon optimale, car vous n'avez pas le temps de chercher assez finement pour trouver tout seul des affaires suffisamment intéressantes. En contrepartie de votre situation, vous avez une importante capacité d'épargne.

Dans ce cas-là, l'investissement via une société clés en main peut être recommandé. En effet, en n'effectuant pas d'investissement immobilier, vous vous privez du levier issu de votre capacité d'endettement. Ce sont des années qui passent sans avoir investi, où vous n'encaissez donc pas la part de votre investissement immobilier qui serait payée par le locataire. Vous n'utilisez donc pas votre potentiel d'emprunt pour faire levier sur votre salaire et vous enrichir. Dans une telle situation, l'investissement clés en main dans l'ancien peut être une solution pour mettre un pied à l'étrier à l'immobilier, plutôt que d'attendre 5 ou 6 ans sans avoir rien fait. Vous aurez ainsi par ce biais effectué un premier investissement, et serez entré dans ce cercle des investisseurs immobiliers que vous convoitez.

Exemple n°2 : un deuxième cas un peu opposé, est par exemple si vous répondez aux critères 1, 2 et 3. Ce pourrait être le mien : en ce moment, j'ai peu de temps pour chercher car j'ai besoin de temps personnel pour quelques projets entrepreneuriaux. J'ai par ailleurs un patrimoine immobilier déjà constitué, mais qui est quand même assez concentré dans deux villes de l'Ouest. Et, j'aimerais bien me diversifier géographiquement avec un investissement dans une grande métropole ou en région parisienne.

En sus de ceux que nous avons déjà évoqués, il y a également le cas particulier de l'investissement immobilier pour les expatriés. Ce sont en effet des candidats naturels pour l'achat d'un appartement clés en main.

D'une part, quand vous êtes expatrié, vous n'êtes pas sur place. Vous ne pouvez donc pas faire efficacement de l'investissement direct, que ce soit au niveau de l'achat ou de la mise en location. Avec l'investissement clés en main dans l'ancien, vous disposez d'une offre à tiroir où vous pourrez déléguer à la Société les tâches compliquées à effectuer à distance : trouver le bien, gérer les travaux, meubler, et mettre en place le premier locataire. D'autre part, selon les cas, vous ne cotisez pas pour votre retraite. L'investissement immobilier est donc le moyen de vous constituer une retraite par capitalisation, et en partie en crédit, même si parfois vous accédez à moins de levier que les locaux et devez fournir un apport plus important. Ainsi, les services d'investissement clés en main apportent une réponse à ces problématiques des expatriés. Ceux-ci constituent d'ailleurs sans surprise une part non négligeable de leur clientèle.

Après avoir listé les avantages, voyons quels sont les inconvénients des services d'investissement locatif clés en main dans l'immobilier ancien.

- Le premier, c'est que cela coûte quelque chose. Il y a des frais qui sont selon les sociétés entre 7 et 9 % TTC du prix des domaines sur lesquels ils interviennent : prix d'achat, travaux, ameublement, etc. À noter toutefois qu'en LMNP, vous pourrez déduire ces frais en les intégrant à vos charges. Certes, on ne paye souvent pas d'impôts les premières années en LMNP, donc cet amenuisement lorsque l'on raisonne en net d'impôts sera décalé assez loin dans le temps, mais c'est toujours ça...
- Le second est qu'il faut être conscient que si vous voulez investir dans 1. T1/T2, 2. en location classique à l'année (pas de colocation, d'AirBnB) ,3. en plein centre-ville dans une grande ville, 4. via une société clés en main (donc avec ses frais), 5. sans apport...et être malgré tout à cash-flow positif... cela va être compliqué en rassemblant ces 5 critères ! Il faudra des compromis sur au moins l'un d'entre eux si le but est le cash-flow positif, ou alors accepter un effort d'épargne.

Pour compenser ces inconvénients, vous pouvez espérer compenser une partie des frais par la création de valeur apportée. Par exemple, si la société d'investissement clés en main gère les travaux intelligemment comme en transformant un grand studio en T2. De même, si vous vous mettez en location nue, ces sociétés étant capables si besoin de gérer des travaux importants, vous pourrez générer du déficit foncier.

Conclusion sur l'intérêt de l'immobilier clés en main.

L'investissement clé en mains génère des frais dus à la commission. Le résultat financier sera donc inférieur à celui d'un investissement effectué en direct par quelqu'un qui a à la fois suffisamment de connaissances, de temps et d'expérience pour dénicher les affaires ou gérer les travaux. Par contre, on notera que ces frais ne sont pas si exorbitants par rapport au prix d'achat, c'est-à-dire que vous n'êtes pas dans le cas d'un bien neuf au Pinel où vous achèteriez 40 ou 50% au-dessus du prix de l'ancien équivalent.

L'investissement clé en main dans l'ancien sera donc intéressant pour certains profils, notamment ceux listés en début de chapitre, dans certaines situations, et pour tels objectifs. Notamment quand on prend conscience qu'une forte capacité d'emprunt non utilisée pendant de longues années est parfois du gâchis en termes d'enrichissement patrimonial. En immobilier, il faut en effet savoir accepter de payer quelques frais si cela permet de remplacer l'inaction par l'action, car l'inaction coûte parfois très cher...
Et ce sera moins adaptés dans d'autres cas : faibles revenus ou épargne.

Quelle est ma légitimité à donner un avis sur les sociétés d'investissement locatif clé en main ?

Sachez qu'en pratique j'ai fait à un moment donné le tour du marché pour voir ce que proposaient les sociétés, le sérieux de ces sociétés, quelles sociétés existaient sur la place... Toutes n'interviennent pas dans toutes les villes : il y en a qui sont sur toute la France, d'autres plus centrées sur des villes spécifiques, certaines qui font de la courte durée et de la colocation, d'autres non, etc... Par ailleurs, elles ne fonctionnent pas exactement toutes sur le même principe quand vous leur confiez un mandat de recherche. En les rencontrant, j'ai pu me faire un avis personnel sur certaines de ces entreprises dont l'objet est de proposer aux investisseurs intéressés des solutions d'investissement locatif clés en main dans l'ancien.

Si vous y avez intérêt et cochez les cases faisant pencher la balance vers l'intérêt d'un investissement clés en main dans l'ancien, nous pouvons échanger à ce sujet. Pour que je vous oriente vers les sociétés d'investissement clés en main qui me semblent les plus intéressantes et sérieuses suite à mon analyse, vous pouvez me contacter à :
julien.delagrandanne@blog.mes-investissements.net.

Quelques tuyaux sur les travaux

Complément 2nde édition

Les travaux initiaux pour du locatif.

Les travaux initiaux peuvent être différents d'un projet à l'autre, selon que l'on vise par exemple le gros rendement entrepreneurial pour dégager un cash-flow positif ou de simples travaux de rafraichissement dans un projet à cash-flow neutre. De plus, quand on est capable d'effectuer les petits travaux soi-même, savoir les déléguer si on a le budget pour, mêmes si cela a un coût, permet de se libérer du temps pour plus productif ou agréable.

Pour les travaux importants, quelques recommandations non-exhaustives peuvent être :

- D'obtenir des références et retours d'expérience sur les artisans que vous allez employer, et de vérifier leurs assurances décennales.
- De veiller à avoir des devis très détaillés.
- De prévoir un échéancier de paiement bien étalé pour maintenir une pression sur les délais de réalisation. Avec une clause de pénalité en cas de livraison hors délai.
- De veiller à garder un ordre cohérent pour que les différents corps de métier interviennent en séquence sans se marcher les uns sur les autres : démolition, puis gros œuvre, puis intervention du plaquiste, puis électricité, puis plomberie, puis enduit mur et plafond, puis peinture, puis sols, puis pose cuisine et/ou salle de bains.
- Il sera forcément plus facile et moins chronophage pour vous de suivre le chantier si vous avez pris un maître d'œuvre ou avez choisi une entreprise générale de travaux tout corps d'état car vous pourrez vous adresser à un seul interlocuteur placé en responsabilité.

Sur un chantier pour un bien locatif, vous recherchez globalement un bon rapport qualité prix. La valeur perçue des travaux et aménagements par vos locataires doit être élevée, car cela vous permet de louer plus cher, a fortiori si vous visez de la location haut de gamme. Les travaux doivent par ailleurs avoir une certaine durée dans le temps, sans vétusté précoce. Donc on cherche à avoir un prix intéressant, potentiellement plus bas que si vous recherchiez du fignolage comme pour votre propre résidence principale, mais sans nécessairement aller au moins cher non plus, car vous recherchez durabilité et valeur perçue.

Les travaux d'entretien.

On a vu dans un chapitre précédent que certains artisans, comme un plombier-chauffagiste pouvaient être clés pour les travaux d'entretien lorsque vous gériez la location en direct.

Avoir sous la main un « homme à tout faire », type autoentrepreneur bricoleur et à coût horaire raisonnable, à qui vous pouvez faire appel en tant que de besoin, est également un bon plan. D'une part, cela vous évitera d'avoir à vous déplacer pour chaque broutille. D'autre part, il réglera certains petits bobos de votre appartement à moindre coût en vous évitant d'avoir à faire appel à l'artisan spécialisé aux tarifs plus élevés. L'inconvénient est que ce genre de perle rare est difficile à trouver, non pas en termes de « compétence multi-casquettes » mais plutôt quand on doit en sus ajouter le critère de disponibilité. En effet, vous aurez toujours besoin qu'il intervienne rapidement, mais en pratique vous allez le solliciter ponctuellement à la demande et de façon irrégulière (3 fois en un mois, puis rien pendant 6 mois par exemple). Or, ce n'est pas toujours ce qu'ils recherchent de façon privilégiée… Toutefois si vous parvenez à vous créer un réseau d'investisseurs avec qui vous partagez ce bon contact, cela peut lui emmener des interventions plus régulières et atténuer la problématique.

La dernière petite astuce, valable quand vous commencez à avoir un certain nombre de lots, est d'avoir une pièce en stock d'avance sur ce qui est susceptible de tomber en panne : un radiateur électrique à inertie par exemple. À fortiori si vous avez prévu d'effectuer un certain nombre de ces menues réparations vous-même. Ce sera un gain de temps appréciable au moment où l'appel redouté du locataire et sa panne surviendra, et cela vous évitera de courir en panique dans un Leroy Merlin bondé un samedi.

Les travaux dans un contexte d'achat-revente.

Ce livre s'intitulant L'investissement immobilier **locatif** intelligent, je profite de ce passage pour dire deux mots sur les spécificités de l'achat-revente. En effet, certains investisseurs en immobilier locatif réussissent à régénérer de l'apport ou de la trésorerie avec une ou deux opérations d'achat-revente bien senties au sein de leur parcours.

- Attention au risque de requalification en marchand de biens si vous veniez à multiplier ce genre d'opérations.
- La valeur ajoutée va se faire sur les travaux. Vous allez acheter un bien avec travaux et le revendre refait à neuf à des personnes qui cherchent une résidence principale (ou une résidence secondaire) où ils pourront poser leurs valises après achat sans se tracasser. C'est cette recherche de confort qui les rend prêts à payer cher, plus que le montant que vous avez investi (achat bien + travaux).
- Le but final étant différent, il entraîne logiquement quelques différences avec l'investissement immobilier locatif.
  - D'une part, vous privilégierez plutôt des biens dans des zones de prix élevés au mètre carré pour ce genre d'opérations. À quelque chose près sur le prix de la main d'œuvre, le prix des travaux exprimé en euros sera en effet grosso modo le même entre une zone tendue et non tendue. Quant à la décote entre un bien avec travaux à effectuer et un bien rénové, elle s'exprimera en pourcentage du prix. Or, la plus-value que vous pourrez espérer de cette opération sera majoritairement assise sur cette décote. Et 30% de 5 000 €/m^2 représente plus d'argent que 30% de 2 000 €/m^2 pour à peu près les mêmes efforts.
  - D'autre part, vous miserez sur ce qui se revend le plus facilement et donc ce qui est le plus recherché à l'achat. Ainsi, pour une opération d'achat-revente sur un appartement, les T3 dont on a vu qu'il était difficile de les rendre rentables pour investissement locatif en raison d'une concurrence à l'achat issue d'acheteurs de leur résidence principale, retrouveront dans ce contexte toutes vos faveurs.

Bonus & Outils utiles

Bonus.

Nous arrivons à la fin de ce livre. Avant de passer à la conclusion, listons à titre de rappel tous les bonus à télécharger qui vous ont été proposés :

> ➢ La présentation didactique « Ciblez votre zone géographique ».
> ➢ La vidéo illustrant le service Patrim qui permet de connaître le prix réel auquel les transactions immobilières ont eu lieu.
> ➢ La liste des 7 types de locataires à éviter.
> ➢ Le document présentant les réparations incombant aux locataires, afin de limiter les occurrences où vous serez dérangé.
> ➢ Le tableau de synthèse des règles fiscales selon le régime dans lequel vous placez votre investissement immobilier :
> réel vs. micro, nu vs. meublé, LMP, LMNP, SCI IR & IS, SAS & SARL de famille.

Ce serait dommage de s'en priver ! Votre dernière chance de les télécharger avant de refermer ce livre, c'est ici :
 https://blog.mes-investissements.net/bonus-immo/ .

Outils utiles

Comme outils utiles, vous retrouverez :

> ➢ Le simulateur de rendement locatif présenté dans le livre
> ➢ L'achat immobilier dans l'ancien via des Sociétés clé en mains. Pour qui ? Avec quelles Sociétés ?
> ➢ Une solution pour se faire livrer les meubles en une seule livraison pour un appartement LMNP (facilité et gain de temps) avec des ensembles design préconçus par un décorateur et/ou comment faire financer les meubles par la banque.
> ➢ Un partenaire comptable LMNP en ligne, pour lequel vous pourrez bénéficier d'une remise que j'ai négociée pour vous.
> ➢ Un simulateur d'assurance emprunteur
> ➢ Et bien d'autres…

Les outils utiles pour l'investisseur immobilier sont à consulter sur :
 https://blog.mes-investissements.net/outils-utiles/

Conclusion

En investissement, il y a deux écueils. Le premier, c'est de se lancer sans s'être préalablement formé et renseigné un minimum. Bref, d'avoir commencé sans avoir de stratégie en tête. Mais si vous avez réussi à me lire jusqu'à la conclusion de ce livre, cet écueil ne vous concerne probablement pas…

« Si j'avais 6 heures pour couper un arbre, je passerais les 4 premières à affuter ma hache », Abraham Lincoln.

Le second écueil, c'est d'en rester à la théorie et de ne jamais passer à la pratique. Et en investissement immobilier locatif, la pratique, ça commence par faire des visites. Et vous devez commencer tout de suite, dès la semaine qui suivra votre lecture de ce livre. Cette confrontation à la réalité concrète vous aidera en outre à « digérer » les concepts théoriques de ce livre.

« Dans 20 ans, vous serez plus déçu par les choses que vous n'avez pas faites que par celles que vous avez faites. Alors, sortez des sentiers battus. Mettez les voiles. Explorez. Rêvez. Découvrez », Mark Twain.

Ce n'est pas grave si au début vous visitez des biens qui ne vous conviennent pas, cela vous permet de vous lancer dans le concret. Et vous en apprendrez toujours quelque chose. Il n'y a pas d'échecs, il n'y a que des résultats, et il y a toujours une expérience à retirer d'une visite qui ne convient pas, en tout cas quand vous débutez en immobilier locatif.

« Le succès, c'est d'aller d'échec en échec sans perdre son enthousiasme », Winston Churchill.

À force de visites, vous allez en venir à effectuer votre premier investissement, en commençant avec une taille raisonnable pour vous « faire la main ». Certes, après cette lecture, vous serez mieux formé que la moyenne. Toutefois, souvenez-vous, après 20 heures de leçons de conduite et un permis obtenu, vous aviez l'impression de bien savoir conduire. Pourtant, étiez-vous aussi à l'aise sur une autoroute avec une circulation en accordéon que vous l'êtes aujourd'hui ? Oui ? Alors, auriez-vous pu participer sereinement au rallye de Monte-Carlo ?

« Pour commencer, nous allons faire les petites choses faciles. Petit à petit, nous nous attaquerons aux grandes. Et quand les grandes seront

faites, nous entreprendrons les choses impossibles », Saint François d'Assise.

Ensuite, vous aurez tous les éléments pour enchaîner les investissements immobiliers locatifs intelligents. Je vous souhaite donc qu'ils soient un élément enrichissant de votre parcours. Enrichissant au sens figuré, c'est-à-dire en termes d'apprentissage, d'expériences, de défis, de rencontres, d'échanges et de partage avec d'autres investisseurs, etc. Et enrichissant au sens propre, c'est-à-dire en devenant un élément de votre liberté financière, et peut-être l'élément clé de votre future semaine des 7 dimanches. C'est tout le mal que je vous souhaite.

« La sagesse, c'est d'avoir des rêves suffisamment grands pour ne pas les perdre de vue lorsqu'on les poursuit », Oscar Wilde.

L'essentiel à avoir compris, c'est que l'investissement immobilier locatif intelligent consiste à savoir imaginer, créer, optimiser, maximiser les flux financiers, assurer une relation clientèle avec vos locataires, etc. Bref, à finalement avoir une véritable démarche d'entrepreneur. Cela ne doit pas vous faire peur. Au contraire, ici vous serez seul maître à bord, et n'aurez pas à subir comme dans un travail salarié des décisions d'un chef que vous trouveriez parfois inappropriées. Là, c'est vous qui décidez de tout, sachez en profiter !

Débutant en immobilier locatif, ou déjà initié, j'espère que ce livre a rempli sa mission première évoquée au chapitre avant-propos, et vous a apporté ce que vous recherchiez. Si c'est le cas, un commentaire sur le site où vous l'avez acheté sera très apprécié de l'auteur. C'est en effet grâce à ces retours d'expérience que nous, auteurs, sommes encouragés à donner le meilleur de nous-mêmes. Et c'est la plus belle récompense que vous pouvez donner aux auteurs indépendants, dont la contrepartie à leur indépendance est souvent le manque d'exposition médiatique. Allez, faites-le tout de suite, cela prend 2 minutes et si vous ne le faites pas maintenant, après vous oublierez !

Si vous avez apprécié la qualité de ce livre, pourquoi ne pas poursuivre votre apprentissage avec sa suite, ***77 Exercices Pratiques pour l'Investisseur Immobilier Intelligent***, du **même auteur** ?

Du même auteur :

> ➤ **Construisez et gérez votre patrimoine avec succès / Guide pour s'enrichir lentement…mais sûrement. (2012)**

> ➤ **Investir en bourse : styles gagnants, styles perdants. (2013)**

> ➤ **77 Exercices Pratiques pour L'Investisseur Immobilier Intelligent : La semaine des 7 dimanches se mérite… (2019)**

> ➤ **L'Allocateur Rebelle. (2021)**

Continuons à nous croiser…
… Pour maintenir vos connaissances à jour !

- **Blog**. https://blog.mes-investissements.net
- **Abonnement gratuit Newsletter mensuelle** (popup sur le Blog)
- **Youtube :** « Julien Delagrandanne / Blog Mes Investissements »
- **Linkedin** : https://www.linkedin.com/in/juliendelagrandanne/
- **Instagram** : https://www.instagram.com/julien_delagrandanne/
- **Tiktok**. : https://www.tiktok.com/@juliendelagrandanne

Mes Formations vidéo, Immobilier & Bourse :

https://blog.mes-investissements.net/formations-video/

Un Groupe privé Facebook exclusif.

J'ai créé un groupe Facebook, intitulé *L'Investissement Immobilier Locatif Intelligent,* exclusivement réservé aux lecteurs du présent livre, où :

- Je partagerai à l'occasion des liens (articles web, vidéos etc.) que j'aurai jugés utiles.
- Les lecteurs pourront s'entraider en proposant à l'abri des regards (comme ce serait le cas sur un forum public) des études de cas et demander aux autres leur avis sur leurs projets d'investissement. Je passerai d'ailleurs moi-même de temps à autre sur le groupe apporter ma pierre à l'édifice.

Pour rejoindre le groupe, vous devez simplement avoir mis un commentaire sur le site d'achat du livre (quel que soit le nombre d'étoiles que vous mettez, votre adhésion sera validée, chez moi on est honnête…), puis me le signaler à julien.delagrandanne@blog.mes-investissements.net parallèlement à votre demande d'adhésion au groupe sur Facebook.

Remerciements

Je tiens à remercier les personnes suivantes :

Mon père pour l'exercice fastidieux de relecture que je lui ai imposé.

Sabrina, qui en me parlant de mes anciens livres, m'a indirectement incité à passer à l'action et à mettre en page ce livre qui germait déjà depuis quelques temps dans mon esprit torturé d'investisseur pédagogue.

Les membres du forum des Investisseurs Heureux, forum créé et géré par Philippe Proudhon que j'apprécie particulièrement et d'une qualité incomparable sur la toile française, et notamment : Philippe30, ZX-6R, DDtee, Range 19, Guillaume33. En effet, si c'est bien ma propre expérience que je partage dans cet ouvrage, celle-ci s'est construite en s'imprégnant des conseils que ces membres donnaient lorsque je me suis lancé dans l'investissement immobilier locatif. C'est donc aussi un peu leur expérience qu'indirectement je partage, et je sais ce que je dois aux conseils avisés qu'ils ont pris le temps de donner.

Les personnes que j'avais déjà remerciées dans mes 2 livres précédents. Car s'il n'y avait pas eu un premier et un second livre, il n'y en aurait pas eu un troisième.

Les lecteurs du Blog Mes Investissements[77], de plus en plus nombreux et de plus en plus fidèles, avec qui j'ai des échanges constructifs réguliers et qui m'ont encouragé à écrire ce livre.

Tous les lecteurs fidèles de mes précédents livres qui m'ont une nouvelle fois fait confiance, et qui j'espère en auront assez appris pour désormais faire partie d'une espèce rare, celle des investisseurs en immobilier locatif intelligents !

Et j'ajoute Pierre à la liste à l'occasion cette 2nde édition, avec qui les échanges nourris au sujet de nos investissements dans ces périodes troubles de confinement et de marché post-Covid, ont alimenté mes réflexions. Je dois en outre ajouter que sa relecture attentive m'a été très utile.

Dépôt légal 11/2017 (1re édition) / 2nde édition : 11/2021

---

[77] https://blog.mes-investissements.net

---

www.ingramcontent.com/pod-product-compliance
Lightning Source LLC
Chambersburg PA
CBHW061134220326
41599CB00025B/4226